W0174394

Vera Linß

Die wichtigsten Wirtschaftsdenker

Vera Linß

Die wichtigsten Wirtschaftsdenker

marixverlag

Bibliografische Information der Deutschen Nationalbibliothek
Die Deutsche Nationalbibliothek verzeichnet diese Publikation in der
Deutschen Nationalbibliografie; detaillierte bibliografische Daten sind im
Internet über
http://dnb.d-nb.de abrufbar.

Es ist nicht gestattet, Abbildungen und Texte dieses Buches zu scannen,
in PCs oder auf CDs zu speichern oder mit Computern zu verändern oder
einzeln oder zusammen mit anderen Bildvorlagen zu manipulieren, es sei
denn mit schriftlicher Genehmigung des Verlages.

Alle Rechte vorbehalten

3., aktualisierte Auflage 2012

© by marixverlag GmbH, Wiesbaden
Korrekturen:
Ortrun Cramer, Wiesbaden und Christian Krug, München
Covergestaltung: Thomas Jarzina, Köln
Bildnachweis: akg-images GmbH, Berlin
Satz und Bearbeitung: C&H Typo-Grafik, Miesbach
Gesetzt in der Palatino
Gesamtherstellung: CPI books GmbH, Ulm
Printed in Germany

ISBN: 978-3-86539-922-9

www.marixverlag.de

INHALT

Vorwort

Das Phänomen Wirtschaft ist im Alltag angekommen. Es ist – mal wieder – zum Thekenthema geworden, das auch Menschen diskutieren, die sich eigentlich nicht für Wirtschaft interessieren. Denn die bis heute anhaltende Finanzkrise hat eine Wucht, der sich kaum jemand entziehen kann. Der Zusammenbruch des amerikanischen Immobilienmarktes 2007 brachte ein ganzes Bankensystem ins Wanken, was nicht nur enorme Steuergelder verschlang, sondern für viele „kleine" Leute zum schmerzhaften Verlust ihrer Spareinlagen führte. Als wäre das nicht genug, führte Ende 2009 der Beginn der europäischen Staatsschuldenkrise unsere Ökonomie weiter an den Rand des Ausnahmezustands. Der drohende Staatsbankrott Griechenlands und die sich anschließenden Unruhen im Land zeigten nicht nur, wie fragil wirtschaftliche Stabilität sein kann. Mit einem Mal wird mit dem Euro eine ganze politische Idee in Frage gestellt. Die europäische Union droht zu erodieren. Die Sprengkraft, die darin steckt, lässt sich inzwischen erahnen. Und es stellt sich ein mulmiges Gefühl ein: Wirtschaftssysteme sind offenbar bedrohlich und unberechenbar. Was also tun?

Wie ökonomische Systeme beherrschbar und prosperierend gemacht werden können, ist eine Frage, die seit Jahrhunderten in der Theorie diskutiert wird. Adam Smith' „Wohlstand der Nationen", das 1776 erschien, markiert die Geburtsstunde der Ökonomie als eigenständige Disziplin. Der Titel seines Werkes wirkte programmatisch. Trotz der Verschiedenheit der Theorien ging es allen Wirtschaftswissenschaftlern immer um die Suche nach den Gesetzen des menschlichen Zusammenlebens, nach denen Reichtum geschaffen und verteilt wird. Mehr oder weniger vordergründig, mehr oder weniger sozial orientiert, hatten und haben die hier porträtierten Denker stets die Hoffnung, ihre Erkenntnisse könnten dazu beitragen, die Wirtschaft besser zu lenken – eben zum „Wohlstand der Nationen". Umso mehr erstaunt, dass die Wirtschaftswissenschaft im 21. Jahrhundert immer noch am Anfang zu stehen scheint. Ihre Vertreter sind eine skeptisch beäugte Zunft. Denn nach wie vor schlägt sich die

Menschheit mit Problemen herum, zu deren Beseitigung doch auch die Theorie beitragen sollte. Noch immer ist die Welt in arm und reich geteilt, gibt es Kriege und Hungersnöte, Millionen von Arbeitslosen und zusammenbrechende Märkte. Und niemand weiß, wohin sich die globale Wirtschaft angesichts des enormen Wachstums in den asiatischen Staaten und der Krise in der westlichen Welt entwickelt. Keiner kann es vorhersagen.

An dieser Stelle jedoch seien die Ökonomen in Schutz genommen. Denn ihr Gegenstand ist in mehrfacher Hinsicht kompliziert. Zum einen betreiben sie streng genommen keine Wissenschaft. Die Ökonomen bedienen sich zwar wissenschaftlicher Methoden. Gültige Aussagen, wie in den Naturwissenschaften, lassen sich jedoch nicht treffen, auch wenn das viele gern hätten. Nicht umsonst rufen etliche Aspekte in den Wirtschaftstheorien heute nur noch ein Lächeln hervor, weil die Geschichte anders verlief, als gedacht. Denn Wirtschaft ist auch immer mit unvorhersehbaren Naturereignissen konfrontiert und vor allem – wie der Vater der Neoklassik Alfred Marshall in seinen „Principles of Economics" 1890 schrieb – „mit den ewig wandelbaren und undurchsichtigen Kräften der menschlichen Natur." Das macht die Begrenzung der Wirtschaftswissenschaft aus. Auch die aktuelle Krise scheint in nicht unerheblichem Maße von menschlichem Fehlverhalten ausgelöst zu sein. Das Gezocke mit ungedeckten Immobilienkrediten, die Profitgier verschiedener Banken und das Missmanagement europäischer Regierungen haben das ihrige dazu beigetragen.

So wurde zum Leidwesen ihrer Verfasser nicht eine der hier vorgestellten Theorien jemals konsequent umgesetzt und konnte so nie wirklich „bewiesen" werden. Man sei nicht richtig verstanden oder angewendet worden – diese Klage findet sich in vielen Porträts. So bleibt den großen Wirtschaftsdenkern vor allem ein Verdienst: ihr Beitrag dazu, dass wir alle die Rahmenbedingungen des Kapitalismus – denn um den geht es – besser verstehen können. Auf welche Weise dies geschah, soll dieses Buch zeigen.

Juni 2012

I. ANFÄNGE

1. ARISTOTELES

(* Stageira 384 v. Chr., † Chalkis 322 v. Chr.)

Aristoteles' Schriften über die Hauswirtschaft, die er mit »Oikonomia« übertitelte, gaben einer Lehre den Namen, die erst mehr als 2000 Jahre später, im 18. Jahrhundert, zu einer eigenen Disziplin werden sollte: der Ökonomie. Als Universalforscher galt das Interesse des Philosophen auch den Naturwissenschaften, der Metaphysik, der Logik, der Politik, der Ethik und der Wirtschaft. Im Gegensatz zu seinem Lehrer Platon, der die Philosophie als Einheitswissenschaft ansah, der alles Wissen unterstellt ist, spaltete Aristoteles die einzelnen Wissensbereiche in eigene Fächer auf und begründete damit einmal mehr seinen großen Einfluss auf das Denken in der westlichen Welt. Aristoteles gehört neben Platon und dessen Lehrer Sokrates zu den klassischen Philosophen des 5. und 4. Jahrhunderts v. Christus.

Er wurde in Stageira in Makedonien geboren. Sein Vater war der Leibarzt des makedonischen Königs, des Großvaters Alexander des Großen. Durch das elterliche Haus erhielt Aristoteles schon sehr früh Zugang zum Wissen seiner Zeit. Mit 17 Jahren trat er Platons Akadesmie in Athen bei, wo er 20 Jahre studierte und auch lehrte. Nach Platons Tod ging Aristoteles nach Assos in Kleinasien, da nicht er, sondern ein Neffe Platons mit der Leitung der Akademie betraut wurde.

In seiner neuen Heimat genoss er die Gastfreundschaft des Tyrannen Hermias von Aterneus, ebenfalls ein Schüler Platons. Er heiratete dessen Nichte und gründete eine Schule. Fünf Jahre später, 342 v. Chr., kehrte er in seine Heimat zurück, um am makedonischen Hof den Kronprinzen, den späteren Alexander den Großen, zu unterrichten. Anschließend, von 335 v. Chr. an, lehrte Aristoteles im Lykeion, einem Park mit einem Gymnasion im Süden Athens außerhalb der Stadtmauern. Der Unterricht wurde nicht selten auf Spaziergängen von Lehrer und Schülern in den Wandelhallen, den »Peripatos« des Lykeion durchgeführt. Vermutlich in dieser Periode auch gründete Aristoteles seine eigene philosophische Schule, »Peripatos«, deren Name auf den Ort zurückgeht, an dem der Unterricht stattfand.

Hier auch entwickelte der Philosoph sein System der Logik weiter, das über 2000 Jahre die Methodik des Philosophierens im Okzident bestimmen sollte. Aristoteles starb 321 v. Chr. im Alter von 63 Jahren auf seinem Landgut auf Euböa. Ein Jahr zuvor hatte er Athen verlassen müssen, da er nach dem Tode Alexanders und dem Auftrieb einer antimakedonischen Partei der Gottlosigkeit angeklagt worden war.

Ökonomie wurde von Aristoteles immer als Gesellschaftswissenschaft mit moralischem Anstrich gesehen. Sie stand nie im Mittelpunkt seiner Forschung, einige zweifeln sogar daran, ob die Bücher zum Thema Hauswirtschaft wirklich ihm zugeschrieben werden dürfen. Dennoch gilt er als einer der Vordenker der Wirtschaftswissenschaft: Auch der Klassiker des Fachgebietes, → Adam Smith, berief sich auf die aristotelische Tradition.

Grundlage seiner herausgehobenen historischen Stellung bildete Aristoteles' Zusammendenken von Ethik, Politik und Ökonomie. Als Vertreter einer praktischen Philosophie stellte er immer die Frage nach dem menschlichen Glück in den Vordergrund und nicht das Erarbeiten ökonomischer Gesetzmäßigkeiten. Aus der Suche nach der bestmöglichen Ordnung des Gemeinwesens ergab sich für Aristoteles die Funktion der Ökonomie. Der Begriff setzt sich aus dem griechischen »oikos«, das Haus, und »nomos«, das Gesetz, zusammen. Aristoteles erarbeitete in seiner »Oikonomia«, der »Lehre der Haushaltung der Haushaltsgemeinschaft«, Regeln und Aufgabenbereiche für die Haushaltsgemeinschaft und legte ihren Platz in der Politik fest.

Dabei unterschied er zwei Wirtschaftszweige: die Hausverwaltungskunst, oikonomia, und die Kunst des Gelderwerbs, Chrematistik. Letzterer stand er ablehnend gegenüber, vor allem der Geldvermehrung durch den Zins. Er sah die widersprüchliche Doppelrolle des Geldes als ein dem Handel dienendes, ihn aber zugleich auch beherrschendes Tauschmittel und kritisierte, dass aus dem Geld selbst Gewinn gezogen werde, und nicht aus dem, wofür das Geld eigentlich erfunden wurde. Bis heute liegt über dem Preis des Kredits ein moralischer Schatten.

Aristoteles' Wissen, dass der Tausch und auch die Gemeinschaft ohne Geld nicht möglich seien, hielt ihn nicht von der Einstellung ab, dass die Menschen am glücklichsten wären, wenn sie überhaupt nicht wirtschaften müssten und von der Sorge um die Befriedigung der alltäglichen Bedürfnisse befreit wären.

Alle Tätigkeiten, welche der Hauswirtschaft, der Herstellung von Gütern oder deren Austausch bestimmt seien, spielten trotz ihrer Unentbehrlichkeit eine untergeordnete, eine dienende Rolle. Für Aristoteles existierte nur dort Freiheit, wo sich der Mensch über das Wirtschaftliche erheben könne. Erst wenn er, zur Zeit Aristoteles' natürlich der Mann, sich dem öffentlichen Leben, der Wissenschaft und der Politik zuwenden könne, sei er ein freier Bürger: frei von den Aufgaben, die das soziale Leben beinhaltet – der Verwaltung des Hauses und des Hofes, der Aufgabenverteilung für die Sklaven und allen Regelungen, die die Familie betreffen.

Aristoteles untersuchte die Entstehung des Reichtums und des Wertes. In seiner Ethik widmete er sich besonders dem Begriff des Maßes. Um im Einklang mit der menschlichen Natur zu leben, sei moralische Klugheit erforderlich. Ein Übermaß an Besitz erschwerte diese. Stehe die Sorge um das tägliche Brot im Vordergrund des menschlichen Daseins, fehle der Blick für das Gemeinwesen und moralische Klugheit könne sich ebenso schwer entwickeln. Die Goldene Mitte sei somit das Beste, da man in solchen Verhältnissen am leichtesten der Vernunft gehorche.

Als Kind seiner Zeit entwarf Aristoteles einen Gesellschaftsentwurf, der sich aus heutiger Sicht durch die Ausgrenzung ganzer Gruppen – Frauen, Kinder und Sklaven – undemokratisch darstellt. Dennoch ist sein Einfluss auf die heutige Wissenschaft so umfassend, dass die westliche Wissensentwicklung ohne Aristoteles nicht vorstellbar wäre. Seine Untersuchungen, die sich von der Logik, der Physik und der Biologie bis hin zur Ökonomie, Ethik, Politik und Metaphysik erstreckten, kulminierten in der Frage nach dem »guten Leben« – die, im übertragenen Sinne, von der Wirtschaftswissenschaft immer wieder gestellt wurde.

2. Thomas von Aquin

(* Schloss Roccasecca um 1225, † Fossanova 7.3.1274)

Im Hochmittelalter entwickelte sich Europa prächtig. Die Bevölkerung wuchs, die Bildung war nicht mehr ausschließlich Sache der Kirche, Handwerk und Handel prosperierten. Durch den Fernhandel wurden alte und neue Philosophien und Ideen nach Europa importiert. Es war die Zeit, in der die Lehre des Aristoteles' neu entdeckt und zur wichtigsten nichtchristlichen Autorität für die Scholastik wurde. Einer ihrer wichtigsten Vertreter war Thomas von Aquin, ein herausragender Theologe und Philosoph, dessen Einfluss nicht nur in der katholischen Kirchenlehre wiederzufinden ist, sondern der auch in der heutigen Wirtschaftslehre – der Ökonomie, Spuren hinterließ. Wie Aristoteles bewegte auch Thomas der ethische und nicht der analytische Aspekt der Wirtschaftslehre. Die Frage nach dem Wohl des Gemeinwesens ist Kernstück seiner Philosophie.

Aber auch der Handel und die Veränderungen des sozialen Gefüges, die damit einhergingen, beschäftigten den Gelehrten. Während Aristoteles in seinen ökonomischen Abhandlungen vom Gefüge des Stadtstaates ausging, setzte sich Thomas von Aquin mit den gewachsenen Strukturen des mittelalterlichen Handelssystems, der Geldwirtschaft und den damit verbundenen Herausforderungen auseinander. Allerdings sah sich Thomas in erster Linie als Theologe. Das letzte Ziel in seinem Leben und Denken war immer Gott. Alle anderen Themen, so auch die Wirtschaft, waren für ihn nur Teilbereiche auf dem Gebiet der praktischen Vernunft – der willentlichen Ausrichtung des Handelns nach bestimmten ethischen Prinzipien. Er wollte ein System schaffen, in dem der religiöse Glaube und die Vernunft widerspruchsfrei zusammenspielen.

Im Alter von fünf Jahren begann bereits seine kirchliche Laufbahn. Als Sohn des feudalen Hochadels von Aquino wurde er in das Kloster Monte Cassino geschickt. 1244 trat er in Neapel einem Dominikanerorden bei – zum Missfallen seiner Familie, die ihn daraufhin entführte und ein Jahr gefangen hielt. Nach seiner Freilassung studierte er in Paris und Köln unter anderem bei Albertus Magnus, einem Wegbereiter der Scholastik. In Köln wurde Thomas 1250 zum Priester geweiht. Seine Lehrtätigkeit führte ihn über Paris, dem geistigen Zentrum der damaligen Zeit, quer durch Europa, in den Vatikan und in verschiedene Dominikanerschulen. 1272 gründete er in Neapel eine Ordens-schule. Aus seiner Lehrtätigkeit heraus schuf er einen umfas-senden philosophisch-theologischen Ansatz, mit dem er die Idee der Scholastik mitbegründete und voranbrachte. Auf dem Weg zum II. Konzil von Lyon verstarb Thomas von Aquin am 7. März 1274 in einer Zisterzienserabtei in Fossanova.

Als frommer Mönch, als Gelehrter und als gläubiger Mensch wurde Thomas bereits zu Lebzeiten sehr verehrt. Ihm wurden Titel verliehen wie »Doctor angelicus«, zu Deutsch engelglei-cher Lehrer, oder Divus Thomas, göttlicher Thomas. Der Papst sprach ihn bereits 50 Jahre nach seinem Tod heilig und Mitte des 16. Jahrhunderts nahm man ihn in den Reigen der Kirchenlehrer auf.

Thomas von Aquin verhalf der Theologie als Wissenschaft zur Eigenständigkeit. Anders als sein Lehrer Albertus Magnus unterhielt er keine kirchlichen Ämter, er widmete sein Leben ausschließlich der Lehre und Forschung. Neben seinen aus-führlichen Kommentaren zu Aristoteles vermittelte er in zwei Hauptwerken – »Summa contra gentiles« und »Summa theo-logica« – seine Lehre. In der Scholastik diente die Philosophie immer der Theologie; es war der Versuch, den christlichen Glauben mit Hilfe eines theoretischen Systems zu erläutern und erfahrbar zu machen.

In seinen Ausführungen über die Wirtschaft stimmt Tho-mas ein Loblied auf die Arbeit an: da sie den Lebensunterhalt sichert, die Möglichkeit beinhaltet, andere zu unterstützen, und vor Müßiggang und Laster schützt. Privateigentum sieht er als die Grundlage des Wirtschaftsystems an und begründet dies mit der menschlichen Natur in der nachparadiesischen Zeit. Im Paradies mit seiner Abwesenheit von Mangel ist Eigentum nicht nötig. Im Hier dagegen ist es wichtig, da es weniger Streit gibt, als wenn alles Gemeingut wäre. Denn mit seinem Eigentum geht der Mensch sorgfältiger um und es verheißt ein menschen-würdigeres Leben.

Die Grundprinzipien allen Tuns, auch beim Handel, sind ethischer Natur, so zum Beispiel die viel und kontrovers diskutierte Frage nach der Richtigkeit der menschlichen Handlung. Thomas bringt sie in Zusammenhang mit der Lehre vom gerechten Preis, die sich heute noch in der Idee des »fairen Handels« wiederfindet. Er fordert, beim Tausch der Waren müssten beide Seiten den gleichen Nutzen haben. Heute spricht man im erweiterten Sinne von der viel gepriesenen Win-win-Situation. Nach Thomas' Auffassung muss sich der Preis an den tatsächlichen Produktionsbedingungen und nicht an den momentanen Marktbedingungen orientieren, der Nutzen oder Gewinn des Einzelnen steht hinter dem des Allgemeinwohls.

Die ökonomische Idee und Lehre von Thomas von Aquin entspringt der Frage nach dem Wohlergehen der Gesellschaft. Die Basis dafür ist Gerechtigkeit, das Fundament jeden menschlichen Zusammenlebens, ein Fundament, das Frieden ermöglicht.

3. LUCA PACIOLI

(* San Sepolcro um 1445, † Rom 1514)

Luca Pacioli hat als einer der wichtigsten Mathematiker des 15. Jahrhunderts Bekanntheit erlangt. Seine Niederschriften genießen noch heute hohes Ansehen. Da im Lehrbetrieb des alten Europas die Mathematik ein Teilgebiet der Metaphysik und der Theologie war, ist es jedoch nur logisch, dass er im Verständnis der damaligen Zeit Theologe war. Sein Verdienst für die Wissenschaft und Wirtschaft wird unterschiedlich beurteilt. Die einen nennen es eine Revolution, die Geburtsstunde des Kapitalismus oder die Grundlage des ökonomischen Fortschritts, die anderen bezeichnen ihn als Kopisten. Eines jedoch ist unbestritten: Pacioli popularisierte die doppelte Buchführung. Sie wäre nicht das, was sie heute ist – die Basis des modernen Rechnungswesens –, wenn er sie nicht aufgeschrieben und systematisiert hätte. Ebenso verhalf er der Lehre vom Goldenen Schnitt zu großer Popularität und stellte Überlegungen zu einem mathematischen Thema an, welches die Franzosen Blaise Pascal und Pierre de

Fermat vertieften und das später zur Wahrscheinlichkeitstheorie führte.

Die Grundlage für Paciolis ausgeprägtes mathematisches Verständnis wurde in der Toskana in San Sepolcro gelegt, wo er um 1445 geboren wurde. Er hatte das Glück, von einem berühmten Maler und Mathematiker des Spätmittelalters unterrichtet zu werden. Piero della Francesca beeinflusste durch seine mathematische Herangehensweise wesentlich die Malerei der Renaissance. An seinem Lebensabend gab er die Malerei auf und widmete sich ganz der Mathematik. Von dieser Leidenschaft wurde auch der jugendliche Pacioli angesteckt.

Als Lehrer der Söhne des venezianischen Kaufmanns Rompiasi bekam Pacioli später Einblick in die Welt des Handels und der Wirtschaft. Aus diesen Erfahrungen heraus entwickelte er die Ansicht, es sei weit schwieriger, einen Kaufmann zu bilden als einen Juristen. Zu dieser Zeit führten ihn auch Handelsreisen in östliche Gebiete, wo er – möglicherweise in Beirut – die Quellen arabischer Mathematik kennengelernt haben könnte.

Zwar war Pacioli ein frommer Mann, doch weshalb er einem Franziskanerorden beitrat, ist nicht geklärt. Wahrscheinlich wollte er finanziell unabhängig forschen. Dies ermöglichte ihm der Orden. Sein Weg führte ihn nach Perugia, Neapel, Mailand, Florenz, Venedig und Rom, wo er an vielen Universitäten forschte und lehrte. Auf einer dieser Stationen lernte er um 1496 in Mailand Leonardo da Vinci kennen. Der ihnen eigene Forscherdrang verband sie freundschaftlich. Das Universalgenie inspirierte Pacioli zu einem Buch über den Goldenen Schnitt. Anfang des 16. Jahrhunderts veröffentlichten beide – vermutlich in Venedig – das Buch »De divina proportione«. Pacioli schrieb den Text und Leonardo da Vinci lieferte die Illustrationen.

Das Hauptwerk des Mathematikers, »Summa de Arithmetica, Geometria, Proportioni et Proportionalità«, erschien bereits um 1494. Darin bündelt er in seiner eigenen systematischen Weise das mathematische Wissen seiner Zeit. In Fachkreisen gilt es als das größte mathematische Werk der Renaissance. Pacioli hält sich bei seinen Ausführungen sehr stark an die Schriften seines Lehrers Piero della Francesca. Obwohl die Frage nach dem geistigen Eigentum zur damaligen Zeit noch nicht gestellt wurde, hält sich hartnäckig der Vorwurf, Pacioli sei ein Plagiator. Andere gehen milder mit dem Gelehrten um und sehen in den Abhandlungen Paciolis die Weiterentwicklung der Theorien seines Lehrers. Außerdem könnte man ihm auch unterstellen, er habe sich als Enzyklopädist verstanden. Seine sorgfältigen und systematischen Arbeiten waren wichtig für die Entwicklung der modernen Arithmetik und Algebra. Sie inspirierten viele Mathematiker und waren Grundlage für die Forschung des Astronomen Johannes Kepler, aber auch für den modernen Maschinenbau. Entscheidend ist hier die Linearperspektive.

Paciolis große Popularität zu Lebzeiten rührt daher, dass er seine Schriften in italienischer Sprache und eben nicht im damals üblichen Latein abfasste. Die Bücher waren nicht nur für den Klerus und andere Wissenschaftler, sondern auch für die Kaufleute und das Volk geschrieben – ein Novum, das wohl auch dem Zeitgeist der Renaissance zugerechnet werden darf. Betrachtet man rückblickend sein Leben, so könnte man von einer Erfolgsgeschichte sprechen. Ihren krönenden Abschluss fand sie 1514, als Pacioli kurz vor seinem Tod vom Papst zum Professor an die Sapienza in Rom berufen wurde. Diese Ernennung war eine der größten wissenschaftlichen Anerkennungen der damaligen Zeit.

Der wirtschaftliche Erfolg Venedigs im 15. Jahrhundert wird unter anderem der doppelten Buchführung zugeschrieben, die auch venezianische Methode genannt wurde und den Status einer Geheimlehre innehatte. Natürlich hatten die Venezianer das kaufmännische Denken nicht erfunden. Schon in den Hochkulturen des alten Orients gab es in der Zeit um 3000 v. Chr. erste Ansätze, kaufmännische Daten zu dokumentieren. Auf Tontafeln aus jener Epoche lassen sich erste Buchhaltungsbelege finden. Um 1730 v. Chr. soll es in Mesopotamien die Buchhaltungspflicht gegeben haben. Paciolis Leistung besteht darin, dass er versuchte, Ordnung in das kaufmännische Chaos seiner Zeit zu bringen. Alle unternehmerisch relevanten Tätigkeiten, die sich in Zahlen verbuchen ließen, wurden tabellarisch dargestellt und bewertet. Auf diese Weise konnten Einnahmen und

Ausgaben gegenübergestellt und in bestimmten Abständen miteinander verglichen werden. Daraus ergaben sich Gewinn oder Verlust.

Diese neue Form der Buchhaltung bot eine systematische Grundlage für Kalkulationen, da die Kaufleute auf der Basis objektiver Daten Handel treiben konnten. Damit waren – wie es modern heißt – Accounting und Controlling geboren. Begriffe wie Bilanz, Saldo sowie Soll und Haben wurden – bis heute – zu wichtigen Bestandteilen unseres Lebens.

4. François Quesnay

(* Méré 4.6.1694, † Versailles 16.12.1774)

François Quesnay gilt als Begründer der physiokratischen Schule der Ökonomie. Er war der erste, der eine Volkswirtschaft systematisch untersuchte und ein Gesamtmodell davon entwarf. Seine Wirtschaftstheorie, die in der Mitte des 18. Jahrhunderts zahlreiche Anhänger in Frankreich, Deutschland und England fand, ging davon aus, dass der Boden und die Landwirtschaft die alleinigen Quellen des Reichtums sind.

François Quesnay war Sohn einfacher Bauern, er kam 1694 als achtes von dreizehn Kindern im Dorf Méré bei Versailles zur Welt. Als Jugendlicher ging er zu einem Wundarzt in die Lehre und studierte ab 1711 im Chirurgiekollegium von Saint-Côme in Paris Medizin, Botanik, Chemie, Mathematik und Philosophie. 1718 erhielt er das Chirurgendiplom und ließ sich mit seiner Frau in Mantes, am Unterlauf der Seine, nieder. Hier machte er sich als Leibarzt des Herzogs von Villeroy und durch wissenschaftliche medizinische Abhandlungen einen Namen. 1744 wurde er Doktor der Medizin und stieg 1749 zum Leibarzt der Madame de Pompadour und Ludwigs XV. auf.

Im Schloss von Versailles, wo Quesnay fortan wohnte, konnten ihn die Philosophen Denis Diderot und Jean d'Alembert zur Mitarbeit an einer Enzyklopädie gewinnen, in der das gesamte Wissen der Zeit zusammengetragen werden sollte. Die Intention war, dem aufklärerischen Denken zum Durchbruch zu verhelfen. Quesnay verfasste zwei philosophische Arbeiten und widmete sich dann der Landwirtschaft, von der zu jener Zeit 85 % aller Franzosen lebten.

Dieser Sektor litt seit Jahrzehnten unter der Misswirtschaft des Staates. Die Produktion war unwirtschaftlich, denn viele Grundeigentümer wohnten in den Städten und kümmerten sich nicht um ihr Land. Die Bauern, denen es an Ausrüstungen und Dünger fehlte, arbeiteten als Halbpächter, während die adeligen Großgrundbesitzer Ochsen und Saatgut bereitstellten und dafür die Hälfte der Ernte erhielten. Gleichzeitig war der französische Getreidemarkt streng reglementiert. Die Liefergebiete für jede Stadt waren festgeschrieben, der An- und Verkauf von Getreide staatlich organisiert. Es war verboten, Korn zu exportieren, stattdessen sollten bei Überschüssen Vorräte für schlechte Zeiten angelegt werden. Dies führte in guten Jahren zu einem rapiden Preisverfall, weshalb die Bauern mangels Einnahmen nicht in Höfe, Geräte und Dünger investieren konnten. Wegen fehlender Konkurrenz im Binnenhandel war es den Händlern zudem möglich, die Ankaufspreise über Gebühr zu drücken. Auch die Steuerlast, die willkürlich festgelegt wurde, hatten einzig die Bauern zu tragen. So bemühten sich diese, aus Furcht vor Steuereintreibern, ihren Wohlstand zu verschleiern.

Angesichts dessen forderte Quesnay einen freien Getreidehandel und ein von Willkür freies Steuersystem. Er versuchte den Grundbesitzern und dem König zu zeigen, dass auch sie von derartigen Reformen profitieren würden. Je besser es den Bauern ginge, desto mehr Steuern könnten sie zahlen, und auch Händler und städtische Handwerker hätten einen Vorteil, denn Grundbesitzer und Bauern könnten dann umso mehr bei ihnen kaufen.

Um dies anschaulich zu machen, entwickelte Quesnay 1758 in seinem Hauptwerk »Tableau économique« ein graphisches Modell der Volkswirtschaft, angelehnt an den Blutkreislauf des Menschen, der 1628 entdeckt worden war. Es war die erste Abbildung eines geschlossenen Wirtschaftskreislaufes und zeigte erstmals die wechselseitigen Abhängigkeiten der Geld- und Güterströme auf. Es enthielt die Komponenten Entstehung, Verwendung und Verteilung. Quesnay unterschied darin drei Klassen von Akteuren: die »classe productive«, die in der Landwirtschaft Tätigen, die »classe oisive«, die Eigentümer, und alle übrigen Berufe, die »classe stérile«. Er unternahm bereits Schätzungen der Ströme.

Damit konnte Quesnay zeigen, welche Auswirkungen Störungen in der Ökonomie hatten. Sollten zum Beispiel Adel und König ihr Kaufverhalten ändern, mehr Luxus erwerben und dafür die Landwirtschaft hintenan stellen, würde dies zunächst Manufakturunternehmern und Handwerkern mehr Geld bringen. Aber die Bauern könnten dann weniger investieren und ihre Erträge würden schrumpfen. Das würde in der Folge die Steuereinnahmen der Grundbesitzer und des Königs schmälern, die dann weniger Manufakturwaren kaufen könnten. Am Ende würden alle verlieren.

Im Gegensatz zur damals landläufigen Meinung, die Reichtum mit materiellem Wert von Gold und Silber gleichsetzte, vertrat Quesnay die Ansicht, Reichtum sei das Ergebnis von Arbeit – allerdings ausschließlich in der Landwirtschaft. Er nahm an, dass nur die Bauern als produktive Klasse einen Überschuss erwirtschafteten, weil ihnen die Natur die Früchte ihrer Arbeit zuspielte. Handwerker und Manufakturen wandelten dagegen die Stoffe nur um. Sie schafften selbst keine volkswirtschaftlichen Werte, arbeiteten kostendeckend und erwirtschafteten folglich keine Gewinne. Sie erzeugten nur der Form nach ein neues und letztlich steriles Produkt, weshalb Quesnay sie als »sterile Klasse«, bezeichnete. Quesnay argumentierte, der fortschreitende Niedergang Frankreichs könne nur dann aufgehalten werden, wenn die Produktivität der Landwirtschaft gesteigert und der dort erwirtschaftete Überschuss zur Sanierung der Staatsfinanzen verwendet würde.

Bald bildete sich um Quesnay eine Gruppe von Gleichgesinnten und Schülern, die ihre Lehre als »Physiokratie«, als »Herrschaft der Natur« bezeichneten. Es gebe nur zwei wirtschaftliche Naturgesetze: das Recht jedes Staatsbürgers auf freie Entfaltung seiner beruflichen Tätigkeit und das Recht auf Eigentum. Deren Anwendung forderten sie im Staats- und Wirtschaftsleben. Ausgehend davon traten sie für die Verwirklichung einer harmonischen und natürlichen Selbstregulierung der Wirtschaft ein und propagierten damit eine Alternative zur merkantilistischen Wirtschaftspolitik des französischen Absolutismus. Eine Ökonomie ohne störende staatliche Eingriffe erschien den Physiokraten als die natürliche, gottgewollte Ordnung. »Laissez faire, laissez passer!« wurde ihr viel zitiertes Motto. Durch die Naturordnung kämen alle wirtschaftlichen Kräfte ins Gleichgewicht und führten somit zum bestmöglichen Zustand. Der Staat sollte nur die für eine Entfaltung der »natürlichen Ordnung« notwendigen Rahmenbedingungen schaffen.

Ab 1765 begannen die Anhänger Quesnays, seine Schriften als Beiblätter in der Presse zu verbreiten. Quesnay selbst veröffentlichte regelmäßig unter Pseudonym Artikel, die die Diskussion über die produktive und die sterile Klasse und die Analyse der arithmetischen Formeln des »Tableau économique« in Gang hielten. Der Versuch, die Lehren Quesnays in der Praxis umzusetzen, führte allerdings nicht zum Erfolg. Die Missachtung von Handel, Gewerbe und Industrie führte zu höchster Verwirrung im Wirtschaftsleben. Plünderungen und öffentliche Exekutionen waren die Folge.

In den 1770er Jahren zerfiel die Schule der Physiokraten und verlor nach dem Tode Quesnays 1774 ihre Bedeutung. Quesnays Blick für die Folgen undurchdachter staatlicher Eingriffe hatte ihn zum dem Irrtum verführt, dass allein die Aufhebung dieser Regulierungen alle Probleme beseitigen könnte. Flankiert von wenigen weiteren Schritten wie etwa Straßenbau ließe sich, so die Annahme, in kurzer Zeit und mit einfachen Mitteln allgemeiner Wohlstand schaffen. Indem er den industriellen Sektor lediglich als ein System der sterilen Manipulation ansah, entging Quesnay die epochale Erkenntnis, dass Arbeit, egal, wo sie zum Einsatz kommt, Reichtum produziert – auch außerhalb der Landwirtschaft.

Ungeachtet dessen gilt Quesnay bis heute als Pionier. Sein Kreislaufmodell wird als Vorläufer einer volkswirtschaftlichen Gesamtrechnung angesehen. Auch hat er darin erstmals die Bedeutung von Nettoinvestition und Kapitalakkumulation benannt. Seine Gedanken wurden von → Adam Smith aufgenommen und zu einer gesamtgesellschaftlichen Theorie ausgeweitet, der Klassischen Nationalökonomie.

II. KLASSIKER

5. ADAM SMITH
(* Kirkcaldy 5.6.1723, getauft, † Edinburgh 17.7.1790)

Adam Smith war der erste große Wirtschaftsdenker. Er begründete die klassische Schule der Nationalökonomie und etablierte die Ökonomie als eigenständige Disziplin. Sein Verdienst besteht darin, die Gesetze des Marktes formuliert und umfassend beschrieben zu haben. Er vermittelte erstmals ein Verständnis davon, wie der Markt das Gemeinwesen im Einzelnen zusammenhielt. Zwar hat sich seine Annahme, dass die Gesellschaft am Ende zum Stillstand kommen würde, als falsch erwiesen. Die Wirkung der sich zu seiner Zeit gerade ankündigenden industriellen Revolution auf die Wirtschaft hatte er übersehen. Dennoch haben seine Erkenntnisse den Denkern der westlichen Welt die Augen geöffnet und die Weltsicht von Generationen geprägt.

Adam Smith wurde 1723 im schottischen Kirkcaldy geboren, einer kleinen Gemeinde von 1500 Einwohnern. Damals nutzten einige Geschäftsleute des Ortes noch Nägel als Zahlungsmittel. Der Vater starb vor der Geburt seines Sohnes. Zwischen Mutter und Sohn entwickelte sich eine innige und zeitlebens ungebrochene Beziehung. Smith blieb unverheiratet.

Ab seinem 14. Lebensjahr studierte er an der Universität Glasgow bei einem der führenden Vertreter der schottischen Aufklärung, dem Moralphilosophen Francis Hutcheson. Nach seinem Abschluss 1740 folgte ein Philosophiestudium in Oxford. 1750 wurde er Professor für Logik an der Universität Glasgow, ein Jahr später wechselte er auf den begehrten Lehrstuhl für Moralphilosophie. In dieser Zeit entstand seine Freundschaft mit dem Philosophen David Hume. 1758 wurde Smith zum Dekan der Universität gewählt.

Die Veröffentlichung seines ersten Buches »The Theory of Moral Sentiments« (»Theorie der ethischen Gefühle«) brachte

ihm 1759 umgehend einen Platz in der ersten Reihe der englischen Philosophen ein. Smith befasste sich in seinem Buch mit
der menschlichen Natur und ihrem Verhältnis zur Gesellschaft.
Er ging der Frage nach, wie es kommt, dass ein selbstsüchtiges
Wesen wie der Mensch zur moralischen Urteilsbildung fähig
ist und von seiner Selbstbezogenheit entweder absehen oder
sie auf eine höhere Ebene transformieren kann. Eine Erklärung
dafür sah er in der dem Menschen eigenen Fähigkeit, die Rolle eines unvoreingenommenen Beobachters einzunehmen und
sich dadurch eine nicht selbstbezogene, sondern vorurteilsfreie
Vorstellung von einer Sache zu machen. Smith hatte demnach
ein positives Bild vom menschlichen Verhalten.

Durch diese Abhandlung wurde der britische Schatzkanzler
auf ihn aufmerksam, der Smith 1763 als Begleiter für eine Bildungsreise seines Stiefsohnes, eines jungen Herzogs, verpflich-
tete. Die dreijährige Tour führte beide nach Toulouse, Genf und
Paris. Im südfranzösischen Toulouse verbrachte Smith achtzehn
Monate. Die Langeweile des dortigen Provinzlebens veran-
lasste ihn, 1764 mit der Niederschrift einer Untersuchung zur
politischen Ökonomie zu beginnen, die er allerdings erst zwölf
Jahre später – zurück in seiner Heimatstadt Kirkcaldy – fertig-
stellen sollte.

In Paris begegnete Smith → François Quesnay, dem seiner-
zeit bedeutendsten Wirtschaftsdenker Frankreichs. Diese Be-
kanntschaft war ein Schlüsselerlebnis für Smith, der die Gedanken des Franzosen aufnahm und im Rahmen seiner bereits
begonnenen Untersuchung zur politischen Ökonomie zu einer
gesamtgesellschaftlichen Theorie ausweitete. Im Gegensatz zu
Quesnay, der die *Natur* als Quelle allen Reichtums ansah, wollte
Smith zeigen, dass *Arbeit* Reichtum schafft.

1766 endete die Bildungsreise des Herzogs, weil dessen jüngerer Bruder, der sich der Tour angeschlossen hatte, an Fieber
starb. Smith reiste zurück nach Kirkcaldy, wo er den größeren
Teil des nächsten Jahrzehnts verbrachte, um seine Abhandlung
zur Ökonomie zu vollenden.

Sein berühmtes ökonomisches Hauptwerk »An Inquiry into
the Nature and Causes of the Wealth of Nations« (»Wohlstand
der Nationen – Eine Untersuchung seiner Natur und seiner Ursachen«) wurde 1776, im Jahr der amerikanischen Unabhängig-

keitserklärung, veröffentlicht. Darin beschwört Smith eine moderne Welt, in der der höchste Zweck des Wirtschaftslebens im freien Austausch von Waren und Dienstleistungen besteht. Angesichts der merkantilistischen Wirtschaftspolitik im westlichen Europa, die durch massive Eingriffe des Staates in die Wirtschaft gekennzeichnet war und in Frankreich zum Niedergang der Landwirtschaft geführt hatte, versteht sich Smith' Entwurf als ein Instrument zur Überwindung des Merkantilismus, als eine völlig neue Form sozialer Organisation, die mit dem Begriff der Nationalökonomie bezeichnet wurde.

Die wichtigste Neuerung ist die Orientierung am liberalen Weltbild. Dem absolutistischen Staat hat er das eigenverantwortliche, selbstbestimmte Individuum gegenübergesetzt, der aktiven Handelspolitik den Freihandel und der staatlichen Lenkung der Wirtschaft die Steuerung über den Wettbewerb.

Smith begründete seine Vorschläge mit den Gesetzen des Marktes, denen er auf den Grund ging. Dabei suchte er nach einer »unsichtbaren Hand«, durch die »die persönlichen Interessen und Leidenschaften der Menschen« in eine Richtung gelenkt würden, »die den Interessen der Gesellschaft als Ganzes sehr entgegenkommen«. Folgende Fragen stellte sich Smith: Was hält eine Gemeinschaft zusammen, in der jeder nur seinen eigenen Interessen folgt? Wie lassen sich individuelle Geschäftsinteressen mit denen der Gesellschaft vereinbaren? Und schließlich: Wie sichert eine Gemeinschaft ihr Überleben ohne eine zentrale, die Wirtschaftsabläufe steuernde Instanz, zumal auch der Einfluss jahrhundertealter Traditionen zurückgeht?

All dies gewährleistet, so Smith, der Markt, der eine fehlertolerante und selbstregulierte Gesellschaft hervorbringt, in der Eigennutz zu Gemeinnutz führt. Während alle Beziehungen der Menschen zueinander auf Freiwilligkeit beruhen, hat dies bei dem gegebenen selbstsüchtigen Verhalten der Individuen zur Folge, dass nur jene Vereinbarungen zustande kommen, die für beide Seiten von Vorteil sind. Die Freiheit der Entscheidungen führt zu einem Wettbewerb aller Marktteilnehmer, der dafür sorgt, dass aus der Vielzahl der Handlungsmöglichkeiten die jeweils subjektiv günstigste gewählt wird. Diese Konkurrenz hat die Produktion und Bereitstellung von Waren zur Folge, nach der die Gesellschaft verlangt, in der Menge, die sie benötigt und zu dem Preis, den sie bereit ist zu zahlen. Die einzige Aufgabe des Staates besteht darin, durch ein unparteiisches Rechtswesen sicherzustellen, dass dieser Wettbewerb ohne Betrug oder Gewalt stattfindet. Lediglich in Bereichen wie Straßenbau und Bildung, die für die Privatwirtschaft wenig geeignet sind, soll der Staat investieren. Eine freie Gesellschaft, so das Fazit Smith', erzielt mit den realen, fehlerbehafteten Menschen bessere Ergebnisse als jede andere Gesellschaftsordnung.

In seiner Ökonomie bricht er völlig mit der bis dahin herrschenden Annahme der Merkantilisten, dass der Reichtum eines Landes aus dem Gold- und Silbervorrat des jeweiligen Fürsten bestehe. Nach Smith sind es die Produktivkräfte eines Landes, gespeist aus der treibenden Kraft des Egoismus' der Individuen, die seinen Reichtum ausmachen.

Smith fragte auch nach der zukünftigen Entwicklung der Gesellschaft. Deren Potential sah er darin, durch eine möglichst weitgehende Arbeitsteilung »den allgemeinen Überfluss« zu steigern, »der noch die niedersten Ränge der Gesellschaft erfasst«. Zwei Prinzipien hat er ausgemacht, die dafür sorgen, dass sich das Marktsystem in einer Aufwärtsspirale befindet: Das Gesetz der Akkumulation, der Ansammlung von Kapital, das, sobald es in Produktionsmittel investiert wird, zu einer höheren Produktivität führt. Und das Bevölkerungsgesetz, wonach sich Angebot und Nachfrage über das mehr oder weniger starke Bevölkerungswachstum regulieren würden – angesichts der hohen Kindersterblichkeit im England des 18. Jahrhunderts keine abwegige Annahme. Für Smith wäre der Aufwärtstrend der Wirtschaft beendet, wenn die Gesellschaft ihre letzten ungenutzten Ressourcen ausgebeutet und ein umfassendes System der Arbeitsteilung etabliert hätte. Dann wäre die Zeit des Stillstands gekommen.

1778, zwei Jahre nach Erscheinen seines Buches, wurde Smith zum Zollkommissar von Schottland berufen und zog von Kirkcaldy ins benachbarte Edinburgh. Sein Werk fand zunächst nur wenig Beachtung. Die volle Anerkennung kam ihm erst 1800 zuteil, zehn Jahre nach seinem Tod. Zuspruch erhielt er aus der aufsteigenden kapitalistischen Klasse, wobei Gegner einer humanitären Gesetzgebung seinen Glauben an die Fähigkeiten des Marktes unberechtigterweise für die eigene Argumentation benutzen. Smith war nie ein Parteigänger irgendeiner Klasse gewesen und hatte auch vor der Gier der Kapitalisten gewarnt.

Anders als → Karl Marx, der danach gesucht hatte, was die Gesellschaft vorantreibt, erfasste Smith mit seinen Gesetzen des Marktes nur diejenigen Verhaltensweisen, die zur Stabilität der Gesellschaft beitragen. Als Ökonom des vorindustriellen Kapitalismus hat er die Bedrohung des Marktsystems durch riesige Großunternehmen, die Erschütterung seines Akkumulations- und Bevölkerungsgesetzes, selbst nicht mehr erlebt. Ein Phänomen wie der »Wirtschaftskreislauf« war noch nicht erkennbar. Die Zeit, in der er lebte und über die er schrieb, war eine Welt des atomistischen Wettbewerbs, in der kein Marktteilnehmer die Macht gehabt hätte, die Mechanismen des Wettbewerbs zu stören. Doch auch wenn heute vieles anders ist als zu Smith' Zeiten: die großen Kräfte, die er darstellte, der Eigensinn und der Wettbewerb wie auch das Prinzip der Arbeitsteilung, sind noch immer die Basis unseres Wirtschaftslebens.

6. Thomas Robert Malthus

(* Rookery 13.2.1766, † Bath 23.12.1834)

Thomas Robert Malthus gilt als der am meisten gehasste Mann seiner Epoche. Berühmt wurde er durch seine Bevölkerungstheorie, wonach die Menschheit so schnell wächst, dass sie mit der Produktion von Nahrungsmitteln nicht hinterher kommen kann. Daraus schlussfolgerte er, dass Hunger und Elend unvermeidbar seien, da sie ihre Ursache hätten in der natürlichen Eigenschaft der Menschen, sich zu vermehren.

Malthus wurde 1766 in einer Grafschaft südlich von London geboren. Sein Vater war ein vermögender Jurist und glühender Vertreter der Aufklärung. Schon früh wurde der Sohn auf die Laufbahn eines Geistlichen festgelegt. Nach einem breit angelegten Studium am Jesus College in Cambridge, das er 1788 glanzvoll beendete, erhielt er eine Stelle als Hilfsgeistlicher in der Nähe des Hauses seiner Eltern, wo er noch viele Jahre wohnte. Gleichwohl brachte er sein Lebtag mit akademischer Forschung zu.

1798 erschien Malthus' Hauptwerk »An Essay on the Principle of Population as It Affects the Future Improvement of Society« (»Eine Abhandlung über das Bevölkerungsgesetz«), zunächst als anonymer Aufsatz. Den Anstoß für die Niederschrift hatten Debatten über die Entwicklung des Bevölkerungswachstums gegeben, die auch im väterlichen Hause mit Leidenschaft geführt wurden. Neben der damals allgegenwärtigen Armut war die Besorgnis darüber, dass vermeintlich die Anzahl der Menschen zurückgehen könnte, ein zentrales Thema im England des 18. Jahrhunderts – ohne über genaue Zahlen zu verfügen.

Die diskutierten Szenarien standen jedoch harmonisch im Einklang mit den Gesetzmäßigkeiten der Natur und des Fortschritts und endeten immer mit einer optimistischen Prognose der gesellschaftlichen Entwicklung. Wäre das Bevölkerungswachstum rückläufig, so die Annahme, müsste es einfach angekurbelt werden, nehme die Bevölkerung zu, so würde dies eine Quelle nationalen Reichtums sein, ganz nach den von → Adam Smith beschriebenen Grundsätzen einer freien Marktgesellschaft.

Thomas Robert Malthus konnte dieser Utopie nichts abgewinnen. Er fasste seine Einwände in einer Abhandlung zusammen und zerstörte mit seiner Schrift alle Hoffnungen auf ein harmonisches Weltganzes. Darin geht er davon aus, dass in der Natur die Neigung zur Überbevölkerung besteht, was zwangsläufig dazu führen muss, dass die Grundlagen der Existenz überschritten werden. Malthus schlussfolgerte dies aus einfachen mathematischen Überlegungen. Wenn ein Paar vier Kinder hat und diese wieder vier Kinder pro Paar, nimmt die Bevölkerung exponentiell zu. Bei ungebremster Vermehrung verdoppelt sich die Menschheit etwa alle 25 Jahre. Die Lebensmittelproduktion erhöht sich aber in derselben Zeit nur linear. Zwar lässt sich die Produktivität in der Landwirtschaft durch verbesserte Bewässerung um 20% steigern, dieser Zuwachs erzeugt jedoch keinen weiteren Zuwachs. Damit übersteigt die Zahl der Menschen früher oder später die Möglichkeit der Nahrungsmittelproduktion. Ihr größerer Teil muss auf immer in

Armut und Elend leben. Auch Kriege, Seuchen und Hungerkatastrophen werfen die Bevölkerung immer wieder auf das Maß der Lebensmittelproduktion zurück, was vor allem die ärmeren Schichten dezimiert. Denn in besseren Kreisen sorgen sexuelle Enthaltsamkeit und späte Eheschließung dafür, dass die Kinderzahl begrenzt bleibt.

Grundsätzliche Verbesserungen sind, nach Malthus, nicht in Sicht. Es gibt nur zyklische Bewegungen zwischen Zeiten leichter Verbesserungen und wiederkehrender Verschlechterungen. Die Menschheit ist verdammt dazu, regelmäßig unter ihr einmal erreichtes Niveau zu fallen.

Malthus' Werk war schnell vergriffen. Seine »Abhandlung über das Bevölkerungsgesetz« stieß zahlreiche Auseinandersetzungen an, die in wissenschaftlichen Aufsätzen, in Zeitschriften, Briefwechseln und sogar in Parlamentsdebatten geführt wurden. Die Reaktionen reichten von begeisterter Zustimmung bis zu Stürmen der Entrüstung. Seine Gegner beschrieben ihn als »Feind der menschlichen Gattung«, der Pockenepidemien, Sklaverei und Kindsmord verteidigte.

Tatsächlich wandte sich Malthus gegen eine Regelung seiner Zeit, die den Arbeitern und Armen Unterstützung nach der Kinderzahl gewährte. Die englischen Armengesetze verführten aus seiner Sicht deren Nutznießer dazu, mehr Kinder in die Welt zu setzen, als sie ernähren konnten. Außerdem wäre mit den Zahlungen kurzfristig keine entsprechende Erhöhung der Nahrungsmittelproduktion gewährleistet, so dass die Preise steigen könnten, wovon die Armen am stärksten betroffen wären. So produzierten Armengesetze die Armut, die sie lindern sollten und jede Zuwendung diene letztlich nur der Verschleierung von Grausamkeit. Es würde also insgesamt gesehen den Armen nur nutzen, wenn man die Armengesetze abschaffte.

Malthus hatte sein Werk allerdings geschrieben, ohne über statistisches Zahlenmaterial zu verfügen. Die erste systematische Volkszählung wurde in England erst drei Jahre nach Erscheinen seines Buches durchgeführt. Nach Abschluss der ersten Auflage begann er denn auch, umfangreiches Material zusammenzutragen. 1803 erschien die zweite, um mehr als das Doppelte erweiterte Auflage, deren Verfasser nun nicht länger geheim blieb. Hier revidierte sich Malthus insoweit, als dass er

einräumte, dass die Armengesetzgebung keineswegs zu steigenden Bevölkerungszahlen geführt hatte. Auch ließe sich das
von ihm beschriebene Verelendungsszenario vermeiden, wenn
die Leute später heirateten und vorher enthaltsam lebten. Er
selbst war ein Vorbild und ging erst im Alter von 38 Jahren die
Ehe ein.

1805 wurde Thomas Robert Malthus Professor am weltweit
ersten Lehrstuhl für Geschichte und politische Ökonomie, der
am neu gegründeten College der East India Company im englischen Haileybury eingerichtet wurde. Er war damit der erste
professionelle Nationalökonom überhaupt.

Malthus' Bedeutung erschöpft sich nicht in seiner Bevölkerungstheorie. Sein zweites Hauptwerk »Principles of Political
Economy« (»Grundsätze der politischen Ökonomie«), das 1820
erschien, ist eine Untersuchung über Wert, Grundrente, Arbeit
und Arbeitslohn, um die Faktoren benennen zu können, die für
den Wohlstand eines Volkes eine Rolle spielen. Hier setzte er sich
auch mit der Möglichkeit einer »allgemeinen Überproduktion«
auseinander und stellte die These auf, die moderne Ökonomie
sei durch die Nachfrage begrenzt und eine fehlende effektive
Nachfrage könne zu Arbeitslosigkeit führen. Diese Idee wurde
später von → John Maynard Keynes weiterentwickelt.

Bleibenden Ruhm verschaffte sich Malthus jedoch als Bevölkerungstheoretiker. Seine Erwartungen schienen sich noch
in den 1970er Jahren zu bestätigen, zumindest in den weniger
entwickelten Regionen der Welt. Zu dieser Zeit ging man davon
aus, dass es um 2020 rund 20 Milliarden Menschen geben würde, wenn das Bevölkerungswachstum ungehindert anhielte. Inzwischen sind die negativen Prognosen verhaltenem Optimismus gewichen. Technologische Errungenschaften im Bereich
der Grünen Revolution haben in Ländern wie Indien zu einem
deutlichen Anstieg von Ernteerträgen geführt. Die Aussicht einer weltweiten Hungerkatastrophe, wie von Malthus errechnet,
ist nicht länger realistisch.

Dennoch bedarf es einer Steigerung der Nahrungsmittelproduktion und gleichermaßen der Geburtenkontrolle, um sich der
Malthus'schen Gespenster entledigen zu können. Allerdings
hat sich entgegen aller Zweifel selbst in Ländern, in denen das
Bevölkerungswachstum am größten ist, eine positive Sicht auf

Geburtenregelungen durchgesetzt. Die Anstrengungen zahlen sich aus. Erstmals in der Geschichte verlangsamte sich zwischen 1970 und 1975 das Bevölkerungswachstum. Dennoch wird die Zahl der Menschen weiter zunehmen. Experten der Vereinten Nationen sagen einen Anstieg der Weltbevölkerung auf etwa neun Milliarden um 2040 voraus, bevor sie erstmals stagniert. Ein Problem ist, dass nicht alle Regionen gleichermaßen davon profitieren. In den ärmsten Teilen der Welt, wo Nahrungsmittel Mangelware sind, sinken zwar auch die Geburtenraten leicht, jedoch langsamer als im Westen und von einem anderen Ausgangsniveau. Die Malthus'schen Gedanken werden dort auf absehbare Zeit präsent sein.

Malthus' Analyse jedoch bezog sich auf England und die westliche Welt und hier lag er komplett falsch. Über die Hälfte aller verheirateten Paare in Großbritannien hatten um 1860 vier Kinder oder mehr. Ein halbes Jahrhundert später war es nur noch ein Fünftel. Doch davon zeichnete sich zu Malthus' Zeit nichts auch nur im Ansatz ab. Gleichwohl war diese Entwicklung für Malthus auch nicht vorstellbar. Als Pessimist war er skeptisch hinsichtlich der Möglichkeiten des Menschen – seiner eigenen und der ihn umgebenden Natur.

7. JEAN-BAPTISTE SAY

(* Lyon 5.1.1767, † Paris 15.11.1832)

Jean-Baptiste Say hat sich als herausragender Wirtschaftsdenker Frankreichs einen Namen gemacht. Als Vertreter der klassischen Nationalökonomie erlangte er Berühmtheit durch das nach ihm benannte Say'sche Theorem, mit dem er die Stabilität der Marktwirtschaft postulierte. Say gilt als Vordenker der Angebotstheorie.

Er wurde 1767 als Sohn eines französischen Kaufmanns geboren, der seine Kinder im Sinne der Aufklärung erzog. Nachdem er im elterlichen Geschäft erste berufliche Erfahrungen sammeln konnte, reiste Say 1785 auf Wunsch des Vaters nach England, um dort seine kaufmännische Ausbildung fortzusetzen. Hier erlebte er den Beginn der industriellen Revolution hautnah mit

– ein Umbruchprozess, der Frankreich noch nicht erreicht hatte. Gleichzeitig lernte Say Englisch und konnte so → Adam Smith' Hauptwerk »Wohlstand der Nationen« im Original lesen, das sein Interesse für politische Ökonomie weckte. Zurück in der Heimat wurde Say Versicherungsangestellter. 1789, die Französische Revolution hatte bereits begonnen, veröffentlichte er seine ersten Texte, in denen es um Pressefreiheit ging. Bevor er sich mehr als 10 Jahre später als Nationalökonom präsentierte, arbeitete er als Kaufmann und als Chefredakteur der Zeitschrift »La Décade philosophique«, die sich mit Philosophie, Literatur und Politik befasste und dem Laisser-faire verpflichtet fühlte. Nebenbei widmete sich Say auch der Wissenschaft. 1799 wurde er in das Tribunat im Finanzausschuss im Konsulat Napoléon Bonapartes berufen, das in der Frühzeit napoleonischer Herrschaft damit betraut war, die Gesetzgebung zu beaufsichtigen und über die Einhaltung der Verfassung zu wachen.

Die Veröffentlichung seines Hauptwerkes »Traité d'économie politique« (»Abhandlung über die Nationalökonomie«) im Jahre 1803 machte Say über Frankreich hinaus bekannt. Er beschrieb, wie Reichtum entsteht, verteilt und verbraucht wird. Hier fand sich auch seine »Theorie der Absatzwege« und das darin formulierte Say'sche Theorem, das einen Kern seines ökonomischen Grundverständnisses darstellt. Es besagt, dass Märkte tendenziell zu einem gesamtwirtschaftlichen Gleichgewicht tendieren, weil jedes zusätzliche Angebot zugleich zusätzliche Nachfrage erzeugt. Damit verneint Say Nachfrageschwächen in der Wirtschaft. Er geht davon aus, dass es kein allgemeines Überangebot und damit auch keine anhaltende Arbeitslosigkeit geben kann. Jede Produktion schafft ihren Absatz, meint er und schlussfolgert daraus, dass sich Absatzwege von selbst öffnen, wenn nur möglichst viel produziert wird. Die Bezahlung der Produkte erfolgt dabei mit Produkten, denn Geld kommt nur die Funktion als Mittel zum Austausch der Produkte zu. Hinter dieser These steckt Says Überzeugung, dass das menschliche Verlangen nach Konsumgütern unerschöpflich ist und es gleichzeitig nicht an Erwerbsfähigkeit mangelt. Jede Ware hat einen Preis, der sich in irgendjemandes Einkommen ausdrückt. Zwar hält Say eine partielle Überproduktion für möglich, jedoch steht dieser eine Unterproduktion an anderer Stelle gegenüber. Beides gleicht sich von allein aus, denn ohne staatlichen Eingriff tendiert das marktwirtschaftliche System zur Räumung der Märkte.

Says Auffassung vom wirtschaftlichen Gleichgewicht verlangte die totale Freiheit in allen Bereichen der Wirtschaft. So beschrieb er in seinem Werk auch die Folgen einer falschen Steuerpolitik. Bei zu hoher Belastung könne weniger Geld ausgegeben werden. Mit der sinkenden Nachfrage sinke auch die Produktion, was die Steuereinnahmen der Regierung schrumpfen ließe. Darum waren Steuern für Say nur künstliche Hindernisse, die den effizienten Einsatz des Einkommens verhinderten und damit den Markt ins Ungleichgewicht brachten. Auch Eingriffe der Regierung ins Marktgeschehen, etwa durch Einfuhrhemmnisse, lehnte er ab. Der Staat sollte zudem nicht als Produzent auftreten, sondern sich auf die Erzeugung öffentlicher Güter – wie den Bau von Straßen – beschränken.

Die Schrift hatte politische Konsequenzen für Say. Zunächst versuchte Napoléon, dessen kriegsgerichtete Wirtschaftspolitik staatliche Interventionen und Protektionismus verlangte, auf den Inhalt des Werkes Einfluss zu nehmen – vergeblich. Dann wurde das Erscheinen einer zweiten Auflage durch die Zensur so lange verzögert, bis Napoléon 1814 abdankte. Außerdem verlor Say 1806 sein Amt im Finanzausschuss.

Nach seinem Rückzug aus der Politik baute Say eine Baumwollfabrik im nordfranzösischen Pas-de-Calais auf. Nach einigen Jahren verkaufte er seine Anteile am Unternehmen und betätigte sich in Paris als Spekulant. Die Restauration 1814 bedeutete für ihn als einen Anhänger der Revolution eine Desillusionierung, weshalb er vorübergehend eine Auswanderung in die USA erwog. Stattdessen unternahm er jedoch im Auftrag der französischen Regierung eine Studienreise nach England, um Einblicke in das dortige Wirtschaftssystem zu gewinnen.

In der Ökonomie stand das Say'sche Theorem bereits zu dessen Lebzeiten im Zentrum kontroverser Debatten. Says Zeitgenosse → Thomas Robert Malthus lehnte dessen Ansatz ab. Er war der Ansicht, die moderne Ökonomie sei durch die Nachfrage begrenzt. Er vermutete, dass infolge von Sparsamkeit die Nachfrage nach Waren so weit zurückgehen könnte, dass sie dem Angebot am Markt nicht mehr entsprach. Ihn störte am Say'schen Modell, dass es entweder nur in einer Naturalwirtschaft gelten könne, in der es nur Austauschrelationen gibt, die den Preisrelationen entsprechen; oder dass es nur in einer Geldwirtschaft funktionieren könnte, die sich im stationären Zustand befindet, bei dem das Preisniveau also konstant ist, der technische Fortschritt nicht vorkommt und die Angebots- und Nachfragefunktionen unveränderliche sind.

In Frankreich fand die Nationalökonomie trotz des herausragenden Wirtschaftsdenkers Say lange Zeit wenig Beachtung. 1815 wurde Say Mitglied der Akademie der Wissenschaften und übte fortan verschiedene Lehrtätigkeiten aus. Er hielt die ersten öffentlichen volkswirtschaftlichen Kurse in Frankreich und bekämpfte darin unermüdlich Verbote, Vorschriften und Kontingentierungen. Scharf kritisierte er die in Europa zur Zeit der Restauration errichteten Zollgrenzen und forderte den freien Handel und den Ausbau öffentlicher Verkehrswege. 1819 wurde am Conservatoire des Arts et Métiers eigens für ihn der Lehrstuhl für Économie industrielle geschaffen, wo er bis 1832 tätig war. Erst 1830 wurde der erste Lehrstuhl für politische Ökonomie am Collège de France eingerichtet und Say angeboten, als seine Gesundheit allerdings bereits angeschlagen war. 1832 starb er an den Folgen eines Schlaganfalls.

Say hat die herrschende Lehre der Ökonomie im Frankreich des 19. Jahrhunderts nachhaltig dominiert. Spätestens zu Beginn des 20. Jahrhunderts jedoch – im Zeitalter von Weltwirtschaftskrise und Massenarbeitslosigkeit – wurden die Schwächen seiner Theorie offenbar. Zwar treffen sich in einer Ökonomie tendenziell Angebot und Nachfrage, doch zwischen der Entstehung von Einkommen und dessen Verwendung kann, anders als Say annahm, eine große Zeitspanne liegen. Auch die komplexe Rolle des Geldes hatte Say nicht erkannt.

Dennoch ist es eine bedeutende Leistung Says, die liberale Wirtschaftslehre → Adam Smith' in Frankreich verbreitet zu haben, der er weitere Akzente hinzugefügt hatte. Er kritisierte sein Vorbild mehrfach, steuerte wertvolle Elemente zum Gesetz der Märkte bei, rückte die Bedeutung von Grund und Boden in den Hintergrund und unterschied erstmals zwischen Kapitalzins und Unternehmergewinn. Er betonte die wichtige Funktion des Unternehmers, die sich nicht auf die Rolle des reinen Geldgebers reduzieren lässt.

Nicht zuletzt die Tatsache, dass es immer wiederkehrende Diskussionen um angebots- und nachfrageorientierte Ideen und die Rolle des Staates gibt, weist darauf hin, dass die Probleme, die er mit seinem Sayschen Theorem zu lösen suchte, auch heute aktuell sind.

8. DAVID RICARDO

(* London 18.4.1772, † Gatcombe Park 11.9.1823)

David Ricardo war der bedeutendste Vertreter der klassischen englischen Nationalökonomie. Er entwickelte im Anschluss an → Adam Smith ein geschlossenes theoretisches System, die klassische Verteilungslehre, die auf dem Grundsatz der Wirtschaftsfreiheit beruht. Seine Theorie der komparativen Kostenvorteile wurde zu einem Kernpunkt der Außenhandelstheorie.

David Ricardo entstammte der Familie eines holländisch-jüdischen Börsenmaklers, die kurz vor seiner Geburt 1772 nach England eingewandert war. Sein Vater galt als einer der reichsten Menschen seiner Zeit. Bereits mit 14 Jahren folgte Ricardo ihm an die Londoner Börse, um das Maklergewerbe zu erlernen. Mit 21 entsagte er dem jüdisch-orthodoxen Glauben seiner Familie, heiratete eine Quäkerin und trat zum Christentum über. Nachdem sein Vater ihn daraufhin enterbt hatte, eröffnete Ricardo sein eigenes Maklerbüro und kam an der Börse innerhalb kürzester Zeit zu Reichtum.

Ab 1798 befasste sich Ricardo mit naturwissenschaftlichen Forschungen. Zur Politischen Ökonomie kam er durch einen Zufall, als ihm 1799 → Adam Smith' »Wohlstand der Nationen« in die Hände geriet. Dies wurde zum Auslöser für weitere ökonomische Studien, denen er sich, dank seines inzwischen beträchtlichen Vermögens, ab 1814 ausschließlich widmete.

1815 veröffentlichte Ricardo, der in engem Kontakt zum Bevölkerungstheoretiker → Robert Thomas Malthus stand, eine kurze »Abhandlung über den Einfluss eines niedrigen Getreidepreises auf die Kapitalprofite«, die bereits Teile seines 1817 publizierten Hauptwerks enthielt. Ricardos zentrale Frage lautet, wie sich das Sozialprodukt einer Volkswirtschaft zwischen Arbeitern, Kapitaleignern und Grundherren aufteilt. Ähnlich wie Malthus, der mit seinem Schreckensszenario der Überbevölkerung für Aufsehen sorgte, glaubte auch Ricardo nicht an eine Gesellschaftstheorie, wonach sich alle Menschen gleichermaßen auf einer Leiter des Fortschritts nach oben befänden. Anders als → Adam Smith erkannte er, dass die einzelnen Klassen der Gesellschaft unterschiedlich vom ökonomischen Fortschritt profitieren. Zu den größten Nutznießern zählten aus seiner Sicht die Großgrundbesitzer, die sich stets im Gegensatz zu den Interessen der übrigen Klassen der Gesellschaft befänden. Zu dieser Zeit standen sich in England die aufstrebende Klasse der Industriellen und die mächtigen und vermögenden Großgrundbesitzer gegenüber. Deren Wohlstand war vom Getreidepreis abhängig, den sie mittels so genannter Getreidegesetze künstlich hoch hielten. Danach wurde die Einfuhr von Getreide mit erheblichen Schutzzöllen belegt.

In seinem Hauptwerk »Principles of Political Economy and Taxation« (»Grundsätze der politischen Ökonomie und der Besteuerung«) begründet Ricardo, weshalb vor allem die Großgrundbesitzer, die über besonders fruchtbaren Boden verfügen, dauerhaft auf Kosten aller anderen gesellschaftlichen Akteure reich werden. Während der Arbeiter seinen Lohn und der Kapitalist seinen Gewinn erhält, profitiert der Großgrundbesitzer allein durch seinen Besitz an Land, unabhängig von einer Wettbewerbssituation oder der Entwicklung der Bevölkerungszahlen. Diese besondere Form des Kapitalertrags, die Ricardo als »Grundrente« bezeichnet, entsteht daraus, dass nicht jedes Land gleichermaßen ertragreich ist. Die Produktionskosten für Weizen sind unterschiedlich hoch, je nach Fruchtbarkeit des Bodens. Da aber alle die gleichen Kosten für Löhne und Investitionen haben, haben diejenigen mit dem fruchtbareren Land einen Kostenvorteil. Wächst die Bevölkerung, was sich für Ricardo in Übereinstimmung mit → Robert Thomas Malthus nicht abwenden lässt, müssen zunehmend schlechtere Böden kultiviert werden, die höheren Arbeitseinsatz erfordern und damit die Nahrungsmittel verteuern. Die Besitzer fruchtbarer Böden passen ihre Preise an und schöpfen damit den Wert des bei ihnen nicht erforderlichen zusätzlichen Arbeitseinsatzes als Grundrente ab. Diese stellt die Differenz dar zwischen den Produktionskosten auf dem schlechtesten aller bebauten Böden und jenen auf den besseren Böden.

Doch nicht nur die Grundrente, auch die Löhne steigen mit den Getreidepreisen, denn sie müssen genau *so* hoch sein, dass sich der Arbeiter gerade ernähren kann. Das setzt den Kapitalisten, der mehr als jeder andere Träger des Fortschritts ist, gleich doppelt unter Druck. Denn je höher die Löhne sind und je mehr die Grund besitzende Klasse an den Früchten der Gesellschaft für sich einfordert, desto mehr muss der Kapitalist zurückstehen. Das heißt, die Profitrate, die das Tempo bestimmt, mit dem die Wirtschaft wächst, fällt. Die Landwirtschaft wird somit zur Bremse des Fortschritts. Kurzfristig kann dem durch die freie Einfuhr billigen Getreides entgegengewirkt werden, worauf die Preise der Grundnahrungsmittel und daraufhin die Löhne sinken. Die schlechtesten der genutzten inländischen Böden könnten aufgegeben werden, die Grundrenten fielen, die Profitrate stiege und mit ihr die Fähigkeit zu weiterer Akkumulation. Längerfristig aber kann die Profitrate nur vor ihrem Fall bewahrt werden durch stetige Innovationen in jenen Sektoren, die an der Produktion von Lohngütern beteiligt sind.

Das zweite Element seiner Theorie ist die Arbeitswertlehre, in der er nach Maßstäben für die objektive Bewertung von Gütern sucht. Der Annahme, dass Angebot und Nachfrage den Preis einer Ware bestimmen, setzt Ricardo die These entgegen, dass eine Ware im Verhältnis zu anderen teuer oder billig ist, je nachdem, ob zu ihrer Produktion viel oder wenig Arbeit benötigt wird. Besser bezahlte Arbeit zählt dabei entsprechend mehr als nur gering bezahlte. Ricardos Werttheorie wurde von → Karl Marx aufgegriffen und zur Grundlage seiner Theorie des Mehrwerts gemacht, wonach weder Boden noch Kapital, sondern allein die menschliche Arbeitskraft zusätzlichen Wert schafft.

In seinen »Grundsätzen der politischen Ökonomie und Besteuerung« befasste sich Ricardo auch mit dem internationalen Handel, dessen Nutzen er mit seinem Theorem der »komparativen Kostenvorteile« begründet. Es erklärt, warum der Warenaustausch zwischen zwei Ländern selbst dann vorteilhaft sein kann, wenn ein Land alle Güter günstiger herstellen kann

als das andere. Ricardo zufolge kommt es auf die Produktions-
kostenverhältnisse an. Das Vorliegen komparativer Vorteile
reicht aus, damit beide Länder von Spezialisierung und Handel
profitieren können. Er verdeutlichte dies an England und Portugal und ging in seinem Modell davon aus, dass beide jeweils
nur ein Gut liefern. Beide Länder können sowohl Tuch als auch
Wein herstellen. Der Handel ist für beide Seiten von Nutzen,
obwohl Portugal beide Güter zu niedrigeren Stückkosten herstellen könnte als England. Die Portugiesen sind jedoch im Vergleich zu den Engländern bei der Weinerzeugung noch produktiver als bei der Tuchherstellung. Deshalb liegt der komparative
Kostenvorteil Portugals beim Wein. Für das Land lohnt es sich
daher, sich auf die Weinerzeugung zu konzentrieren und das
Tuch im Handel gegen Wein einzutauschen – denn die Portugiesen brauchen weniger Arbeit, die für den Export benötigte Menge Wein zu erzeugen, als sie einsetzen müssten, wenn sie das
Tuch für den Eigenbedarf selbst fertigten. Umgekehrt liegt der
komparative Kostenvorteil für die Engländer bei den Tuchen.
Ihr Arbeitseinsatz hier ist niedriger als beim Anbau von Wein.
Die eingesparten Arbeitskräfte kann England dann profitabler
in anderen Industriezweigen einsetzen. Ricardos Schlussfolgerung: Wenn sich jedes Land auf das Produkt konzentriert, das
es, relativ gesehen, billiger produzieren kann, wächst in beiden
Ländern der Wohlstand.

Ricardos Theorie bildete die Basis für die Diskussion über
Freihandel und Schutzzölle. 1819 wurde er als Vertreter des
irischen Bezirkes Portalington in das britische Unterhaus gewählt, wo er bis zu seinem Tod tätig war. Hier setzte er sich für
den internationalen Freihandel und die Aufhebung der Getreidegesetze ein, die Mitte des 19. Jahrhunderts endgültig abgeschafft wurden. Er war der einflussreichste Ökonom in der Zeit
nach → Adam Smith. Seine politische Ökonomie wurde sehr
populär. Aufgrund seiner Botschaft, dass sich die Landbesitzer
im Widerspruch zu den Interessen der Gesellschaft bewegten,
sah die junge industrielle Klasse in Ricardo denjenigen, der ihre
Interessen vertrat. Den Arbeitern wies Ricardo, wie auch vor
ihm → Adam Smith, eine passive Rolle im Verlauf der gesellschaftlichen Entwicklung zu. Sie seien auf lange Sicht zu einem
Leben am Rand des Existenzminimums verdammt.

Als David Ricardo 1823 im Alter von 51 Jahren an den Folgen einer Mittelohrentzündung starb, war er ein angesehener Mann. Seine Theorie des Außenhandels bestimmt bis heute die Freihandelsdebatte. Er professionalisierte die Ökonomie durch die Einführung mathematischer Methoden und die Bildung gesamtwirtschaftlicher Modelle und gab der Wirtschaftslehre das wichtige Instrument der Abstraktion an die Hand. Nichtsdestotrotz erwies sich Ricardos Gesellschaftsanalyse, dass die Landwirtschaft alle Entwicklung bremsen würde, als falsch. Schließlich konnten sich die Industriellen doch noch gegen die Grundeigentümer durchsetzen und billiges Getreide einführen. Auch die Bevölkerung wuchs nicht so schnell wie Ricardo angenommen hatte. Die Industrialisierung hat nicht nur einen Knick in der demografischen Wachstumskurve verursacht, sondern auch die Voraussetzungen dafür geschaffen, die Produktivität in der Landwirtschaft zu erhöhen. Das Tempo der industriellen Revolution bewahrte die Gesellschaft vor dem Ricardo'schen Dilemma.

9. John Stuart Mill
(* London 20.5.1806, † Avignon 7.5.1873)

John Stuart Mill gilt als Vollender des klassischen Systems und als stärkster Denker fortschrittlicher Prägung im England des 19. Jahrhunderts. Sein Ziel war eine gerechtere Marktwirtschaft.

Mill wurde 1806 geboren und begann unter dem Einfluss seines Vaters bereits mit drei Jahren, Griechisch zu lernen und wenige Jahre später Latein. Als zwölfjähriger Junge kannte er die Werke von Platon, Vergil, Ovid und Aristoteles. Ebenso hatte er sich mit Geometrie, Algebra und Differentialrechnung beschäftigt, eine römische Geschichte geschrieben sowie die Geschichte Hollands und eine Kurzfassung der antiken Universalgeschichte verfasst. Er widmete sich der Logik und den Werken von Hobbes und fertigte im Alter von dreizehn Jahren eine komplette Übersicht über alles an, was es auf dem Gebiet der politischen Ökonomie zu wissen gab. Ein Jahr später reiste er nach Montpellier und studierte dort Chemie, Zoologie, Mathematik, Logik und Metaphysik.

Bis zu diesem Zeitpunkt war Mill ohne Kontakte zu Gleichaltrigen und ausschließlich in wissenschaftlichen Disziplinen unterrichtet worden. Dies änderte sich durch den Kontakt zu einem Bruder Jeremy Benthams, einem der führenden Intellektuellen des frühen 19. Jahrhunderts. In dessen Haus in der Nähe von Toulouse erhielt Mill im Alter von vierzehn Jahren erstmals die Möglichkeit, Freundschaften zu schließen und sich sportlich zu betätigen. In Frankreich lernte er auch Vertreter des französischen Liberalismus kennen und begeisterte sich für die Ideale der Revolution von 1789; in deren Aufbrechen der Ständeherrschaft er eine Grundlage für die Entwicklung eines liberalen Staates sah.

Ab 1823 arbeitete John Stuart Mill bei der Ostindischen Handelsgesellschaft und stieg dort schnell in verantwortungsvolle Positionen auf. Im Winter 1826/27 fiel er in eine schwere Depression. Nun las er Goethe, den englischen Poeten Wordsworth und Werke des utopischen Sozialisten Saint-Simon – Autoren, die sein Herz ansprachen, so, wie sein Vater während der Jugendjahre seinen Verstand angesprochen hatte. Sie zeigten Mill, dass ihm neben intellektuellen Höchstleistungen auch andere Dinge wichtig waren.

1830 lernte er Harriet Taylor kennen, die nach seinem Vater wohl am stärksten auf ihn gewirkt hat. Die damals zweiundzwanzigjährige verheiratete Frau wurde erst seine »Seelenfreundin« und platonische Geliebte, später, nach dem Tod ihres Mannes John Taylor 1849, auch Mills Ehefrau. Für Mill waren sie und die gemeinsame Tochter Helen eine wichtige Inspiration. Beide öffneten ihm die Augen für Frauenrechte und Menschenrechte insgesamt, infolge dessen er sein Lebenswerk, wie er in seiner Autobiographie schrieb, nicht als »das Produkt eines einzigen Intellekts und Bewusstseins…, sondern das von dreien« ansah.

Über 35 Jahre arbeitete John Stuart Mill in der Korrespondenzabteilung der Ostindischen Kompanie, eine Stellung, die ihm Freiraum gab für seine intellektuellen Interessen.

1848 erschien sein zweibändiges Hauptwerk »Principles of Economy with some of their Applications to Social Philosophy« (»Prinzipien der Politischen Ökonomie mit einigen ihrer

Anwendungen auf die Sozialphilosophie«). Hier lieferte Mill einen vollständigen Überblick über das Gebiet. Er beschäftigte sich mit der Grundrente, mit Löhnen, Preisen und Steuern und zeichnete die Wege nach, die → Adam Smith, → Thomas Robert Malthus und → David Ricardo vor ihm gegangen waren. Allerdings ging Mill weit über die bloße Aktualisierung von Lehrmeinungen hinaus. Er fügte seine eigene Entdeckung hinzu, von der er glaubte, sie sei von epochaler Bedeutung.

Mill erklärt, zwischen Produktion und Einkommensverteilung bestehe ein fundamentaler Unterschied. Während bei der Verteilung jede Gesellschaft einen beträchtlichen, wenn auch nicht grenzenlosen, Spielraum hat, unterliegen die Regeln der wirtschaftlichen Produktion naturgesetzlichen Gegebenheiten. Diese Zusammenhänge, wie etwa das Gesetz abnehmender Erträge, sind unpersönlich und absolut wie andere Naturgesetze. Die Regeln der Ökonomie haben, so Mill, jedoch nichts mit der Verteilung des Wohlstands zu tun. Sobald die Menschheit im Rahmen ihrer Möglichkeiten Reichtum geschaffen hat, kann sie damit letztlich machen, was sie will. Er legt dar, dass Konkurrenz und Markt nicht natürliche, sondern geographisch und historisch eng begrenzte Phänomene waren und dass Wirtschaftssysteme je nach Mentalitäten und Gebräuchen gestaltet wurden.

Diese Erkenntnis war ein Tiefschlag für die Anhänger → David Ricardos. Denn danach ist es letztlich unerheblich, wie eine Gesellschaft entscheidet: Sie kann besteuern und subventionieren, ihren Wohlstand dem König zukommen lassen oder Wohltätigkeitsorganisationen unterhalten, wirtschaftliche Anreize beachten oder diese ignorieren. Wenn die Folgen der Gesellschaft nicht passen, braucht sie nur umzusteuern. Es gibt keine »korrekte« Verteilung, die sich aus der Ökonomie heraus erklären ließe.

Laut Mill war Gestaltung gefragt, um »die größtmögliche persönliche Freiheit mit der gerechten Verteilung der Früchte zu verbinden.« Von Markt und Konkurrenz allein, war das nicht zu erwarten. Jedoch wollte er nicht umfassende Verstaatlichungen, sondern er dachte an Genossenschaften, Besteuerung exzessiver Erbschaften und ähnliche Reformen.

In seinem Werk »Principles of Economy« setzt sich John Stuart Mill auch mit den zeitgenössischen Vorstellungen vom Kommunismus auseinander, die von verschiedenen utopischen Reformern entwickelt worden waren – mit Ausnahme von → Karl Marx, dessen Theorie er nicht kannte. Allerdings hielt er deren Ideen nicht für eine echte Alternative. Er glaubte, dass sich das Prinzip des Privatbesitzes noch nicht richtig hatte beweisen können. So enthielt sein Werk auch einen groß angelegten Gesellschaftsentwurf, nach dem das kapitalistische System reformiert werden sollte. Anders als seine geistigen Vorgänger glaubte er an die Möglichkeit, soziales Verhalten ändern zu können. Durch eine umfassende Bildung, so die Annahme, könnten die arbeitenden Klassen unterrichtet werden, ihre unkontrollierte Vermehrung aus eigenem Antrieb in den Griff zu bekommen. Damit unterschied er sich deutlich von den Ansichten → Thomas Robert Malthus' und → David Ricardos. Gleichwohl kommt auch bei Mill der Kapitalbildungsprozess schließlich zum Erliegen. Wie seine Vorgänger war auch er der Meinung, dass die Wirtschaft ein Null-Summen-Spiel ist. Die Gewinne steigen nur, wenn die Löhne fallen. Umgekehrt können die Arbeiter nur mehr verdienen, wenn das Einkommen der Unternehmer gekürzt wird. Ebenso ging er davon aus, dass die Löhne langfristig nicht über das Existenzminimum steigen könnten.

Für die nicht allzu ferne Zukunft erwartete Mill, dass die Gesellschaft in einen stationären Zustand übergehen würde, in dem ein Stillstand in Bezug auf die Kapital- und Bevölkerungszunahme herrschen würde. Das war für ihn allerdings – anders als für seine Vorgänger – kein Grund zur Klage. Er erkannte darin eine erste Stufe des Sozialismus – ein Leben in Wohlstand für alle, in dem sich die Menschen bedeutenden Fragen wie Recht und Freiheit zuwenden und nicht mehr nur wirtschaftlichem Wachstum. Der Staat, so seine Vorstellung, könnte die Großgrundbesitzer davon abhalten, sich unrechtmäßige Vorteile zu verschaffen, indem er Erbschaften zu hundert Prozent besteuert. Arbeiter-Kooperativen würden Unternehmen verdrängen, in denen Untergebene einem Herrn untergeordnet sind.

Sein Werk wurde zu einem großen Erfolg. Es gilt als das international am meisten verwendete Lehrbuch des 19. Jahrhunderts. Noch zu seinen Lebzeiten gab es sieben Auflagen in einer teuren Edition. Außerdem ließ Mill es auf eigene Kosten in einer erschwinglichen Volksausgabe drucken, die selbst der arbeitenden Klasse zugänglich war und sich bis zu seinem Tod in fünf Auflagen verkaufte.

Als die Ostindische Handelsgesellschaft 1858 verstaatlicht wurde, war Mill zum Präsidenten des Prüfungsbüros aufgestiegen. Kurze Zeit später zog er sich mit einer großzügigen Rente aus seinem Beruf zurück und konzentrierte sich ganz auf seine Studien, die ihm auch auf philosophischem Gebiet Anerkennung brachten. 1865 zog er für drei Jahre für die liberale Partei, die Whigs, ins Parlament ein.

Bis zu seinem Tod 1873 lebte Mill als verehrter Mann. Seine gemäßigten sozialistischen Ansichten wurden ihm schon deshalb verziehen, weil er eine Alternative bot zum Gesellschaftspessimismus eines → Thomas Robert Malthus und → David Ricardo. Seine Position war nicht so radikal, dass sie nicht auch von vielen hätte akzeptiert werden können, die keine Sozialisten waren.

So epochal, wie er dachte, war Mills Erkenntnis über den Unterschied zwischen Produktion und Verteilung jedoch nicht. Wie Kritiker einwandten, lässt es sich nicht umgehen, auch in den Produktionsprozess einzugreifen, wenn man Einfluss auf den Verteilungsprozess nehmen will. Eine hohe Steuer auf Profite wird sich mit Sicherheit auf das Angebot und seine Verteilung auswirken. Auch → Karl Marx zeigte, dass sich Verteilung und Produktion nicht so klar voneinander trennen, wie Mill es sich gedacht hat. Danach richtet jede Gesellschaft ihren Verteilungsmodus als integralen Teil des Produktionsmodus ein. Auch Mills Annahme, der Kapitalismus sei nur eine »Handbreit« von einem gefestigten Zustand entfernt, hat sich längst als überholt erwiesen.

Allerdings machen seine Einsichten darauf aufmerksam, dass es einen Handlungsspielraum gibt und dass der Kapitalismus auch die Möglichkeit zu Reformen hat. Der Wohlfahrtskapitalismus Skandinaviens ist zum Beispiel ein Ausdruck von Mills Vision einer Gesellschaft, die versucht, die Wirkung ihrer »natürlichen« Mechanismen zu korrigieren. Angesichts der für die nächsten Generationen bestehenden Herausforderung, soziale Verantwortung mit den wirtschaftlichen Rahmenbedingungen des Kapitalismus zu verbinden, sollte Mills Vision nicht als bloße Träumerei abgetan werden.

III. NEOKLASSIKER

10. Léon Walras

(* Evreux 16.12.1834, † Clarens 5.1.1910)

Der französische Mathematiker und Ökonom Marie Esprit Léon Walras ist der Vater der Neoklassik. Sein Verdienst besteht im mathematischen Nachweis, dass eine Marktwirtschaft automatisch zum Gleichgewicht tendiert, in dem sich eine optimale Güterversorgung von selbst einstellt. Mit seiner Theorie des allgemeinen Gleichgewichts legte er die Grundlage der modernen Ökonomie.

Geboren 1834 in einer Kleinstadt in der Normandie, wusste er schon im Alter von vierzehn Jahren, dass er Professor für Ökonomie werden wollte. Schon als Kind hatte er oft seinem Vater, dem Ökonomen Auguste Walras, zugehört, wenn der in der Küche des kleinen Hauses einem befreundeten Professor seine Manuskripte vorlas. Der Vater betrachtete – anders als der Zeitgeist – sein Fach als eine mathematische Wissenschaft, weshalb ihm die gesellschaftliche Anerkennung versagt blieb.

Der Wunsch des jungen Walras, Ökonomie zu studieren, wurde zunächst gebremst, nachdem er zweimal an der Elite-Universität École Polytechnique in Paris wegen mangelnder Mathematik-Kenntnisse durch die Aufnahmeprüfung gefallen war. Die Vorbereitung für die zweite Prüfung brachte ihn jedoch erstmals in Kontakt mit den Werken von Descartes, Newton, Lagrange und mit dem Buch des Ökonomen Antoine-Augustin Cournot »Recherches sur les principes mathématiques de la théorie des richesses« (»Untersuchungen über die mathematischen Prinzipien der Theorie des Reichtums«).

1854 begann Walras ein Ingenieurstudium, wandte sich aber bald – aufgrund fehlenden Interesses – dem Studium der Literatur zu. In dieser Zeit verkehrte er in den intellektuellen Kreisen von Paris, arbeitete als Journalist der Genossenschaftszeitung »Le travail«, kämpfte für eine Landreform und ein gerechteres Steuersystem und veröffentlichte 1858 einen autobiographischen Roman, in dem der Held gegen soziale Missstände und bürgerliche Konventionen aufbegehrt. Auf Drängen des Vaters, der seinem Sohn deutlich zu verstehen gab, dass dieser das väterliche wirtschaftswissenschaftliche Werk fortsetzen sollte, versuchte Walras zwischen 1859 und 1862, sich mit seiner Tätigkeit für das »Journal des Économistes« und die »La Presse« zu etablieren.

1859/60 entstand sein erstes wirtschaftswissenschaftliches Werk, eine Auseinandersetzung mit den Theorien des französischen Ökonomen Pierre Proudhon, womit er im Juni 1860 in einem Wettbewerb beim internationalen Steuerkongress in Lausanne den vierten Preis gewann. 1870 erhielt er einen Ruf der Universität Lausanne auf den neu eingerichteten Lehrstuhl für Politische Ökonomie. Entscheidend für seine Berufung war sein Referat über Steuerfragen – zehn Jahre zuvor – gewesen, an das sich einige Mitglieder der Berufungskommission noch erinnern konnten.

Die ersten Jahre in Lausanne waren seine produktivsten. In dieser Zeit begründete Walras die Lausanner Schule. Er erinnerte sich der wichtigsten Aussagen seines Vaters, wonach Knappheit und Nutzen die Quelle des Wertes bildeten und mathematische Hilfsmittel zu benutzen seien. Sein Vater hatte sich bereits bemüht, dahingehend eine Theorie zu entwerfen, aber erst Léon Walras konnte sie formulieren. Die beiden Teile seines Hauptwerkes »Élements d'économie politique pure ou Théorie de la richesse sociale« (»Mathematische Theorie der Preisbestimmung der wirtschaftlichen Güter«), die 1874 und 1877 erschienen, enthielten ein System notwendiger wirtschaftlicher Beziehungen sowie Gedanken zur sozialen Ethik, zu alternativen Wirtschaftsformen und der Finanzwissenschaft.

Zunächst nahm er sich das klassische Wertparadoxon vor. Nach Ansicht der klassischen Ökonomie entspricht der Wert einer Ware ihrer Seltenheit oder dem Aufwand, der zu ihrer Herstellung nötig ist – eine objektive Wertlehre, die in sich widersprüchlich war. Walras versuchte, diese Widersprüche zu lösen, indem er ökonomische Verhaltensweisen auf individuelle Optimierungskalküle zurückführte und damit den Wert zu einer *subjektiven* Angelegenheit machte. Er entwickelte das Prinzip des abnehmenden Grenznutzens. Danach entspricht der Wert eines Gutes dem individuellen Nutzen, den es stiftet. Während der Nutzen mit jeder konsumierten Einheit einer Ware wächst, sinkt aber dieses zusätzliche Wachstum von Mal zu Mal. Der Nutzenzuwachs, der »Grenznutzen«, wird immer kleiner, bis er irgendwann gegen Null tendiert.

Parallel zu Walras veröffentlichten der englische Ökonom William Stanley Jevons und der Österreicher → Carl Menger eigene Grenznutzentheorien. Der jahrelange Streit um die Rechte an der Idee endete 1878 überraschend, als ein Kollege Jevons das Buch des Deutschen → Hermann Heinrich Gossen entdeckte, der schon dreißig Jahre zuvor über den Grenznutzen geschrieben hatte, ohne dass dies bemerkt worden war.

Daraufhin widmete sich Walras der Theorie des Gleichgewichts auf den Märkten, die ihn berühmt machen sollte. Zunächst zeigte er, dass ein Ausgleich von Nachfrage und Angebot möglich ist, um dann die Stabilität des Gleichgewichts nachzuweisen. Dabei unterschied er Märkte für Konsumgüter und Produktionsfaktoren, für Geld und Kapital und wandte nun das Prinzip des Grenznutzens an: Insgesamt betrachtet ist dann das Optimum erreicht, wenn jeder Marktteilnehmer sein Geld so ausgibt, dass die Grenznutzen der erworbenen Güter und Dienste im gleichen Verhältnis zueinander stehen wie ihre Preise. Im Marktgleichgewicht ist dies der Fall. Im nächsten Schritt stellte Walras Nachfrage- und Angebotsgleichungen für alle Märkte auf. Ihre Zahl ist so groß wie die Zahl der Variablen. Es gibt also mindestens eine Lösung, bei der sich alle Märkte im Gleichgewicht befinden. Allerdings hatte Walras, um seine Gleichungen lösen zu können, bereits mit Gleichgewichtspreisen gerechnet.

Wie es zu diesem Gleichgewicht kam, zeigte er mit seiner Theorie der Preisbildung, die sich auf das Prinzip einer Auktion stützt. Der Auktionator verkündet Preise für alle Güter und lässt die Wirtschaftsakteure ihre Gebote formulieren. Wenn sich die ausgerufenen und vorgeschlagenen Preise decken, erklärt er den Handel für beendet. Die Gleichgewichtspreise sind festgestellt. Im gegenteiligen Fall passt der Auktionator die Preise gemäß der Regel an: Er verteuert diejenigen Güter, für die es einen Nachfrageüberschuss gibt und reduziert den Preis, wenn es ein Überangebot gibt – solange, bis Angebot und Nachfrage ausgeglichen sind und die endgültige Bewertung zu Gleichgewichtspreisen erfolgt ist.

Um die Beziehungen zwischen Käufern und Verkäufern zu beschreiben, schuf Walras ein System simultaner Gleichungen. Damit entwickelte er als erster eine allgemeine theoretische Struktur – ein mikroökonomisches Totalmodell, mit dem die vielfältigen Beziehungen, die einen Markt mit dem anderen verbinden, untersucht werden konnten. Gleichzeitig löste er ein zentrales Problem der klassischen Ökonomen. Die gingen zwar davon aus, dass sich auf den Märkten die egoistischen Einzelhandlungen zum Besten aller fügten. Aber erst Walras konnte ein Bild davon vermitteln, wie die »unsichtbare Hand« → Adam Smith' diesen Zustand herbeiführte.

1876 erkrankte Leon Walras' Frau und starb drei Jahre später. Aufgrund der vielen Arzthonorare musste sich der Professor hoch verschulden. Er gab Privatstunden und Gastvorlesungen und verkaufte unter Pseudonym Kurzgeschichten und Erzählungen. Erst mit einer zweiten Hochzeit und einem späteren Erbe nach dem Tod der Mutter verbesserte sich seine finanzielle Situation. Zu einer regelmäßigen wissenschaftlichen Arbeit fand Walras jedoch nicht mehr zurück.

Die Essenz seiner Überlegungen – auf Konkurrenzmärkten pendeln sich Angebot und Nachfrage von selbst im Optimum ein – stellt den Kern der neoklassischen Ökonomie und Wirtschaftspolitik dar. Als Grundbedingung für das Funktionieren der Wirtschaft sah er das ungehinderte Spiel der Kräfte an: Eine Wirtschaft, in der alle Subjekte ihre Interessen frei verfolgen und die Preise sich ungehemmt im Hin und Her von Angebot und Nachfrage bilden können. So forderte er denn auch, dass der Staat offene Märkte schaffen und Konkurrenz sichern, sich ansonsten aber aus der Wirtschaft heraushalten soll.

Daneben sah er aber auch die Notwendigkeit, dass der Reichtum gerecht verteilt wird, was nicht automatisch geschehe. In seiner Ideengesellschaft gibt es keine Steuern, alle können frei über die »Früchte ihrer Kenntnisse und Talente« verfügen. Grund und Boden jedoch werden sozialisiert, der Staat finanziert sich durch die Miet- und Pachtzinsen. Seine wichtigste Aufgabe besteht in der Unterhaltung von Schulen und Universitäten, als

Voraussetzung dafür, dass jeder Bürger seine Fähigkeiten und Interessen bestmöglich entwickeln kann.

Trotz des enormen Einflusses, den Walras auf die Entwicklung der neoklassischen Ökonomie hatte, blieb seine Theorie in Frankreich mehr als 25 Jahre nach ihrem Erscheinen fast unbemerkt. Die erhoffte Anerkennung für seine und die Ideen seines Vaters erhielt er erst lange nach seinem Tod. 1983 bekam der Franzose Gérard Debreu den Nobelpreis für Wirtschaftswissenschaften, weil es ihm gelungen war, Walras' Gleichgewichtsmodell zu präzisieren. Die Gleichungen von Walras werden noch heute verwendet, um die Eigenschaften eines Gesellschaftssystems im Ruhestand abzubilden.

Dass mit einem System »im Ruhestand« die Komplexität einer Gesellschaft abgebildet werden kann, ist allerdings fraglich. → Adam Smith, → John Stuart Mill und → Karl Marx teilten die Auffassung, dass sich die Gesellschaft von Natur aus *expansiv* verhält. Trotz Wirtschaftskrisen und der Tatsache, dass die kapitalistische Expansion an ihre Grenzen stoßen sollte, war Ökonomie für sie nicht zu trennen vom politischen und psychologischen Streben nach Wachstum. Diese Grundeinstellung fehlte in der neuen Ausrichtung auf das Gleichgewicht. Auch für das Konzept der sozialen Klassen ist in diesem Schema kein Platz.

Es ist ein mechanischer Ansatz, der die Kompliziertheit und Fragilität der Wirtschaft außen vor lässt. Die Wirtschaftswissenschaft hatte sich zu einer reinen Theorie nach dem Vorbild der Naturwissenschaften gewandelt, womit der Versuch unternommen wurde, theoretische und politische Fragestellungen voneinander zu trennen. Plötzlich wurde der Kapitalismus nicht mehr als ein historisches gesellschaftliches Konstrukt betrachtet, das ständig unter Spannung steht, sondern als eine statische, mehr oder weniger geschichtslose Art der Organisation. Die Triebkraft des Systems, die alle früheren Analytiker fasziniert hatte, wurde nun ignoriert.

11. Hermann Heinrich Gossen

(* Düren 7.9.1810, † Köln 13.2.1858)

Der preußische Nationalökonom Hermann Heinrich Gossen war ein Pionier der Idee des Grenznutzens. Er gab den Begriffen Wert, Preis und Nutzen eine revolutionär neue Bedeutung.

Der Sohn eines Finanzbeamten wurde 1810 in Düren geboren, einer Stadt, die zu dieser Zeit französisch besetzt war und 1815 infolge der Beschlüsse des Wiener Kongresses zu Preußen kam. Mitte der zwanziger Jahre zog die Familie nach Muffendorf in die Nähe von Bonn, wo der Vater einen landwirtschaftlichen Betrieb übernahm. Hier begann Hermann Heinrich Gossen seine ersten Studien. 1829 schrieb er sich an der Universität Bonn ein. Nach einem Jura- und Mathematikstudium war Gossen – auf Druck des Vaters – einige Jahre als Beamter im preußischen Staatsdienst in Magdeburg und Erfurt tätig, quittierte aber nach dessen Tod 1847 den Dienst und ging nach Berlin. Er versuchte sich zunächst mit dem Verkauf von Versicherungen. Ein Jahr später gab er auf und widmete sich als Privatgelehrter seinen Studien. In den folgenden Jahren schrieb Gossen seine ökonomischen Ideen nieder. Er wollte den Begriff des Nutzens ergründen und das wirtschaftliche Verhalten der Menschen in objektive, allgemeingültige Gesetze fassen.

1854 erschien in Braunschweig sein Hauptwerk »Entwicklung der Gesetze des menschlichen Verkehrs und der daraus fließenden Regeln für menschliches Handeln«. Hier legte Gossen mit mathematischen Methoden seine Theorien zum Grenznutzen dar und formulierte zwei später nach ihm benannte Gesetze, mit denen er zu einem bedeutenden Vorläufer der Grenznutzenschule in der Ökonomie wurde und damit für die Neoklassik überhaupt.

Vergeblich hatte man bis dahin nach einer Lösung für das sogenannte »Wertparadoxon« gesucht, das die Lehre der ökonomischen Klassiker hinterlassen hatte. Seit → Adam Smith wurden der Preis und damit der Tauschwert eines Gutes aus dessen Herstellungskosten abgeleitet. Daneben unterschied man noch den Nutzwert, der sich nicht vom Tauschwert erheblich unterscheidet: Während lebenswichtige Güter oft nur einen geringen Wert haben, wenn sie im Überschuss vorhanden sind, können objektiv unwichtige Güter – Luxusgüter – oft hohe Preise erzielen.

Gossen löste dieses Missverhältnis dadurch auf, indem er den Tauschwert anhand des subjektiven Nutzens ermittelte, den der Genuss eines Gutes bereitet. Danach sind Güter Mittel zur Bedürfnisbefriedigung und der Beitrag eines Gutes an der Bedürfnisbefriedigung wird als sein Nutzen bezeichnet.

Im Ersten Gossen'schen Gesetz, das auch Sättigungsgesetz genannt wird, formulierte er seine Idee vom abnehmenden Grenznutzen. »Die Größe eines und desselben Genusses nimmt, wenn wir mit der Bereitung des Genusses ununterbrochen fortfahren, fortwährend ab, bis zuletzt Sättigung eintritt.« Je mehr Mengeneinheiten man also in einem gegebenen Zeitabschnitt von einem bestimmten, beliebig teilbaren Gut konsumiert, desto niedriger wird der zusätzliche Nutzen der letzten Einheit. Der Nutzenzuwachs, den die jeweils zuletzt konsumierte Einheit eines Gutes erbringt, tendiert am Ende gegen Null – bis die Sättigung eingetreten ist.

In heutigem ökonomischem Sprachgebrauch wird das Wort »Genuss« meist durch »Grenznutzen« ersetzt – ein Begriff, den Friedrich von Wieser 1884 in die deutschsprachige Literatur einführte. Er macht deutlich, dass es beim Tauschwert darauf ankommt, welcher Nutzen aus der letzten Gütereinheit gezogen wird. Mit der Idee des Grenznutzens lässt sich auch das Problem des relativen Tauschwertes von Gütern lösen. Darauf bezieht sich das Zweite Gossen'sche Gesetz, das auch als »Gesetz vom Ausgleich der Grenznutzen« bezeichnet wird. Danach ist das Ziel des Individuums die Nutzenmaximierung, indem es sein vorhandenes Geld optimal aufteilt. Die optimale Aufteilung der Finanzen auf verschiedene Güter wird dadurch bestimmt, dass »das letzte darauf verwendete Geldatom den gleich großen Nutzen gewährt.« Würde ein bestimmter Betrag für ein weiteres Produkt A weniger Nutzen stiften als derselbe Betrag für ein weiteres Produkt B, würde der Käufer Produkt B wählen. Das Nutzenmaximum ist erreicht, wenn das letzte Stück von Produkt A soviel Nutzen stiftet wie das letzte Stück von Produkt B. Die Bedürfnisse eines Menschen konkurrieren miteinander. Sollen alle befriedigt werden, muss der Grenznutzen beachtet werden. Dann stellt sich ein Gleichgewichtszustand ein – der gleiche Sättigungsgrad aller Bedürfnisse.

Auf diese Weise lässt sich das Wertparadoxon lösen: Ein lebenswichtiges Gut wie Wasser, das in großen Mengen vorhanden ist, hat zwar einen hohen Gesamtnutzen, doch der Nutzen der letzten Einheit ist klein und damit auch sein Tauschwert. Ein Diamant hingegen kommt selten vor und daher hat er nur einen geringen Gesamtnutzen. Doch der Nutzen der letzten Einheit, die häufig sicher auch die erste ist, ist hoch und damit sein Tauschwert.

Aufgrund seiner Komplexität und der schwierigen mathematischen Form blieb Gossens Werk ohne Erfolg. Die den Gesetzen zugrunde liegenden hedonistischen Grundsätze und die mechanistische Konzeption des Buches wurden in Deutschland so stark angefeindet, dass er vier Jahre nach dem Erscheinen – verbittert über den Misserfolg – alle im Buchhandel befindlichen Exemplare einziehen ließ.

Er selbst hielt sein Werk jedoch für eine Meisterleistung. Er muss um die Bedeutung seiner Idee gewusst haben, denn er verglich sie mit den kopernikanischen Himmelsgesetzen. »Was einem Kopernikus zur Erklärung des Zusammenhangs der Welten im Raum zu leisten gelang, das glaube ich für die Erklärung des Zusammenseins der Menschen auf der Erdoberfläche zu leisten.« Dennoch erhielt Gossen zu Lebzeiten keinerlei Würdigung. Einer wissenschaftlichen Öffentlichkeit blieb er unbekannt. Seiner mathematischen Darstellungsweise konnte bis Mitte des 19. Jahrhunderts kaum ein Volkswirt folgen. Er gilt damit als eine der tragischsten Figuren in der Geschichte der Ökonomie. Er erkrankte an Typhus, bekam die Schwindsucht und starb im Februar 1858.

Erst nach 1870 erhielt Gossen nachträglich die ihm gebührende Anerkennung. Fast zeitgleich erschienen Werke von → Léon Walras, → Carl Menger und William Stanley Jevons, die ebenfalls die Grenznutzentheorie vorstellten, die in vielen Punkten der des verkannten Deutschen ähnelte. Während man sich noch darum stritt, wer sie als erster entdeckt hatte, stieß ein britischer Professor auf das zwanzig Jahre alte Werk Gossens aus dem Jahre 1854. Man erkannte Gossens Leistung an und machte sie durch eine geringere Mathematisierung verständlich und einer breiteren Öffentlichkeit bekannt. So wurden nach dem Durchbruch der Nutzentheorie Gossens Ideen neu entdeckt. 1889 erschien eine erste Neuausgabe seines Hauptwerkes. Bis heute bilden die beiden Gossenschen Gesetze die Grundlage der gesamten Grenznutzenlehre.

12. ALFRED MARSHALL

(* London 26.7.1842, † Cambridge 13.7.1924)

Alfred Marshall war der herausragendste und berühmteste Wirtschaftswissenschaftler seiner Zeit. Sein Werk hat die Ökonomie noch Jahrzehnte über seinen Tod hinaus bestimmt. Als Mitbegründer der neoklassischen Schule systematisierte er die Theorien der Wirtschaftsklassiker und entwickelte diese weiter, indem er sie mit den neueren Ansätzen der Grenznutzenschule in der Gleichgewichtsanalyse zusammenführte. Seine Ideen bilden die Grundzüge der heutigen Standardlehre.

Er wurde 1842 in London geboren. Entgegen dem Wunsch des Vaters, der für seinen Sohn eine geistliche Karriere vorgesehen hatte, schrieb er sich – ausgestattet mit dem Darlehen eines Onkels – 1861 am St. John College in Cambridge ein. Sein Studium der Mathematik schloss er vier Jahre später als Zweitbester ab und erhielt dafür ein Stipendium. 1867 wurde Marshall Mitglied des Cambridger »Grote Club«, einem Salon um den Philosophen Henry Sidgwick, wo in elitärem Kreise vor allem ökonomische Probleme und Lösungen für die »soziale Frage« diskutiert wurden. Gleichwohl besuchte Marshall in seinen Semesterferien auch die Slums der britischen Hauptstadt und machte sich ein Bild vom Elend des Londoner Proletariats. 1868 nahm er eine Lehrtätigkeit im Studiengang »Moral Science« auf, widmete sich aber bald der Politischen Ökonomie.

Während die Klassiker den Markt als komplexes und effizientes System beschrieben und sich mit dem Verhalten ganzer Bevölkerungsgruppen befasst hatten, analysierte Marshall das ökonomische Verhalten eines »universellen Individuums«. Sein Interesse galt dem Gleichgewicht – den Mechanismen der Selbstanpassung und Selbstkorrektur in der Wirtschaftswelt.

Zunächst formte er aus den Ideen der Klassiker eine Theorie des Gegensatzes von Geld- und Gütermärkten. Er erklärte, dass der Reichtum einer Gesellschaft aus ihrem Vorrat an Gütern besteht, während Geld nur eine Art Schmieröl der Wirtschaft ist. Werde die Geldmenge erhöht, käme es daher zwar zu Preissteigerungen, das Austausch-Verhältnis der Güter zueinander bliebe jedoch unbeeinflusst – vorausgesetzt, Preise sowie Löhne und Zinsen seien flexibel. Langfristig, so Marshall, pendele sich ein Gleichgewicht auf dem Gütermarkt von allein ein.

1877 heiratete er seine ehemalige Studentin Mary Paley und musste daraufhin seine Stellung aufgeben, da in Cambridge für Gelehrte das Zölibat galt. Noch im selben Jahr übernahm Alfred Marshall eine Professur am neu gegründeten University College in Bristol und wurde zugleich dessen Direktor. Hier schrieb er gemeinsam mit seiner Frau ein Ökonomielehrbuch, das 1879 unter dem Titel »Economics of Industry« erschien. Beide stellten darin eine Theorie der Preise vor, die aus dem Prinzip von Angebot und Nachfrage hergeleitet war.

Auf Grund eines Nierenleidens musste Marshall Anfang der 1880er Jahre sein Amt als Rektor niederlegen. Nach einem längeren Genesungsurlaub in Italien wurde er 1883 Dozent für Politische Ökonomie am Balliol College in Oxford. 1885 übernahm er den Lehrstuhl für Politische Ökonomie an der Universität von Cambridge.

Als er 1890 in seinem Hauptwerk »Principles of Economics« (»Handbuch der Volkswirtschaftslehre«) seine wissenschaftlichen Ansichten zusammenfassend darlegte, waren diese längst bekannt. Zwanzig Jahre Arbeit am Manuskript lagen hinter ihm und die studentischen Mitschriften seiner Vorlesungen hatten inzwischen in Europa Verbreitung gefunden. Dennoch war das Buch ein großer Erfolg. Die erste Auflage war innerhalb eines Jahres vergriffen.

Marshalls Werk zeichnet sich durch sein mathematisch präzises Denken und seinen klaren Stil aus, den auch Geschäftsleute leicht verstehen konnten. Sein wichtigster Beitrag besteht darin, dass er auf das Element der Zeit im Gleichgewichtsprozess aufmerksam machte. Der französische Ökonom → Leon Walras hatte bereits eine allgemeine Theorie des Gleichgewichts verfasst. Anders als Walras, in dessen Theorie alle Faktoren zeitlich wirken, berücksichtigte Marshall jedoch die Zeitverzögerung, in der sich Angebot und Nachfrage anpassen, um zum Gleichgewicht zu kommen. So wird kurzfristig der Preis durch die *Nachfrage* bestimmt, während längerfristig, wenn sich das Angebot an den Bedarf der Konsumenten angepasst hat, die Produktionskosten wieder ausschlaggebend sind. Allerdings lassen sich weder Kosten noch Nutzen je ganz von der Preisbestimmung trennen, denn Angebot und Nachfrage verhalten sich »wie bei einer Schere«.

In seiner Theorie setzte er erstmals das Prinzip des fallenden Grenznutzens um. Er verband damit die objektive Wertlehre der Klassiker mit dem subjektivistischen Ansatz der Grenznutzenschule, die von den Ökonomen → Carl Menger, Leon Walras und Stanley Jevons unabhängig voneinander entwickelt worden war. Marshall setzte die Verhaltensannahmen, die sich aus der Grenznutzentheorie ergeben, in ein Diagramm mit steigender Angebots- und fallender Nachfragekurve um; im Schnittpunkt der Kurve ergab sich aus objektiven Kosten und subjektiven Nutzen der Gleichgewichtspreis.

Marshall war sich bewusst, dass statistische Totalanalysen, wie sie bis dahin unter Ökonomen üblich waren, nur begrenzt die Realität erklären konnten. Um die Komplexität der Wirtschaft abbilden zu können, griff er sich Teilprozesse heraus und versuchte mit der von ihm eingeführten »Ceteris-paribus-Regel«, die Dynamik des Wirtschaftens in seine Modelle einzubeziehen. Unter der Annahme insgesamt konstanter Bedingungen veränderte er jeweils eine Variable und spielte deren Wirkung im Modell durch. Er führte den Begriff der Elastizität in die ökonomische Theorie ein.

Untrennbarer Teil seines Buches ist Marshalls Auffassung der Ökonomie als ein Werkzeug zur sozialen Verbesserung. Er äußerte die Hoffnung, dass die Haltung der Reichen sich zur »Wohltätigkeit« wenden würde, um »den Steuereinnehmer bei der Überwindung der übelsten Armut im Land zu unterstützen«. Allerdings sah er – anders als die Sozialisten, mit denen er sympathisierte – die Lösung der gesellschaftlichen Probleme nicht in einer Umwälzung der Verhältnisse, sondern in einer Revolution des Denkens.

So verschwand bei Marshall der politische Aspekt der Ökonomie. Die Frage, wie das Machtgefüge in einer Gesellschaftsordnung entsteht, die nur als eine Ansammlung von Individuen betrachtet wird, deren jedes nur nach seinem »Nutzen«
strebt, gehörte für ihn nicht in die ökonomische Forschung. Die
Wirtschaftslehre sei »richtiger als Soziale Wirtschaftslehre oder
einfach als Wirtschaftslehre zu bezeichnen, weniger gut ist der
Name Politische Ökonomie.« Damit hatte er ein neues Kapitel in
der Wirtschaftsgeschichte aufgeschlagen.

1908 emeritierte Alfred Marshall. Auf seinen Platz folgte sein
Lieblingsschüler → Arthur Cecil Pigou. Fünf Jahre vor seinem
Abschied war es ihm noch gelungen, die Ökonomie gegen den
Widerstand der Fakultäten als eigenständiges Studienfach in
Cambridge zu etablieren.

Noch heute zählt Marshalls Hauptwerk zur Pflichtlektüre
für angehende Wirtschaftswissenschaftler. Als erster hatte er
viele Theorien seiner Zeit in einem kohärenten Rahmen dargestellt und analytische Instrumente entwickelt, die heute zum
Standard der Volkswirtschaftslehre gehören. Indem er sich mit
verschiedenen Themen der Organisation beschäftigte – Arbeitsteilung, Konzentration spezialisierter Industrien, Massenproduktion oder Management – wurde Marshall zum Motor der
sich nach der Jahrhundertwende herausbildenden Betriebswirtschaftslehre. Sein Schüler → John Maynard Keynes nannte
ihn den »größte[n] Ökonom der nächsten hundert Jahre«, der
»ein ganzes kopernikanisches System [erschaffen hatte], in dem
alle Elemente des wirtschaftlichen Universums ihre Positionen
durch Gegengewicht und Interaktion behielten.«

Dennoch führte die rein formale Vorgehensweise, wie sie
charakteristisch für die Neoklassik war, zu einer Entfernung
der Volkswirtschaftslehre von Bürger und Politik. Auch wenn
Marshall das wichtige Element der Zeit einbrachte, so meinte er
damit eine *abstrakte* Zeit, in der theoretische Experimente durchgeführt und wiederholt werden. Die historische Zeit, in der er
selbst lebte, hatte er dabei nicht im Blick. Während die Gegenwart von einem Weltkrieg und Russland von einer antikapita-
listischen Revolution erschüttert wurde, das erste Rumoren des
Antikolonialismus zu vernehmen war und der Kapitalismus
in großen Teilen Europas kurz vor seinem Niedergang stand,

während die Weltwirtschaftskrise der 1930er Jahre zu einem volkswirtschaftlichen Einbruch in allen Industrienationen führte, hat Marshall die Relevanz der Ökonomie für all diese Veränderungen nicht eingesehen. Dass die Geschichte plötzliche Sprünge machen könnte, dass die Welt der Ökonomie untrennbar mit der historischen Welt verknüpft sein könnte und dass die langen und kurzen Zeiträume des Lehrbuchs einen Begriff von »Zeit« nahelegen, der sich radikal von der Dynamik der historischen Zeit unterscheidet – all dies lag weit entfernt von dem Begriff des Gleichgewichts, den Marshall zum Kern seiner ökonomischen Untersuchungen gemacht hatte. Nicht umsonst sahen innerhalb der neoklassischen Theorie nur wenige die Weltwirtschaftskrise der 1930er Jahre voraus.

Dagegen bestanden Kritiker darauf, dass nicht das Gleichgewicht, sondern radikale Veränderung die reale Welt kennzeichne und das eigentliche Objekt wirtschaftlicher Untersuchungen sei. Krieg, Revolution, Wirtschaftskrisen und gesellschaftliche Spannungen waren in ihren Augen die Grundprobleme, mit denen sich die Ökonomen zu beschäftigen hätten, nicht das Gleichgewicht und die Anpassungsprozesse einer stabilen Bilderbuchgesellschaft. Doch dies wurde von Marshall und seinen Mitstreitern zurückgewiesen.

13. John Bates Clark
(* Providence 26.1.1846, † New York City 21.3.1938)

John Bates Clark war der erste bedeutende amerikanische Wirtschaftswissenschaftler und um die Jahrhundertwende der führende Ökonom der Vereinigten Staaten. Er brachte die neoklassische Theorie in die USA und war ein eigenständiger Vertreter der Grenznutzenschule. Er begründete die Grenzproduktivitätstheorie der Einkommensverteilung.

Geboren 1846 in Providence im Bundesstaat Rhode Island, machte er mit 25 Jahren seinen Abschluss am Amherst College in Massachusetts. Von 1872 bis 1875 studierte er an den Universitäten Zürich und Heidelberg. Zu seinen Lehrern zählte Karl Knies, der einer der führenden Vertreter der älteren Historischen

Schule der Nationalökonomie in Deutschland war. Der Einfluss, den Clark in seiner Studienzeit insbesondere von den deutschen Sozialisten erfahren hatte, wurde in seinen frühen Schriften deutlich, die ihn als Kritiker des Kapitalismus zeigten.

Nach seiner Rückkehr in die USA lehrte Clark zunächst an verschiedenen Hochschulen. 1886 erschien sein Buch »The Philosophy of Wealth« (»Die Philosophie des Wohlstands«), mit dem er seine Empörung gegen den Geist des Kapitalismus zum Ausdruck brachte. Clark argumentiert, dass die Menschen nicht nur von eigennützigen Motiven, sondern auch von sozialen Interessen geleitet werden. Daher lehnt er den reinen ökonomischen Wettbewerb ab, weil dies, so Clark, kein gerechtes Verfahren zur Güterverteilung ist. In seinem Buch entwickelt er auch eine eigene Version der Grenznutzentheorie – anderthalb Jahrzehnte nach William Stanley Jevons, → Carl Menger und → Léon Walras, aber unabhängig von ihnen. Auf der Grundlage der Grenznutzenüberlegungen leitet er hier die Güternachfrage ab.

Von 1893 bis 1895 stand Clark als Präsident der American Economic Society vor, zu deren Gründern er zählte. Von 1895 bis 1923 lehrte er an der Columbia Universität in New York City. Während dieser Zeit änderte er seine Einstellung zugunsten einer vollständigen Akzeptanz der kapitalistischen Marktwirtschaft.

1899 veröffentlichte er sein Hauptwerk »The Distribution of Wealth: A theory of wages, interest and profits« (»Die Verteilung des Wohlstandes«), mit dem er einem größeren Kreis bekannt wurde. Darin wendet er die Grenznutzentheorie an, um die Verteilung von Einkommen zu erklären. Clark entwickelt eine Theorie des stationären Wirtschaftsablaufs, die ein imaginäres Modell der Wirtschaft unter Anwendung des Gleichgewichtsbegriffs darstellt. Er erklärt, dass die Grenzzuwächse des Gütervermögens – und in der Regel nicht die Gütervermögen selbst – ausschlaggebend sind für den Nutzen, der dann den Marktwert bestimmt. Diese Entdeckung ist als »Clark'sches Gesetz« in die Theoriegeschichte eingegangen. Weiter besagt Clarks Theorie, dass die Einkommensverteilung der Grenzproduktivität der Wirtschaftssubjekte folgt. Danach bestimmt die Leistung der zuletzt eingesetzten Faktoreinheit das Einkommen aller bisher eingesetzten Faktoreinheiten. So ist das Wertgrenzprodukt des zuletzt eingesetzten Arbeiters gleich dem Lohnsatz, der für alle bis dahin eingesetzten Arbeiter gilt. Die Beziehung »Wertgrenzprodukt gleich Faktorpreis« gilt auch für die Produktionsfaktoren Arbeit, Boden, Kapital sowie für Subkategorien dieser Faktoren.

Clarks Werk war eine wichtige Antwort der Neoklassik auf offene Fragen, welche die ökonomischen Klassiker hinterlassen hatten. So war → John Stuart Mill noch davon ausgegangen, dass Produktion und Verteilung zwei voneinander getrennte Bereiche sind. Danach war die Produktion bestimmt von Naturgesetzen, während die Verteilung sozialen und politischen Entscheidungen unterlag, die keinen Einfluss auf die Produktion hätten.

Clarks »The Distribution of Wealth« stieß in der Öffentlichkeit auf großes Interesse. Auch auf seine Fachkollegen übte es einen erheblichen Einfluss aus. Schließlich hatte es sich Clark *auch* zur Aufgabe gemacht, die zu seiner Zeit vorherrschenden ökonomischen Auffassungen zu korrigieren. Als Vertreter der Psychologischen Schule befand er sich im Gegensatz zur Neoklassik → Alfred Marshalls. Mit seiner Kapitaltheorie widersprach er den Überlegungen von → Eugen Böhm Ritter von Bawerk, was zu einer Kontroverse zwischen beiden Denkrichtungen führte, die sich über Jahre hinzog. Ebenso war Clark ein Gegner des amerikanischen Institutionalismus in der Nationalökonomie, zu dessen Gründervätern sein Schüler → Thorstein Bunde Veblen zählte.

Auch die Nachwelt urteilte unterschiedlich über sein Werk. Das Spektrum reichte von uneingeschränktem Lob, über eine ausgewogen kritische Würdigung durch → James Tobin bis hin zur kompletten Ablehnung. Dennoch war man sich mehrheitlich darin einig, dass es Clarks Schrift vermocht hatte, erstmals die breite Aufmerksamkeit auf die neoklassische Verteilungstheorie zu richten und dass der Ökonom zum Ende des 19. Jahrhunderts eine neue und verheißungsvolle Epoche der amerikanischen Wirtschaftswissenschaften eingeleitet hatte. Diese herausragende Stellung Clarks spiegelt sich auch darin wider, dass eine der prestigeträchtigsten Auszeichnungen im Bereich der Wirtschaftswissenschaften in den USA nach ihm benannt wurde. Die John Bates Clark Medal wird alle zwei Jahre verliehen an den »amerikanischen Ökonomen unter vierzig Jahren, der einen signifikanten Beitrag zum ökonomischen Denken und Wissen« geleistet hat.

Von 1895 bis 1911 gab Clark die Zeitschrift »Political Science Quarterly« heraus. Anschließend leitete er bis 1923 die Abteilung für Ökonomie und Geschichte der »Carnegie Endowment for International Peace«, einer Stiftung, die einen der wichtigsten finanziellen Stützpfeiler der internationalen Friedensarbeit darstellte. In seinen letzten Lebensjahren wuchs in Clark die Überzeugung, dass der Krieg die größte Bedrohung für das Schicksal der Menschheit ist. Seine letzte Veröffentlichung, »A Tender of Peace«, erschien 1935. Hier warb er für ein machtvolles Bündnis zwischen den Nationen zur Förderung des Friedens.

Clark war der erste amerikanische Ökonom überhaupt, der internationale Anerkennung erhielt. Er starb 1938 in New York City.

14. ARTHUR CECIL PIGOU
(* Ryde 18.11.1877, † Cambridge 7.3.1959)

Arthur Cecil Pigou war einer der führenden britischen Neoklassiker. Er machte sich in der Wohlfahrtsökonomie sowie in der Konjunktur- und Geldtheorie einen Namen.

Geboren wurde er 1877 in Ryde auf der Isle of Wight, einer der Südküste Englands vorgelagerten Insel. Sein Vater war ein pensionierter Offizier, seine Mutter entstammte einer irischen Beamtenfamilie. Pigou besuchte eine der berühmtesten Schulen Großbritanniens, die Harrow School in London. Zu seinen Mitschülern zählte Winston Churchill. Mit 20 Jahren erhielt Pigou ein Stipendium für das traditionelle King's College in Cambridge. Hier studierte er Geschichte und Moralwissenschaften, zu denen damals auch Ökonomie gehörte. Seine Lehrer waren der englische Philosoph Henry Sidgwick und der Ökonom → Alfred Marshall. Von 1901 an hielt Pigou selbst Lehrveranstaltungen in Cambridge ab und arbeitete eng mit Marshall zusammen, den er Zeit seines Lebens als Vorbild betrachtete. 1908 löste er ihn auf seinem Lehrstuhl für Ökonomie ab und behielt diese Position bis 1943.

Pigou war ein kauziger Mensch, der sich von der Welt absonderte. Seine Anzüge waren unmodern, er ging selten aus und lebte ohne Frau und Kinder. Eine Ursache dafür wird in seinen Erfahrungen im 1. Weltkrieg als Krankenpfleger zu suchen sein. Diese Erlebnisse hatten ihn zu einem verschlossenen Menschen gemacht.

Während seiner wissenschaftlichen Laufbahn veröffentlichte Pigou rund 30 Bücher und 100 Aufsätze. Am wichtigsten waren seine Arbeiten zur Wohlfahrtsökonomie. In seinem 1912 erschienenen Werk »Wealth and Welfare« beschäftigte er sich mit der Frage, wie die gesunde Existenz künftiger Generationen gesichert und die Wohlfahrt der Gesellschaft erhöht werden könnte. Dahinter stand der Gedanke, mithilfe ökonomischer Theorien vor allem die Situation der sozial Schwachen zu verbessern. 1920 kam eine überarbeitete Neuauflage des Buches heraus, das er nun in »Economics of Welfare« umbenannt hatte. Die Publikation, die zu den Standardwerken der Nationalökonomie gehört, gilt als die erste theoretische Grundlage für eine staatliche Wirtschaftspolitik. Sie begründete den Ruf des Autors als einer der bedeutendsten britischen Neoklassiker.

In seinem Buch zeigt Pigou die Grenzen des staatlichen Laisser-faire auf. Als Erster begründet er, wie und warum der Staat in die Wirtschaft eingreifen sollte. Anders als die Klassiker wie → Adam Smith glaubte Pigou nicht an die Selbstregulierung des Marktes und daran, dass das, was für ein Individuum gut ist, automatisch auch der Gesellschaft dient.

Wohlfahrt definiert er vor allem als ökonomische Wohlfahrt, die in Geld messbar ist. Ausschlaggebend dafür sind die Höhe, die Verteilung und die Stabilität des Volkseinkommens. Pigou sah zwei Möglichkeiten, zu einer Maximierung von Wohlstand zu gelangen: Entweder steigt das Einkommen des gesamten Volkes, oder aber das Volkseinkommen wird – bei gleicher Höhe – so verteilt, dass die Reichen besteuert werden, um das Geld den Armen zu geben.

Wie ein derartiger staatlicher Eingriff funktioniert, begründet Pigou mit Hilfe der Grenznutzentheorie, wonach eine maximale Güterbefriedigung für einen Menschen dann erreicht ist, wenn er sein Geld optimal auf verschiedene Waren verteilt, so, wie es → Hermann Heinrich Gossen in seinem zweiten, nach ihm benannten Gesetz, beschreibt. Die Gesamtheit hingegen erlangt ein Maximum an Befriedigung, wenn der Grenznutzen für *alle* gleich groß ist. Um die Grenzerträge auszugleichen, muss nun der Staat helfen. Da – so Pigou – mit steigendem Einkommen der Grenznutzen abnimmt, erhöht sich der gesellschaftliche Nutzen, wenn man einen Teil des Geldes der Reichen den Armen zuführt. Der maximale gesellschaftliche Nutzen ist theoretisch dann erreicht, wenn das Einkommen aller Menschen gleich hoch ist. Deshalb fordert er den Eingriff des Staates, der von der Besteuerung über Lohnregelungen bis zu Monopolkontrollen führen sollte.

Für Pigou ist der Nutzen eine intensive Größe, die nicht gemessen werden kann. Deshalb setzt er den Nutzen zur Größe »Geld« in Relation und beschreibt ihn als diejenige Geldmenge, die jemand zu zahlen bereit ist, um einen Nutzenentgang zu vermeiden.

Eine wichtige Ursache für ein Marktversagen sah Pigou darin, dass unternehmerischer und volkswirtschaftlicher Grenzertrag nicht immer deckungsgleich sind – insbesondere dann, wenn es zu sogenannten »Externen Effekten« kommt. Dazu zählen zum Beispiel Auswirkungen auf Dritte, die bei der Produktion eines Gutes entstehen können und die sich nicht in der Preisbildung dieses Gutes wiederfinden. Wenn eine Stahlfabrik Abgase produziert und damit die Umwelt belastet, so fließen diese sozialen Kosten der Luftverschmutzung nicht in die Kalkulation des Unternehmers ein. Er stellt daher zu viele Bleche her, weil seine ausgewiesenen Kosten zu niedrig sind. Der Unternehmer überlegt aber auch nicht, wie stark er die Produktion drosseln müsste, um die Umwelt einerseits weniger zu belasten und andererseits noch Gewinne zu erzielen.

Damit beschrieb Pigou nicht nur als Erster das Problem von »Externen Effekten«, die außerhalb des Marktgeschehens entstehen, sondern bot auch gleich eine Lösung an. Danach sollten die einzelwirtschaftlichen Kosten den volkswirtschaftlichen Kosten durch die Einführung einer Steuer angepasst werden. Dieses erste Konzept einer Umweltsteuer wird nach seinem Erfinder Pigou-Steuer genannt. Pigou knüpfte an dieses Instrument die Erwartung, dass es den Fabrikanten zwingen würde, soziale Kosten bei seinen Kalkulationen zu berücksichtigen, um die Produktion entsprechend einzuschränken. Auf diese Weise könnten „Externe Effekte" internalisiert werden.

Pigou unterrichtete zur gleichen Zeit in Cambridge wie der große Reformer → John Maynard Keynes, der 1909 Mitglied des Lehrkörpers wurde und anfangs noch Pigous Assistent war. Allerdings konnte Pigou fast nie aus dem Schatten von Keynes heraustreten. Anders als diesem fehlten Pigou das Charisma und das beraterische Geschick, die wirtschaftliche Entwicklung richtig einzuschätzen. So erklärte er die Höhe der Arbeitslosigkeit während der tiefsten Depression damit, dass sich der Bedarf an Arbeitskräften verändert habe, aber eine »entsprechende Umschichtung der Arbeitskräfte« nicht stattfinde. Würden sich die Arbeitnehmer dagegen mit niedrigeren Löhnen zufriedengeben und wären sie mobiler, könnte die Krise bald überwunden sein. Denn bei sinkenden Löhnen würden auch die Kosten sinken und die Unternehmer mehr Arbeitskräfte einstellen.

Damit umriss er auch den Kern der neoklassischen Beschäftigungstheorie, die Pigou erstmals 1933 in seinem Buch »Theory of Unemployment« beschrieben hatte. Hier machte er auf die zentrale Bedeutung der Lohnflexibilität für das Funktionieren der Arbeitsmärkte aufmerksam. Bei festen Löhnen und immobilen Arbeitern sind Beschäftigung und Sozialprodukt stets geringer als bei flexiblen Löhnen, so Pigou. Das löse das konjunkturelle Auf und Ab aus. Keynes hingegen argumentierte, zwar könnten bei niedrigeren Löhnen mehr Menschen beschäftigt werden, aber nur, wenn die Nachfrage gleich bliebe – was jedoch in einer Rezession genau nicht der Fall sei.

Der Begriff »Pigou-Effekt« steht für ein weiteres Konzept, das der Brite entwickelt hat. Hier erläutert er die direkten Wirkungen von Preissenkungen auf die effektive Nachfrage. Sinkt das allgemeine Preisniveau, so ist das Geldvermögen der Bürger mehr wert. Die Bürger steigern nun ihre Nachfrage nach Konsumgütern, womit es zu einer Wirtschaftsbelebung kommt. Auch hier befand sich Pigou im Gegensatz zu Keynes. Während er auf die Veränderung der Konsumnachfrage abhebt, stellt der sogenannte »Keynes-Effekt« die Investitionsgüternachfrage in den Vordergrund.

Die Weltwirtschaftskrise veränderte Pigous Arbeit. Vorher hatte er versucht, Staatseingriffe im Rahmen der neoklassischen Theorie zu rechtfertigen – im Interesse der gesellschaftlichen Wohlfahrt. Jetzt setzte er sich vor allem mit Keynes auseinander. Zunächst verriss er diesen, später revidierte sich Pigou und versuchte, Keynes' Ansichten als Sonderfall der Neoklassik darzustellen. Nach Beendigung seiner Lehrtätigkeit blieb Pigou in Cambridge, wo er 1959 starb.

Die Wirtschaftstheorie hat er in vielen Bereichen vorangebracht. Er trug grundlegend zur Entwicklung der Wohlfahrtsökonomie und zur Analyse antizyklischer Konjunkturerscheinungen bei. Als Erster fand er für die Konjunkturwellen auch psychologische Gründe, etwa einen Stimmungswechsel der Unternehmer über die künftigen Erträge. Noch vor Keynes sprach er sich sogar für kurzfristige staatliche Maßnahmen aus, um Konjunkturtäler zu überbrücken – etwa in Form öffentlicher Aufträge. Dass solche Maßnahmen langfristig wirken könnten, glaubte er jedoch nicht. Er befürchtete, der Staat könnte private Investoren teilweise verdrängen, wenn er im Zuge seiner Konjunkturpolitik Schulden mache und dadurch die Zinsen hochtreibe.

Auf Pigous Idee, mit Hilfe von Steuern die Umweltzerstörung einzudämmen, beruft sich heute fast jeder, der Ökosteuern fordert. Allerdings zeigten Ökonomen wie → Ronald Coase, dass anstelle eines staatlichen Eingreifens auch privatwirtschaftliche Lösungen denkbar sind.

Vielfach kritisiert dagegen wurde Pigous Idee, durch eine Umverteilung der Einkommen die gesellschaftliche Wohlfahrt zu erhöhen. Denn ob der Verlust eines Reichen infolge der Besteuerung geringer ist als der Gewinn des Armen durch einen Transfer, ist nicht nachweisbar, da jeder Mensch den Nutzen des Geldes unterschiedlich bewertet.

Österreichische Schule

15. Carl Menger

(* Neu-Sandez 23.2.1840, † Wien 27.2.1921)

Der Nationalökonom Carl Menger begründete die Österreichische Schule der Neoklassik. Er gilt als geistiger Vater der hiesigen Grenznutzenschule und machte sich einen Namen mit seiner Wert- und Preistheorie.

Carl Menger wurde 1840 als Sohn eines Rechtsanwaltes in Neu-Sandez im heutigen Polen geboren. Nach dem Studium der Rechtswissenschaften in Wien und Prag war er Journalist in Lemberg, der viertgrößten Stadt im damaligen Österreich. Später übersiedelte er nach Wien, wo er in der Wirtschaftsabteilung der »Wiener Zeitung« arbeitete, einem offiziellen Regierungsblatt. Daneben studierte er Erkenntnistheorie, Soziologie und Nationalökonomie.

Nach seiner Promotion 1867 an der Universität Krakau wurde Menger Beamter in der Presseabteilung des österreichischen Ministerratspräsidiums. Hier hatte er Übersichten zur Marktlage zu verfassen. Wie schon vorher bei seinen Studien stellte er auch jetzt eine Diskrepanz fest zwischen den Annahmen zur Preistheorie, wie sie die Klassiker formuliert hatten, und dem, was tatsächlich in der Praxis geschah. Er schloss daraus, dass die Preisbildung beim Austausch von Gütern am Ende immer von der subjektiven Wertschätzung der Konsumenten abhängen muss, die dabei ihrer jeweiligen Nutzenerwartung folgen. Im Herbst 1867 begann Menger, an seinem ersten Buch zu arbeiten. Vier Jahre später erschienen in Wien seine »Grundsätze der Volkswirtschaftslehre«, mit denen er die Grundlagen der klassischen Wirtschaftstheorie aus den Angeln hob.

Zu dieser Zeit war die österreichische Gesellschaftswissenschaft noch stark vom Leitbild einer zentralen, lenkenden Staatsmacht beherrscht. Der Zeitgeist lehnte ein aufgeklärtes Verhältnis zwischen Individuum und Staat ab, was sich auch in den Berufungspraktiken der rechts- und staatswissenschaftlichen Fakultäten niederschlug. Aus diesem Grund gab es in Österreich kaum originelle Beiträge zu den Sozialwissenschaften zu finden. Dies änderte sich erst zaghaft unter dem Druck liberaler Kräfte. Mengers Werk war denn auch der erste große sozialwissenschaftliche Beitrag dieser Zeit.

In seinen »Grundsätzen« hatte er es sich zum Ziel gesetzt, eine »alle Preiserscheinungen unter einem einheitlichem Gesichtspunkt zusammenfassende Preistheorie« zu schaffen. Diesen einheitlichen Bezugspunkt sah er in der subjektiven Nutzbewertung der Güter: »Der Wert ist ... nichts den Gütern Anhaftendes... [er]... ist ein Urteil, welches die wirtschaftenden Menschen über die Bedeutung der in ihrer Verfügung befindlichen Güter für die Aufrechterhaltung ihres Lebens und ihrer Wohlfahrt fällen.« Demnach hängt der Wert eines Gutes davon ab, welchen individuellen Nutzen es stiftet.

Die Preisbildung erfolgt im Tausch der subjektiv bewerteten Güter auf dem Markt, orientiert am »Grenznutzen« der Nachfrager – einem Begriff, den Menger zwar entwickelte, den aber erst sein Schüler Friedrich von Wieser dreizehn Jahre später in die deutschsprachige Literatur einführte. Der »Grenznutzen« tendiert immer gegen Null. Denn während der Nutzen mit jeder konsumierten Einheit einer Ware wächst, sinkt dieses zusätzliche Wachstum von Mal zu Mal, weil der Konsument aufgrund einer Sättigung seiner Bedürfnisbefriedigung für jede weitere Einheit eines Gutes weniger zu zahlen bereit ist, also sein Interesse am Konsum von Gütern mit zunehmender Menge abnimmt. So ließ sich auch das scheinbare Paradoxon erklären, dass lebenswichtige Güter oft nur geringen Wert haben, wenn sie im Überschuss vorhanden sind, während objektiv unwichtige Güter – Luxusgüter – hohe Preise erzielen können. Menger schildert die Preisbildung ausgehend vom Tausch zwischen zwei Einzelpersonen bis zum immer dichter werdenden Markt, erst unter Monopol-, dann unter Konkurrenzbedingungen. Er macht deutlich, dass er den Konkurrenzmarkt für die optimale Wirtschaftsform hält.

Damit war es Menger gelungen, ein abschließendes Gesetz der Preisbildung zu finden. Es löste die auf → David Ricardo zurückgehende Lehrmeinung ab, dass die Preise der Güter aus den Herstellungskosten abzuleiten seien; eine Theorie, die aber nicht angemessen erklärt werden konnte. Der subjektivistische Marginalismus – Oberbegriff für jene Grenzbetrachtungen, die in Wortbildungen wie »Grenznutzen« ihren Niederschlag finden – markierte den Übergang von der Klassik zur Neoklassik.

Carl Menger war nicht der einzige, der die bahnbrechende Grenznutzentheorie formuliert hatte. Auch der englische Ökonom William Stanley Jevons und der Franzose → Léon Walras veröffentlichten etwa zur gleichen Zeit eigene Grenznutzentheorien, die allerdings auf wenig Interesse stießen. Auch Mengers Erstlingswerk blieb zunächst unbeachtet. Denn die zu jener Zeit übermächtige jüngere Deutsche Historische Schule unter → Gustav von Schmoller hielt Mengers Ansatz als Instrument der wissenschaftlichen Analyse für unbrauchbar.

Ein Jahr nach Erscheinen seines Werkes konnte er sich habilitieren. 1873 machte ihn der Kaiser im Alter von 33 Jahren zum außerordentlichen Professor für Wirtschaftswissenschaften an der Universität Wien. 1876 berief er ihn auch an den Hof, um den 18-jährigen Kronprinzen Rudolf in politischer Ökonomie zu unterrichten. Menger begleitete Rudolf zwei Jahre lang auf Studienreisen durch Europa. 1879 wurde Menger zum ordentlichen Professor befördert.

1883 erschien sein Buch »Untersuchungen über die Methoden der Socialwissenschaften und der Politischen Ökonomie insbesondere«, das als Meilenstein in der Methodologie der Sozialwissenschaften gilt. Hier machte Menger den Wert wirtschaftstheoretischer Forschung gegenüber der Empirie der wirtschaftshistorischen Methode deutlich, wie sie von Schmoller betrieben wurde. Dieses Buch wurde sehr deutlich wahrgenommen. Mengers Einsichten in Ursprung und Wesen sozialer Institutionen und seine Betonung der strikten individualistischen Untersuchungsmethode zielten direkt auf Schmollers Lehre. Die Antwort waren beispiellose Gegenattacken. Die Auseinandersetzungen sind in die Geschichte eingegangen als der sogenannte Methodenstreit der Nationalökonomie mit der Deutschen Historischen Schule. Menger wurde hierbei von seinen Schülern → Eugen Böhm Ritter von Bawerk und Friedrich von Wieser unterstützt. Dies gilt als eigentliche Geburtsstunde der Österreichischen Schule, die in den folgenden Jahren Weltruf erlangte.

1892 nahm Menger eine führende Stellung in der Österreich-Ungarischen Währungskommission ein. Hier trug er wesentlich zur Wiedereinführung der Goldwährung bei. Im Rahmen einer Reihe wichtiger geldtheoretischer Veröffentlichungen erschien im selben Jahr im Handwörterbuch der Staatswissenschaften sein berühmter Beitrag »Geld«, bei dem er seinen individualistischen Ansatz auf die Theorie des Geldes anwendet. Seine fundamentale Darstellung des Ursprungs und der Entwicklung des Geldes als spontan entstandene Institution wurde zwanzig Jahre später durch → Ludwig von Mieses in seiner Theorie des Geldes und der Umlaufmittel zu einem Klassiker weiterentwickelt.

1894 erhielt Menger die Mitgliedschaft in der Académie des Sciences Morales et Politiques. Ein Jahr später wurde er Ehrenmitglied der Royal Society of Edinburgh. 1896 wurde er Hofrat, 1900 auf Lebenszeit in den Reichstag berufen und 1901 zum Präsidenten des Institut de Sociologie in Paris gewählt.

62-jährig wurde er Vater eines Sohnes, weshalb er im Winter 1903 seine Lehrtätigkeit beendete. Ein weiterer Grund für seinen Rückzug war auch sein zunehmender Pessimismus über das österreichische, deutsche und europäische Bildungssystem und die politischen Verhältnisse. Mengers wirtschaftspolitische Anschauungen waren von einer ausgeprägten Staatsskepsis getragen. Staatseingriffe sah er – im Normalfall – als demotivierend an, weil sie die Eigeninitiative der Staatsbürger schwächten, statt sie zu stärken. Menger hielt die allgemeine Abkehr von Liberalismus, Freihandel und Kapitalismus für einen Weg ins Verderben und sah sich – später – durch den Ausbruch des Ersten Weltkriegs darin bestätigt. Er zog sich ins Privatleben zurück und widmete sich nur noch dem Studium der Psychologie, der Philosophie, der Ethnographie sowie seinem heranwachsenden Sohn Karl. Er starb zurückgezogen und völlig unbeachtet 1921 in Wien.

Nichtsdestoweniger ist die Bedeutung seiner »Grundsätze der Volkswirtschaftslehre« für die Wirtschaftswissenschaft unbestritten. Indem er das Grenznutzenprinzip systematisch begründete und das »universelle Individuum« in den Mittelpunkt der Analyse stellte, hatte Menger die Säulen der modernen Nationalökonomie geschaffen. Seine Ideen wurden sowohl vom englischen Ökonomen → Alfred Marshall weiterentwickelt, als auch von seinen Schülern → Eugen Böhm Ritter von Bawerk und Friedrich von Wieser. Doch erst als Letztere Mitte der 1880er Jahre ihre Werke veröffentlichten, wurden Mengers Gedanken in weiteren Kreisen diskutiert. Erst zu diesem Zeitpunkt lässt sich auch von einer echten »Revolution der Grenzbetrachtung« sprechen. Noch 80 Jahre mussten vergehen, bis Mengers Buch in englischer Sprache erhältlich war. So blieb die Verbreitung und Weiterentwicklung seiner Theorie fast vollständig den jüngeren Mitgliedern der Österreichischen Schule vorbehalten.

16. Eugen Böhm Ritter von Bawerk
(* Brünn 12.2.1851, † Kramsach 27.8.1914)

Böhm-Bawerk war ein Mitbegründer der österreichischen Schule der Nationalökonomie. Bekanntheit erlangte er als Kapitaltheoretiker.

Er wurde als Eugen Böhm 1851 in Brünn geboren. Sein Vater war der Vizepräsident der mährischen Statthalterei. 1854 wurde dieser in den Ritterstand erhoben, weshalb sich der Sohn fortan Eugen Böhm Ritter von Bawerk nennen durfte, was er jedoch kaum nutzte. Gewöhnlich unterschrieb er mit Eugen Böhm-Bawerk.

Eigentlich interessierte sich Böhm-Bawerk für theoretische Physik. Dennoch studierte er, der Tradition österreichischer Beamtenfamilien folgend, Rechts- und Staatswissenschaften in Wien. Nach den juristischen Staatsprüfungen trat er 1872 als Praktikant in den niederösterreichischen Finanzdienst ein, setzte jedoch seine nationalökonomischen Studien, für die er schon an der Universität ein besonderes Interesse gewonnen hatte, fort. 1875 promovierte Böhm-Bawerk und verbrachte die folgenden zwei Jahre in einem Studienurlaub in Heidelberg, Leipzig und Jena. Nach seiner Habilitation 1880 war er Privatdozent der politischen Ökonomie an der Wiener Universität. 1881 erhielt er den Lehrstuhl für politische Ökonomie an der Universität Innsbruck.

Dort schrieb er auch sein Hauptwerk »Kapital und Kapitalzins«, eine zweibändige, 2000 Seiten umfassende Arbeit, die seinen wissenschaftlichen Weltruf begründete. Der erste Band erschien 1884 unter dem Titel »Geschichte und Kritik der Kapitalzinstheorien«. In dieser dogmenkritischen Arbeit beleuchtet Böhm-Bawerk alle Theorien des Kapitalzinses, die bis dahin verfasst worden waren. Böhm-Bawerk kritisiert vor allem die Produktivitätstheorien seiner Vorgänger. 1888 folgte der zweite Band unter dem Titel »Positive Theorie des Kapitales«. Hier legt der Ökonom sein Modell des gesamten Wirtschaftsprozesses dar.

Als einer der ersten untersucht er das Zinsphänomen systematisch. Zunächst fragt er danach, weshalb es überhaupt Zinsen gibt. Er stellt fest, dass jemand nur dann bereit ist, sein Geld zu verleihen, wenn er dafür später mehr zurück erhält. Anderenfalls hätte er keinen Anreiz, durch das Verleihen von Geld sparsamer sein zu müssen. Zweitens erklärt Böhm-Bawerk, dass Menschen ihre zukünftigen Bedürfnisse meist unterschätzen. Sie betrachten die Zukunft als unsicher und geben deshalb ihr Geld lieber sofort aus. Er bezeichnet dies als »Gegenwartspräferenz«. Um sie dennoch zum Verleihen zu bewegen, muss man ihnen als Ausgleich Zinsen anbieten.

Den dritten Grund für das Verlangen von Zinsen sieht er darin, dass Arbeit bei der Herstellung von Maschinen sehr nützlich eingesetzt wird, indem sie in einen Produktionsumweg geleitet werden kann. Wenn eine Maschine produziert wird, kann man mit ihr hinterher mehr herstellen als vorher. Es entsteht ein Produktivitätszuwachs, weshalb ein Gläubiger durch den Schuldner »angemessen« daran beteiligt werden möchte. Zinsen sind danach aus der zusätzlichen Ergiebigkeit der auf einen Produktionsumweg geleiteten Arbeit begründbar. Um die Arbeiter im Voraus zu entlohnen, muss der Unternehmer Kapital beschaffen, das ihn Zinsen kostet, die er aus der zusätzlichen Ergiebigkeit der Arbeit auch zahlen kann. Der Zins ist – nach Böhm-Bawerk – nicht der Preis des Geldes, sondern der Preis für die Zeit und belohnt den Verleiher für eine hypothetische Verschiebung seines Konsums.

Mit dieser Argumentation will der Ökonom zeigen, dass Zinsen erwirtschaftet werden können. Er entkräftet damit ein bedeutendes Argument des Marxismus, wonach der Zins Teil des Mehrwerts ist, der wiederum dadurch entsteht, dass die Kapitalisten die Arbeiter ausbeuten. Zugleich widerlegt er den

Ansatz von → Karl Marx, der Maschinen lediglich als »kristalli-sierte« Arbeit ansah. Zwar erwirtschaftet der Kapitalist tatsäch-lich, wie Marx erkannt hatte, einen »Mehrwert«, der die Kosten übersteigt, die er für den Faktor Arbeit gezahlt hat – aber nicht sofort. Während der Arbeiter seinen Lohn sofort erhält, muss der Kapitalist warten, bis er sein Produkt verkauft hat. Setzt er zudem Maschinen ein, die in ihrer Anschaffung teuer waren, so kann es lange dauern, bis er Gewinn erwirtschaftet. Zwei-tens trägt der Kapitalist das volle Risiko seiner Unternehmung. Böhm-Bawerk hatte somit die Bedeutung zweier wichtiger öko-nomischer Größen, nämlich Zeit und Risiko, erkannt. Der Ka-pitalist entlastet den Arbeiter von den Bürden der langen War-tezeit und der Unsicherheit – eine Dienstleistung, die natürlich nicht kostenlos ist.

Weiterhin betont Böhm-Bawerk, dass Wachstum zustande kommt durch Kapitalbildung aus Gewinn und Ersparnis. Er sieht den Profit des Unternehmers als eine Voraussetzung da-für an, überhaupt ein Sozialprodukt erwirtschaften zu können. Auch das steht im Widerspruch zu Karl Marx. Nach dem Prinzip des Marginalismus wird auch der Lohn dadurch bestimmt, wie viel die letzte eingesetzte Arbeitsstunde erwirtschaftet. Dieses »Grenzprodukt der Arbeit« steigt mit der Kapitalausstattung eines Arbeitsplatzes.

Dem von Ausbeutung und Verelendung geprägten düsteren Szenario der Marxisten setzt Böhm-Bawerk damit ein optimis-tisches, von Kooperation bestimmtes Wachstumsmodell entge-gen. Danach liegt es im Interesse des Arbeiters, wenn der Kapi-talist Gewinne macht. Nur daraus kann neues Kapital gebildet werden, welches seine eigene Arbeitsproduktivität und damit letztendlich seine Entlohnung erhöht.

Böhm-Bawerks »Positive Theorie des Kapitals« wurde in der Fachwelt lebhaft diskutiert. Viele Ökonomen sahen sich schon mit dem Erscheinen des ersten Bandes einer scharfen Kritik an ihren Lehren gegenübergestellt. Dem zweiten Band folgte eine Flut von Angriffen. Hervorragende Volkswirte, vor allem in England und Amerika, bezeichneten Böhm-Bawerks Kritik der bisherigen Theorien als einseitig, seinen eigenen Lösungs-versuch als künstlich, unempirisch und als im Widerspruch zur Erfahrung stehend.

1889 verließ der Ökonom die Universität und wechselte ins Finanzministerium, wo er die Reform der Personal- und Erwerbssteuern durchführte. 1895 wurde er österreichischer Finanzminister, eine Funktion, die er dreimal in verschiedenen Kabinetten einnahm. 1904 trat er von seinem Posten zurück, um eine Professur an der Universität Wien zu übernehmen, wo er bis zu seinem Tode 1914 lehrte. Zu seinen Schülern zählten → Joseph Schumpeter und → Ludwig von Mieses. Böhm-Bawerks politische und wissenschaftliche Tätigkeit wurde vom Kaiser und von zahlreichen Institutionen reichlich gewürdigt. Er war Mitglied des Herrenhauses des österreichischen Reichsrates, Besitzer des Ehrenzeichens für Kunst und Wissenschaft sowie Ehrendoktor der Philosophie der Universität Heidelberg. 1912 übernahm er das Präsidium der Kaiserlichen Akademie der Wissenschaften. Ein Portrait von Eugen Böhm Ritter von Bawerk war auf der letzten österreichischen 100-Schilling-Banknote zu finden.

Kurz vor seinem Tod mischte sich Böhm-Bawerk mit seinem Aufsatz »Macht oder ökonomisches Gesetz« in den Methodenstreit der Nationalökonomie ein. Er legte dar, dass sich selbst ein übermächtiger Staat gewissen ökonomischen Gesetzmäßigkeiten beugen muss und stand damit an der Seite → Carl Mengers und im Widerspruch zur Historischen Schule um → Gustav von Schmoller.

1914 starb er unerwartet während eines Ferienaufenthaltes an einer Venenthrombose.

17. Ludwig von Mises

(* Lemberg 29.9.1881, † New York 10.10.1973)

Ludwig von Mises war der wichtigste Vertreter der sogenannten dritten Generation der Österreichischen Schule der Nationalökonomie. Der Verfechter des Liberalismus machte sich vor allem mit seiner Theorie des Geldes und mit seiner Kritik am Sozialismus einen Namen.

Geboren wurde er 1881 in Lemberg, das damals auf dem Gebiet der österreichisch-ungarischen Monarchie lag und heute zur Ukraine gehört. Sein Vater arbeitete als Ingenieur bei den österreichischen Staatsbahnen, seine Mutter entstammte einer angesehenen bürgerlichen Familie.

Mises studierte Rechtswissenschaften an der Universität Wien. Ein eigenständiges Studium der Volkswirtschaft gab es nicht, so war dies für ihn die einzige Möglichkeit, sich parallel zu seinem Jurastudium auf akademischem Niveau mit Fragen der Nationalökonomie zu beschäftigen. Zunächst ein Anhänger der vorherrschenden Ideen der Historischen Schule um → Gustav von Schmoller, wandelte er sich zum überzeugten »Österreicher«, nachdem er die Schriften → Carl Mengers gelesen hatte. Dessen subjektivistischer Ansatz und die daraus folgende Erklärung aller Werte durch die Grenznutzentheorie waren damals revolutionär. Regelmäßig besuchte von Mises ab 1904 das Seminar von → Eugen Böhm Ritter von Bawerk, der die von Menger ausgelöste wissenschaftliche Revolution fortsetzte und die bereits dritte Generation dieser Schule heranzog.

1906 schloss von Mises sein Studium mit einer Promotion ab und arbeitete anschließend als Rechtsanwalt. Von 1909 an war er Konzipient bei der Handelskammer in Wien, wo neben juristischem auch ökonomisches Wissen gefragt war, da die Handelskammer alle wirtschaftspolitischen Entscheidungen der Regierung zu begutachten hatte. Parallel dazu beteiligte er sich bis 1913 am Seminar von Böhm-Bawerk. Hier diskutierte er auch die Ideen zu seiner Habilitationsschrift, die 1912 unter dem Titel »Theorie des Geldes und der Umlaufsmittel« erschien und als sein wichtigster Beitrag zur Ökonomie gilt. Mit dieser Veröffentlichung, die zu den Standardwerken der Nationalökonomie zählt, gelang ihm der Durchbruch.

Anknüpfend an seine Lehrer erklärte er Entstehung und Wert des Geldes mit der Theorie des Grenznutzens. Bis dahin war die Geldtheorie als ein gesondertes Wissensgebiet behandelt worden. Mises konnte als Erster das Geld in die Wirtschaftswissenschaften integrieren. In seiner Nachfragetheorie des Geldes entwickelte er den Gedanken, dass Geld auf Vorrat gehalten wird, was den »objektiven« Geldwert, also die Kaufkraft des Geldes, entscheidend beeinflusst. Die Geldnachfrage ist danach nicht bestimmt durch die Geldmenge, die im Umlauf ist, sondern abhängig von der Bewertung der jeweiligen Marktsituation durch die Marktteilnehmer – eine Interpretation, die sich später in der „Theorie der Erwartungen" wiederfand.

Mises stellte fest, dass die Erhöhung der Geldmenge entgegen der herkömmlichen Lehre von der »Neutralität des Geldes« nicht zu gleichmäßigen und gleichzeitigen Preissteigerungen führt. Geldmenge und Kaufkraft sind demnach nicht umgekehrt proportional. Mises untersucht auch den Einfluss der Geldpolitik auf den Konjunkturverlauf. So würden vom Staat künstlich niedrig gehaltene Zinsen falsche Preis- und Gewinnsignale aussenden. Dies führe zu einer Fehlleitung von Ressourcen durch Überinvestitionen. Der vom Staat erzeugte Aufschwung würde das nächste Konjunkturtief bereits vorprogrammieren. Mit diesem Modell legte Mises die „österreichische" Konjunkturtheorie dar, die von seinem Schüler → Friedrich August von Hayek weiterentwickelt wurde.

Mises' Habilitationsschrift fand in der Fachwelt viel Anerkennung. 1912 wurde er zum Privatdozent für Ökonomie an der Universität Wien ernannt. Nach einem Fronteinsatz im 1. Weltkrieg nahm Mises seine Arbeit an der Wiener Handelskammer wieder auf – befördert zum Leitenden Ökonomen, der er bis 1934 blieb. In dieser Funktion beriet er auch Regierungsvertreter und Notenbankpräsidenten. Sein Rat wurde jedoch nur selten befolgt.

Als in der unmittelbaren Nachkriegszeit die Sozialisten in allen Ländern Kontinentaleuropas von der bolschewistischen Machtergreifung in Russland fasziniert waren, reagierte von Mises mit vielen wissenschaftlichen Argumenten. 1918 veröffentlichte er seine Studie über »Staat, Nation und Wirtschaft«. Hier wies er nach, dass der Sozialismus keine rationale Ordnung schaffen kann, sondern Chaos und Armut bewirkt.

1922 erschien sein großes Werk »Die Gemeinwirtschaft: Untersuchungen über den Sozialismus«. Es beinhaltet eine umfangreiche Sammlung aller Argumente, die bis zu diesem Zeitpunkt gegen die Planwirtschaft vorgebracht wurden, und sagt den Untergang des Sozialismus vorher – zu einem Zeitpunkt, als auch viele Ökonomen noch an die Überlegenheit des Sozialismus glaubten. Mises begründete das notwendige Scheitern einer reinen Planwirtschaft damit, dass es in ihr aufgrund des fehlenden Eigentums an Produktionsmitteln keinerlei Möglichkeit gebe, rationale, auf den Präferenzen der Menschen beruhende Preise zu bestimmen. Nur eine auf Freiwilligkeit basierende Ordnung könne als Gesellschaft bezeichnet werden, der Sozialismus aber müsse notwendigerweise totalitäre Züge annehmen. Denn ohne den Schutz des Eigentums sei man staatlichen Übergriffen wehrlos ausgesetzt.

Infolge der zweiten Auflage des Buches 1932 entstand eine hitzige Diskussion, die in die Geschichte ökonomischer Lehrmeinungen als die »Sozialismus-Debatte« eingegangen ist. Sieger über die großen sozialistischen Theoretiker waren Mises und Friedrich August von Hayek.

Als sich in den 1920er Jahren die politische und wirtschaftliche Situation in Europa zu verschlechtern begann, setzte sich von Mises verstärkt mit der »Theorie des Dritten Weges« auseinander. Er war einer der wenigen deutschsprachigen Intellektuellen, die am klassischen Liberalismus festhielten. In vielen Diskussionsbeiträgen zeigte er auf, warum der Interventionismus für die wirtschaftliche Krise der Zwischenkriegszeit verantwortlich zu machen sei. Ungeachtet der meist gut gemeinten Intentionen führe der Eingriff in den Markt früher oder später zu gesellschaftlichen Konflikten und wirtschaftlichem Abstieg.

Mises hielt den Kapitalismus für einen Garanten menschlicher Freiheit und das einzig funktionsfähige Wirtschaftssystem. Nur durch freies Wirtschaften sei der moderne Stand der Produktion entstanden und nur damit könne er fortbestehen. 1927 veröffentlichte er mit »Liberalismus« das Gegenstück zu seiner Sozialismuskritik. Darin forderte er, dass sich der Staat auf die Erfüllung der Grundaufgaben beschränken müsse - die Gewährleistung der inneren und äußeren Sicherheit sowie die Gerichtsbarkeit. Im selben Jahr gründete er das unabhängige Österreichische Institut für Konjunkturforschung, zu dessen ersten Direktor er Hayek bestellte. Außerdem veranstaltete er von 1920 bis zu seinem Weggang aus Wien 1934 in seinem Büro in der Handelskammer alle zwei Wochen ein Privatseminar, das sich zum Kern der vierten Generation der österreichischen Schule entwickelte, für die neben anderen Hayek steht.

1934 folgte Mises einem Ruf an das Genfer »Institut des Hautes Études Internationales« und verließ Wien, wo er nie eine ordentliche Professur, sondern nur eine unbezahlte Dozentenstelle innehatte. In Genf verfasste er in den folgenden sechs Jahren sein Hauptwerk »Nationalökonomie. Theorie des Handelns und Wirtschaftens«, das 1940 erschien, in Deutschland und Österreich jedoch nahezu unbeachtet blieb. Im selben Jahr musste der Jude Mises in die USA emigrieren. Unter abenteuerlichen Umständen konnte er mit seiner Frau nach New York fliehen, wo er den Rest seines Lebens verbrachte. In bescheidensten Verhältnissen arbeitete er zunächst in unbedeutenden Positionen am National Bureau of Economic Research. Stipendien und Zuschüsse ermöglichten ihm von 1945 bis zu seinem Tod als Visiting Professor an der New York University zu lehren. Hier bildete er die sogenannte fünfte Generation der Österreichischen Schule aus, die jedoch nur in den USA vertreten ist.

1949 erschien dort sein Hauptwerk als erweiterte Fassung auf Englisch unter dem Titel »Human Action. A Treatise on Economics«. Es begründete Mises' Ruf in den Vereinigten Staaten. Darin entwickelt er eine umfassende »Theorie des menschlichen Handelns«, die er als Praxeologie bezeichnet. In dieser dynamischen Theorie verbindet Mises den methodologischen Subjektivismus mit einem konsequent deduktiven Verfahren, was er als einzige korrekte Methode charakterisiert. So versucht er die Ökonomie als eine axiomatisch-deduktive Wissenschaft zu definieren, die keine Empirie mehr braucht, sondern ihre Ableitungen aus a priori Wissen vornimmt. Mit diesem methodologischen Sonderweg isolierte sich Mises innerhalb der Wirtschaftswissenschaften. Fast alle Ökonomen, unter ihnen auch Hayek, kritisierten den Ansatz als unbrauchbar und wandten sich von Mises' im Alter zunehmendem Dogmatismus ab.

Dessen weniger dogmatische Werke finden dagegen bei liberalen Ökonomen bis heute Anklang. Sowohl die Widerlegung des sozialistischen Wirtschaftens als auch seine Betrachtungen zum Liberalismus werden anerkannt.

Seinen Kampf gegen die Kritiker des Liberalismus und der Marktwirtschaft setzte Mises mit vielen Publikationen und Vorträgen bis zu seinem Tod 1973 fort. Im Gegensatz zu seinem Schüler Hayek, der ein Jahr nach Mises' Tod den Nobelpreis für Wirtschaftswissenschaften erhielt, ist Mises' Wirken jedoch kaum gewürdigt worden.

18. Joseph Alois Schumpeter

(* Triesch 8.2.1883, † Taconic 8.1.1950)

Joseph Schumpeter analysierte die Dynamik des Kapitalismus und entdeckte dabei den kapitalistischen Innovationsprozess. Er sah den Kapitalismus als dynamisch und wachstumsorientiert an, war aber davon überzeugt, dass das System eines Tages an seinem Erfolg zugrunde gehen werde.

Schumpeter wurde in der österreichischen Provinzstadt Triesch als einziges Kind eines Tuchfabrikanten geboren. Nach dem frühen Tod des Vaters heiratete seine Mutter 1893 einen aristokratischen Offizier des österreich-ungarischen Kaiserreiches und übersiedelte mit der Familie nach Wien, wo der neue Ehemann seinen Ruhestand verbrachte. 1906 wurde die Ehe wieder geschieden. Bis dahin jedoch hatte der Stiefvater großen Einfluss auf die Erziehung Schumpeters, was diesem zum gesellschaftlichen Aufstieg verhalf.

1893 wurde er Zögling des Theresianums, einer exklusiven Schule für Aristokratensöhne. Anschließend studierte er bis 1906 Rechtswissenschaften an der Universität Wien – einem wichtigen Zentrum der Wirtschaftstheorie zur damaligen Zeit. Zu seinem Studium gehörten auch zahlreiche nationalökonomische Vorlesungen und Prüfungen, die er bei hervorragenden Lehrern wie → Carl Menger und → Eugen Böhm Ritter von Bawerk absolvierte. Unter seinen Kommilitonen waren → Ludwig von Mises und → Emil Lederer.

Schnell wurde Schumpeter zu einem Star-Studenten. Bereits mit 22 Jahren publizierte er drei Arbeiten in der Statistischen Monatszeitschrift und promovierte mit 23 Jahren zum Doktor der Rechte. 1906 habilitierte er sich bei Böhm-Bawerk in Wien. Nach Aufenthalten in Cambridge, Oxford und Kairo wurde er als damals jüngster Professor Österreichs nach Czernowitz berufen, wo er bis 1911 lehrte. Dem schloss sich eine Professur an der Universität Graz an.

Im selben Jahr erschien sein wohl bedeutendstes Werk »The Theory of Development« (»Theorie der wirtschaftlichen Entwicklung«), das eine der einflussreichsten Interpretationen des

Kapitalismus darstellt, die je geschrieben wurden. Es untersucht, wie der Kapitalismus seine Wachstumstendenzen ausbildet. Schumpeter formuliert hier erstmals eine dynamische Wirtschaftstheorie unter Berücksichtigung von Innovationsprozessen. Danach entwickelt sich der Kapitalismus dynamisch in Folge von technologischen und organisatorischen Innovationen wie neuer Produktionsverfahren oder Methoden zur Herstellung völlig neuer Waren. Diese Neuerungen sind die Quelle des Profits, denn damit kann der innovative Kapitalist die gleichen Waren wie seine Konkurrenten zu niedrigeren Kosten herstellen. Ebenso streicht er einen Monopolgewinn ein, wenn er ein neues Produkt auf den Markt bringt.

Allerdings handelt es sich dabei um einen flüchtigen Profit. Der »schöpferische« Akt eines einzelnen Unternehmers regt natürlich Nachahmer an und mit der Zeit fällt die Gewinnspanne des schöpferischen Unternehmers dem Wettbewerb zum Opfer. Er muss etwas Neues durchsetzen oder er verschwindet vom Markt. Schumpeter nennt dies »schöpferische Zerstörung«, die alte Strukturen zugrunde gehen lässt und neue schafft. Aus dem Wechselspiel von Innovation und Imitation, von Aufstieg und sozialer Deklassierung entstehen Konjunkturzyklen und wirtschaftlicher Fortschritt.

Die Produzenten von Innovationen nennt Schumpeter Entrepreneure. Sie sind nicht zwingend Geschäftsleute und gehören nicht notwendigerweise einer bestimmten Klasse an. Sie erzeugen zwar den Profit, müssen aber nicht gleichzeitig die Profitempfänger sein, denn die Profite fallen an die Besitzer der Unternehmen. Die Dynamisierung der Gesellschaft wird demnach von einer nicht-kapitalistischen Elite betrieben, die, ähnlich wie der Kapitalist bei → David Ricardo, um ihren Anteil des Ertrags gebracht wird und zwar durch die Dynamik desselben Prozesses, den sie in Gang gesetzt hat.

Schumpeters Werk eröffnete ihm eine akademische Karriere, die nur von einem Streifzug in Regierung und Geschäftswelt kurz nach dem 1. Weltkrieg unterbrochen wurde. 1925 erhielt er den Lehrstuhl für Finanzwissenschaft an der Universität Bonn. Die Berufung markierte das Ende des Methodenstreits der Nationalökonomie zwischen der deutschen Historischen Schule um → Gustav von Schmoller und der Österreichischen Schule um → Carl Menger. Während die Ökonomen in Deutschland in atheoretischen historischen Faktensammlungen verharrten, wurde in Österreich ökonomische Theorie gelehrt. Schumpeter übernahm in Bonn die Vorlesungen über Finanzwissenschaft und zur Geschichte der ökonomischen Theorie. Zum ersten Mal nach Jahrzehnten bot damit eine deutsche Universität wieder Vorlesungen in ökonomischer Theorie an.

Nach einer Gastprofessur in Harvard bemühte sich Schumpeter um eine Berufung an die Berliner Universität. Doch sowohl das Preußische Kultusministerium als auch die Berliner Fakultät verhinderten seine Ernennung, weshalb er 1932 enttäuscht einen Ruf nach Harvard annahm. Dort arbeitete er an seinem monumentalen Werk über Konjunkturzyklen. »Business Cycles: A Theoretical, Historical and Statistical Analysis of the Capitalist Process« (»Konjunkturzyklen«) erschien 1939. Ausgangspunkt war die Frage, weshalb der Impuls im Kapitalismus während der Weltwirtschaftskrise ausblieb, wo er doch – nach der Theorie Schumpeters – seine Energie aus den Innovationen der Entrepreneure bezog.

Schumpeter führt die Schwere der Krise zum einen darauf zurück, dass es nicht nur zwei, sondern drei Konjunkturzyklen gebe: einen kurzen, einen zweiten mit einem Rhythmus von sieben bis elf Jahren und einen dritten mit einem großen Intervall von 50 Jahren – und dass alle drei Zyklen gleichzeitig an ihren Tiefpunkt gelangt seien. Basis für die langen Wellen sind aus seiner Sicht grundlegende technische Innovationen – epochale Erfindungen wie die Dampflokomotive oder das Auto –, die zu einer Umwälzung in der Produktion und Organisation führen. Für diese langen Wellen prägte Schumpeter den Begriff »Kodratjew-Zyklen« – nach ihrem Entdecker → Nikolai Dmitrijewitsch Kondratjew.

Als zweite Ursache benennt Schumpeter negative Auswirkungen externer Faktoren, von der Revolution in Russland bis zur generellen Unfähigkeit der Regierungspolitik. Er konstatiert, dass trotz seines wirtschaftlichen Erfolgs der Kapitalismus immer weniger in der Lage ist, die Werte und Vorteile der Zivilisation, die er hervorbringt, zu reproduzieren. Der Glaube an das System verliert allmählich seine mobilisierende Kraft, meinte der Ökonom.

Welche Konsequenzen dies hat, legte er in seinem Werk »Capitalism, Socialism and Democracy« (»Kapitalismus, Sozialismus und Demokratie«) dar, das 1942 erschien. Hier entwickelt Schumpeter eine Vision von der Zukunft des Kapitalismus: »Kann der Kapitalismus weiterleben? – Nein, meines Erachtens nicht«, lautet sein Fazit. Er vermutet, dass nach und nach große Trusts die Rolle von Innovatoren in der Wirtschaft übernehmen. Kleinunternehmer, geleitet vom Drang nach sozialem Aufstieg, werden ersetzt von bezahlten Managern, die nun die Schlüsselentscheidungen treffen. Die innovative Kraft des Individuums weicht der Bürokratie. Zusätzlich schafft der Kapitalismus ein großes Heer von Intellektuellen, die ihm feindlich gegenüber stehen und das Volk mit ihrer Unzufriedenheit anstecken. Langeweile und Glaubensverlust durchziehen die kapitalistische Welt. Eines Tages geht der bürokratisierte Kapitalismus in einen planwirtschaftlichen Sozialismus über, was Schumpeter allerdings als nicht so schlimm erachtet, denn der werde vermutlich besser funktionieren als ein Monopolkapitalismus.

Damit kommt er zum gleichen Ergebnis wie → Karl Marx, begründet dies jedoch anders. Während Marx vermutete, dass der Kapitalismus an seinen Mängeln zugrunde gehen würde, ist es für Schumpeter gerade der Erfolg des Kapitalismus, der dazu führt, dass das System seine eigene soziale Struktur zerstört, die ihn stützt. Auch Marx' These, die Arbeiter würden durch den kapitalistischen Prozess verelenden und infolge einer Revolution die Macht übernehmen, hält Schumpeter für abwegig. Geschichte ist für Schumpeter die Geschichte des Einflusses von Eliten auf die träge Masse der Gesellschaft. Auch im Sozialismus wird die bürgerliche Elite ihre natürliche Position an der Spitze einnehmen.

In der ersten Zeit nach dem Zweiten Weltkrieg fand Schumpeters Buch wenig Beachtung. Damals schauten alle auf seinen Altersgenossen → John Maynard Keynes, dessen Vorstellungen über die Zukunft des Kapitalismus denen Schumpeters diametral entgegenstanden. Auch Keynes Auffassungen vom Wirtschaftsleben waren andere als die Schumpeters, der den Kapitalismus prinzipiell als dynamisch und wachstumsorientiert betrachtete und unterstützende staatliche Aufwendungen als unnötig ansah.

Bis zum Ende seines Lebens lehrte Schumpeter als ordentlicher Professor in Harvard, wo er 1950 an einem Gehirnschlag starb. Seine Prognose vom Untergang des Kapitalismus ist bislang nicht eingetreten. Der kapitalistische Innovationsprozess, den er beschrieb, funktionierte besser, als er selbst vermutete. Der Kapitalismus wirkt – so zeigte sich – seiner eigenen Verkrustung ständig entgegen.

Schumpeters Vision ist denn auch weniger eine ökonomische als eine gesellschaftliche. Es ist der Versuch einer Aussage darüber, woher der kulturelle Wandel kommt. Er bezog den historischen Wechsel der Institutionen und Motivationen mit ein und blickte, indem er die Erkenntnisse von Soziologie und Psychologie in Betracht zog, über den Tellerrand seiner Wissenschaft hinaus.

Damit verwies Schumpeter auch unbeabsichtigt auf die Grenzen der Wirtschaftswissenschaft. Märkte sind chaotische Prozesse, deren Ergebnisse nicht vorhergesagt werden können. So gewinnt sein Bild von den ständig innovativen und unberechenbaren Ökonomien vor dem Hintergrund der modernen Chaos-Theorie neue Bedeutung.

IV. DEUTSCHE SCHULEN

19. JOHANN HEINRICH VON THÜNEN
(* Canarienhausen 24.6.1783, † Tellow 22.9.1850)

Johann Heinrich von Thünen war der Begründer der wissenschaftlichen Agrarökonomie. Von Beruf Landwirt, verband er theoretische Kenntnisse der Mathematik mit praktischen Erfahrungen aus seinem landwirtschaftlichen Musterbetrieb zu einem gedanklichen System. Er ist der klassischen Ökonomie zuzurechnen. Thünen suchte nach einer natürlichen und gerechten Einkommensverteilung und machte sich auch als Sozialreformer einen Namen.

Geboren 1783 auf einem ostfriesischen Marschhof, wuchs er in einer Welt auf, die noch ganz und gar agrarisch geprägt war und noch streng nach feudalistischer Anschauung lebte. Mit 16 Jahren begann er eine landwirtschaftliche Lehre und sammelte in den Folgejahren Erfahrungen, die später in seine wissenschaftlichen Theorien einflossen. Im Frühjahr 1803 ging er nach Celle, wo Albrecht Daniel Thaer lehrte, der damalige Papst unter den deutschen Agrarökonomen. Doch noch im Herbst desselben Jahres zog es den ungeduldigen jungen Mann nach Göttingen, um sich zwei Semester lang mit dem Begründer der klassischen Ökonomie → Adam Smith zu beschäftigen. »Adam Smith war in der Nationalökonomie, Thaer in der wissenschaftlichen Landwirtschaft mein Lehrer«, so das Fazit Thünens.

1806 heiratete er, vier Jahre später erwarb er – ausgestattet mit einem väterlichen Erbe – das Gut Tellow bei Teterow im ritterschaftlichen Amt Güstrow, auf dem sich fortan sein weiteres Leben abspielte. Tellow war damals ein Lehnsgut von 465 Hektar – nicht sehr viel in dem vom Großgrundbesitz geprägten Mecklenburg. Auf dem Gut und in den dazugehörigen Bauernweilern lebten einige Hundert Menschen als Arbeiter und Pächter. Es war die Zeit, in der Bevölkerungswachstum die Landwirtschaft dazu zwang, von der traditionellen Selbstversorgung zum intensiveren Anbau für den Markt überzugehen.

Neben der Bewirtschaftung seines Betriebes verfasste Thünen hier auch sein berühmtes Werk »Der isolierte Staat in Beziehung auf Landwirtschaft und Nationalökonomie«, das 1826 erschien. Was er schrieb, war alles andere als blutleere Theorie, denn er stützte sein gedankliches System auf die praktischen Erfahrungen im Ackerbau. Um alle wichtigen Daten zu sichern, hatte er zehn Jahre lang detailliert Einnahmen und Ausgaben seines Tellower Gutes festgehalten. Ausgehend von diesen Erkenntnissen, entwickelt er in seinem Hauptwerk das Modell einer geschlossenen Volkswirtschaft. In Anlehnung an → Adam Smith' homo oeconomicus geht er davon aus, dass der Landwirt bestrebt ist, den größtmöglichen Gewinn aus seiner Arbeit zu erwirtschaften. Aus eigener Erfahrung wusste Thünen, dass die Erlöse von einer optimalen Nutzung der Landflächen und den Transportkosten abhingen. Damit er sich ausschließlich auf diese zwei Variablen konzentrieren kann, bedient er sich der Methode der isolierenden Abstraktion. Um die Abhängigkeit einer Produktionsgröße von einem bestimmten Faktor zeigen zu können, isoliert er ihn, indem er alle übrigen als konstant annimmt. So entwirft er die Fiktion einer »großen Stadt, in der Mitte einer fruchtbaren Ebene gelegen, die von keinem schiffbaren Flusse oder Kanale durchströmt wird.« Mit Hilfe dieses Gedankenmodells, in dem die Entfernung zur Stadt die einzige Variable ist, entwickelt er seine Standorttheorie.

Danach sind die Transportkosten direkt proportional von der Entfernung zur Stadt und dem Gewicht der Ware abhängig. Der Preis für den Boden nimmt mit Entfernung zur Stadt ab. Der Mindestpreis einer Ware errechnet sich aus dem Bodenpreis, den Transportkosten und den fixen Produktionskosten – der Gewinn ist dann die Differenz zwischen Mindestpreis und dem fixen Marktpreis. Von Thünen folgerte, dass sich beispielsweise der Getreideanbau nur in einer bestimmten Entfernung zur Stadt lohnte: Entweder wurden in der Nähe der Stadt die Kosten für den Boden zu hoch oder mit zunehmender Entfernung die Transportkosten, nämlich dann, wenn es ein anderes Produkt gibt, das entweder günstiger zu produzieren oder preiswerter zu transportieren ist. Für jedes Produkt gibt es einen bestimmten Abstand zur Stadt, in der sich die Produktion lohnt. Auf diese Weise entstehen die »Thünenschen Ringe«, wonach sich um eine Stadt herum kreisförmige Anbauzonen mit tendenziell abnehmender Bewirtschaftungsintensität ergeben. In der ersten Zone werden Gartenbau und Milchwirtschaft betrieben, an der Peripherie die weniger transportintensive Viehhaltung.

Zugleich versuchte Thünen, den maximalen Reinertrag zu bestimmen. Er löste dies anhand der Frage, wie lange es sich für einen Landwirt lohnt, im Ackerbau mehr Arbeitskräfte oder Düngemittel einzusetzen. Die Antwort: »Der Einsatz einer zusätzlichen Arbeitskraft oder einer zusätzlichen Mengeneinheit eines Düngemittels ist immer vorteilhaft, solange die entstehenden Mehrkosten kleiner sind als der Preis des entsprechenden Mehrertrags.« Für die damalige Zeit war dieses Gesetz, vor allem jedoch die Methode, mit deren Hilfe von Thünen zu ihm gelangte, fast revolutionär. Denn bei seinem aus der empirischen Agrarforschung abgeleitetem Modell machte er sich erstmalig das Instrument der Grenzanalyse zunutze.

Wenngleich von Thünen über das schwache Echo auf sein Hauptwerk klagte, wurde er 1830 für seine wissenschaftlichen Verdienste zum Ehrendoktor der Universität Rostock ernannt. Von 1836 bis 38 war er zweiter Hauptdirektor des Mecklenburgischen Patriotischen Vereins, 1844 wurde er Mitglied der Mecklenburgischen Naturforschenden Gesellschaft zu Rostock, 1848 Ehrenmitglied des Mecklenburgischen Patriotischen Vereins. Im Juni ernannte ihn die Stadt Teterow zum Ehrenbürger. Ebenfalls 1848 folgte Thünens Wahl in die Frankfurter Nationalversammlung. Wegen seiner schlechten Gesundheit war es ihm jedoch verwehrt, die Reise anzutreten und ins Parlament einzuziehen. Gefesselt von seiner Arbeit und durch Krankheit behindert, lebte er bis zuletzt in Tellow, wo er 1850 nach einem Schlaganfall starb.

Noch 1850 erschien der weniger bedeutende zweite Teil »Der isolierte Staat in Beziehung auf Landwirtschaft und Nationalökonomie«. Hier versucht Thünen, das Problem einer »naturgemäßen« und somit gerechten Einkommensverteilung mit Hilfe der Grenzproduktivitätstheorie zu lösen. Seine Lohnformel läuft darauf hinaus, dass ein Arbeiter, der mehr als das Existenzminimum produziert, einen Teil dieser Mehrleistung als Lohn ausgezahlt bekommt. Zugleich war er der Auffassung, der Lohn hänge von der Produktivität des am wenigsten produktiven Arbeiters ab. Am Beispiel der Kartoffelernte illustriert er seine Theorie: Ein Landwirt werde nur solange Arbeiter einstellen, wie der dadurch erzielbare Mehrbetrag noch höher sei als der zusätzlich zu zahlende Lohn. Da es aber nur einen einheitlichen Lohn geben könne, bestimme die Bezahlung des zuletzt beschäftigten Arbeiters die generelle Lohnhöhe. Den aus seiner Sicht »naturgemäßen Arbeitslohn« definiert von Thünen als Quadratwurzel aus dem Existenzminimum, multipliziert mit dem Wert des Arbeitsproduktes. Seine berühmte Lohnformel, die lange kontrovers diskutiert wurde und heute als überholt gilt, hielt er für so wichtig, dass er als Letzten Willen seinen Nachkommen aufgab, sie auf seinem Grabstein zu verewigen. Und nicht nur das: Auf seinem eigenen Gut hatte er bereits seit 1848 seine Tagelöhner und Mägde am Gewinn beteiligt, moderne Lohnformen wie Leistungs- und Prämienlöhne geschaffen und zwei Doppelhäuser mit Handwerkerwohnungen errichtet.

Dennoch war Thünen alles andere als ein Umstürzler, sondern ein fest in der feudalistischen Ordnung verankerter Liberalkonservativer. Die nach seinem Tod einsetzende verstärkte Industrialisierung und die davon ausgehenden sozialistischen Strömungen in der Nationalökonomie haben sein Lebenswerk für lange Zeit in den Hintergrund treten lassen. Nichtsdestoweniger erhielt die klassische nationalökonomische Lehre durch ihn eine wichtige Weiterentwicklung. Auch für die Wirtschaftsgeographie gilt sein Hauptwerk als wertvoll. Kaum jemand hatte sich so früh mit der Frage des gerechten Arbeitslohnes und der Rolle des Unternehmers befasst wie er. Im Alleingang fand er eine Lösung für die Verteilung dessen, was → Karl Marx später den Mehrwert nennen sollte, und er setzte diese Lösung auch in die Praxis um. Als von Thünens wichtigster Beitrag zum Fortschritt der Nationalökonomie gilt jedoch seine Formulierung der Grenzproduktivitätstheorie, die er erstmalig bei der Bestimmung des maximalen Reinertrages anwendete und die der Wirtschaftsnobelpreisträger → Paul A. Samuelson mit den Worten würdigte: »Wenn er nichts anderes geschrieben hätte als diese Sätze, würde er doch einen der ersten Plätze der Rangliste der Ökonomen einnehmen.«

20. FRIEDRICH LIST

(* Reutlingen 6.8.1789, † Kufstein 30.11.1846)

Der Autodidakt Friedrich List begründete den ökonomischen Nationalismus in Deutschland. Er bekämpfte die klassische Freihandelslehre und war ein Vordenker des wirtschaftlich starken Nationalstaats, den er in seiner Lehre in den Mittelpunkt stellte. Als politischer Reformer und Publizist stritt er für die Industrialisierung, einen deutschen Zollverein und ein deutschlandweites Eisenbahnnetz. Angefeindet und verfolgt, später missverstanden und abgelehnt, nahm er sich im Alter von 57 Jahren das Leben.

Geboren als achtes Kind eines Weißgerbers, begann er als Jugendlicher eine Gerberlehre im elterlichen Betrieb. In Blaubeuren folgte eine Ausbildung zum Schreiber – eine alte württembergische Berufsbezeichnung für den höheren Verwaltungsdienst. Im Herbst 1808 legte List beim Königlichen Finanzdepartement in Stuttgart seine erste Laufbahnprüfung ab. Von November 1810 an arbeitete er in der Stadtschreiberei in Ulm. Seine Lehre als Schreiber führte ihn schließlich als Aktuar nach Tübingen, wo er an der Universität nebenbei juristische und staatswissenschaftliche Vorlesungen besuchte. Nach einem glanzvollen Aktuarsexamen 1814 erhielt er 1816 die Beförderung zum Rechnungsrat.

Obwohl ohne ordentliches Studium, wurde List ein Jahr später in Tübingen erster deutscher Professor für Nationalökonomie. Zuvor hatte er Württembergs König Wilhelm I. den Antrag unterbreitet, an der Universität Tübingen eine staatswissenschaftliche Fakultät einzurichten. Der autokratische Landesherr von Napoleons Gnaden anerkannte List mit der Berufung dafür, dass er ihm seine total verlotterte Verwaltung in Schuss gebracht hatte.

1819 gehörte List zu den Mitbegründern des fortschrittlichen »Deutschen Handels- und Gewerbevereins«, der die Abschaffung der innerdeutschen Zollgrenzen und die Einführung einheitlicher Maße und Gewichte verfolgte. Die Gründung war ein wichtiger Markstein auf dem Weg zum Deutschen Zollverein.

An der Universität störte der Neue jedoch schnell. Während die Ökonomieprofessoren mit Inbrunst die Ideen → Adam Smith' verbreiteten, gab sich List als Gegner der klassischen Freihandelslehre zu erkennen – eine offene Provokation für die Kollegen, die dazu führte, dass List so lange abgelehnt und denunziert wurde, bis er 1819 seine Professur verlor.

Im selben Jahr erschien die erste Ausgabe seines Mitteilungsblatts »Organ(s)«, später gab er auch das »Zollvereinsblatt« heraus. Sein journalistischer Kampf für höhere Schutzzölle an den deutschen Außengrenzen hatte allerdings wenig Erfolg.

1820 wurde List in den württembergischen Landtag gewählt, wo er im darauffolgenden Jahr die herrschende absolutistische Wirtschaftspolitik mit seiner »Reutlinger Petition« deutlich kritisierte. Als Reaktion darauf entzogen ihm die Landtagsabgeordneten unter dem Druck des Königs sein Mandat und damit die politische Immunität. Im April 1822 wurde List wegen Majestätsbeleidigung zu zehn Monaten Festungshaft verurteilt. Er flüchtete nach Frankreich und in die Schweiz, kam jedoch 1824 zurück in der Hoffnung, durch seine freiwillige Rückkehr den König umstimmen zu können. Unter der Bedingung des Verzichts auf die württembergische Staatsbürgerschaft durfte er 1825 nach verkürzter Haftzeit in die USA emigrieren.

Dort brachte er es als Journalist und Unternehmer sowie als Initiator einer der ersten Eisenbahnlinien zu Wohlstand und Ansehen. 1832 kehrte er als amerikanischer Staatsbürger in die Heimat zurück. Sein Freund, Präsident Andrew Jackson, hatte ihn zum US-Generalkonsul für Deutschland ernannt, womit List immun war gegen die Strafverfolgung durch seine schwäbischen Landsleute. In der Heimat engagierte sich List für ein deutsches Eisenbahnnetz und die Abschaffung der Zollschranken innerhalb Deutschlands. Seine Zeitgenossen hielten ihn jedoch für einen obrigkeitsfeindlichen Radikalen, der sich mitunter durch eine derbe Offenheit und zu starkes Insistieren hervortat, und wiesen ihn deshalb zurück. Als die erhoffte politische Rehabilitation in Württemberg ausblieb, zog er 1837 nach Paris.

Hier begann List mit der Arbeit an seinem Hauptwerk »Das nationale System der Politischen Ökonomie«. Zurück in Deutschland, erhielt er 1840 die Ehrendoktorwürde der Universität Jena, ein Jahr später übersiedelte er nach Augsburg, wo er sein Werk vollendete und im selben Jahr den einzigen von ursprünglich drei geplanten Bänden veröffentlichte. Hinter seinem Schaffen stand der Traum von Macht und Wohlstand für die deutsche Nation. Doch das politisch zersplitterte, weitgehend landwirtschaftlich geprägte Deutschland seiner Zeit konnte nicht mit dem mächtigen England mithalten. In seinem Hauptwerk schrieb Friedrich List, wie eine Nation reich und mächtig werden kann. Entscheidend sei die erfolgreiche »Pflanzung einer Manufakturkraft«. Die Industrialisierung eines Landes sah er als Initialzündung eines selbstverstärkenden Prozesses. Um diesen zu schützen, entwickelt List den »Erziehungszoll«. Eine Nation, deren Industrie noch in den Anfängen steckt, soll ihren einheimischen Markt durch Zölle vor ausländischer Konkurrenz schützen, die Nation zur Selbstversorgung gezwungen und damit zur industriellen Entwicklung »erzogen« werden. Zwar gingen die Zölle auf die billigere und bessere Importware zeitweilig zu Lasten des Verbrauchers. Dies aber sei zumutbar, weil damit langfristig die Nation Kräfte gewinne, »vermittels welcher sie für ewige Zeiten in den Stand gesetzt wird, unberechenbare Summen von Werten zu produzieren«.

Gleichwohl betrachtet List Erziehungszölle nicht als ein Wundermittel. Ihm geht es um die Stärkung der »produktiven Kräfte«, bevor sich ein Land dem Freihandel stellt. Als ebenso wichtig für die Entwicklungsfähigkeit einer Nation erachtet er die gesellschaftlichen Rahmenbedingungen – öffentliche Institutionen und Gesetze. Auch Bildung und nicht zuletzt »Religiosität, Moralität und Sittlichkeit« sieht er als Quellen des nationalen Reichtums an.

Seine Positionen entwickelt List in polemischer Auseinandersetzung mit den Lehren der Klassischen Ökonomie von → Adam Smith, → David Ricardo und → Jean Baptiste Say, denen er »bodenlosen Kosmopolitismus« und »desorganisierenden Individualismus« vorhält. Ihr Eintreten für die internationale Handelsfreiheit unterstelle den Idealzustand einer friedlichen Weltgesellschaft. Das Freihandelsprinzip »unter den bestehenden Weltverhältnissen« führe zur Abhängigkeit der weniger entwickelten Nationen von der herrschenden Industriemacht England – ein Argument, das sich über hundert Jahre später viele Entwicklungsländer unter veränderten Vorzeichen zu eigen machten. Vom Staat erwartet List, dass er eingreift, wenn die »Privatindustrie« die gemeinschaftlichen Interessen nicht ausreichend fördert. Er habe die Voraussetzungen für Wohlstand in der Zukunft zu schaffen.

Lists Werk stieß auf große Resonanz. Ein Jahr später erschien ein Nachdruck und bald darauf die dritte Auflage, Übersetzungen folgten. Er erlangte Berühmtheit über Deutschland hinaus. König Wilhelm I. von Württemberg stellte die bürgerliche Ehre des politisch Verfolgten wieder her. Dennoch blieb List ein gesellschaftlicher Außenseiter. Er galt als unwirsch und unbeständig, wurde aber vor allem gemieden, weil ihm der Ruf des politischen Unruhestifters anhing. Die politischen Angriffe, Intrigen und wirtschaftlichen Sorgen um seine Familie rissen nicht ab. Die meisten seiner ehrgeizigen Projekte scheiterten, er litt unter ständigem Geldmangel und bemühte sich vergeblich um eine standesgemäße Anstellung. Schließlich beging er im November 1846 Selbstmord.

Die große Stärke seines Werkes ist der Praxisbezug, denn List schrieb vor einem tagesaktuellen Hintergrund. Zugleich fehlt seinen Schriften aus heutiger Sicht die theoretische Substanz. Auch verschaffte ihm sein Eintreten für eine starke Nation auch lange nach seinem Tod viele nationalistisch gesinnte Anhänger.

Doch jenseits des nationalistischen Pathos' gibt List interessante Anregungen zum Problem der sogenannten »nachholenden Entwicklung«; jener Frage, wie junge Entwicklungsländer in der Konkurrenz zu hoch entwickelten Industriestaaten eine eigene Industrie entfalten können. List fragte nach den Entwicklungsbedingungen ganzer Nationen und lenkte damit das ökonomische Denken in neue Bahnen. Er erkannte, wie sensibel der Markt ist. Damit er funktioniert, reiche ein bloßes Bekenntnis zum Gesetz von Angebot und Nachfrage nicht aus. Auch in diesem Zusammenhang argumentierte er heftig gegen → Adam Smith, vor allem gegen dessen Produktivitäts- und Wertbegriff, wonach nur jene Arbeit produktiv sei, die materielle Güter produziere. Ein Arzt sei unproduktiv, nicht aber ein Apothekerjunge, der Pillen herstelle. Dem setzte List seinen Begriff der »produktiven Kraft« entgegen, der Kraft also, Reichtümer zu schaffen – was ungleich wichtiger sei als der Reichtum selbst. Dazu zählte er auch Investitionen in die Ausbildung nachfolgender Generationen, was später umso größeren Reichtum ermöglichen werde: Die Nation müsse »gegenwärtige Vorteile aufopfern, um sich zukünftige zu sichern«.

Indem er die Entwicklungsbedingungen einer modernen Ökonomie beschrieb, hat List zur Wirtschaftstheorie Neues beigetragen. Heute ist es selbstverständlich, von der Entwicklung einer Volkswirtschaft zu sprechen und vom Staat Maßnahmen zur Stärkung des Standorts zu verlangen. Vielfach betrachten Ökonomen dabei die Wirtschaft durch die Brille, die Friedrich List zum ersten Mal aufsetzte.

21. GUSTAV VON SCHMOLLER
(* Heilbronn 24.6.1838, † Bad Harzburg 27.6.1917)

Gustav von Schmoller war der führende Kopf der jüngeren Historischen Schule der deutschen Nationalökonomie. Er prägte über Jahrzehnte die Wirtschaftswissenschaften an deutschen Universitäten.

Geboren in Heilbronn als Sohn eines Kameralverwalters, studierte er in Tübingen Staatswissenschaften und vertiefte sich besonders in Geschichte, Philosophie und Naturwissenschaften. Nachdem er sein Studium 1860 mit seiner Dissertation abgeschlossen hatte, befasste er sich ausführlich mit den philosophischen Systemen, die Einfluss auf die Nationalökonomie gehabt hatten. Auf Betreiben des Preußischen Kultusministeriums wurde er 1864 als außerordentlicher Professor für Staatswissenschaften an die Universität Halle berufen und ein Jahr später zum Ordinarius befördert.

Von Anfang an verband von Schmoller Geschichte und Nationalökonomie. Damit wollte er das Beobachtungsfeld erweitern und so ein möglichst vollständiges Bild der Volkswirtschaft bekommen. Gleichwohl wirkte er nicht nur als Wissenschaftler, sondern vor allem als Wissenschaftsorganisator und Sozialpolitiker. Hinter seinen wissenschaftlichen Schriften verbarg sich in der Regel ein aktuelles Interesse.

1870 erschien seine »Geschichte des deutschen Kleingewerbes im 19. Jahrhundert«, worin er sich gegen das ungehemmte Wirken der Konkurrenz wandte und – im Interesse des Gemeinwohls – für regulierende Eingriffe des Staates plädierte. Daraufhin wurde er von der konservativen »Nationalzeitung« als »Kathedersozialist« geschmäht. Mit diesem politischen Schlagwort wurde zu von Schmollers Zeit eine Gruppe von Nationalökonomen belegt, die sich für die Verbesserung der sozialen Lage der Arbeiter einsetzte. Hier nahm von Schmoller eine Führungsrolle ein und gründete gemeinsam mit seinen Mitstreitern 1872 den »Verein für Socialpolitik«, der ein sozialpolitisches Reformprogramm für Preußen entwarf und dessen Vorsitzender er 1890 wurde.

1872 folgte von Schmoller der Berufung an die neu gegründete Universität Strassburg. Ab 1878 gab er die »Staats- und Sozialwissenschaftlichen Forschungen« heraus, 1881 begründete er das »Jahrbuch für Gesetzgebung, Verwaltung und Volkswirtschaft«, das nach ihm auch »Schmoller-Jahrbuch« hieß. Die Friedrich-Wilhelms-Universität zu Berlin hatte von Schmoller 1870 und 1879 auf ein Ordinariat berufen wollen, beide Male lehnte das Kultusministerium ab. Erst 1882 waren die Bedenken des Ministeriums wegen von Schmollers sozialpolitischer Orientierung verflogen, so dass er als Ordinarius für Staatswissenschaften nach Berlin wechselte, wo sich ihm ein breites Wirkungsfeld und ein großer Einfluss auf Wissenschaft und Politik erschlossen.

1879 erschien sein Buch »Die Straßburger Tucher- und Weberzunft« – eine Arbeit über das deutsche Gewerbe, in der er die Modernisierung und Liberalisierung von Handwerk und Industrie diskutierte. Hier finden sich auch von Schmollers Interpretationen des Merkantilismus, den er vor allem als den Formationsprozess des Nationalstaats und der nationalen Wirtschaft betrachtete. Zu seiner Zeit stellte sich die Frage, ob die Methoden des Merkantilismus gegen wirtschaftliche Rückständigkeit und politische Zersplitterung helfen konnten. Von Schmoller sah die aufgeklärte Monarchie als die treibende Kraft an, die in Preußen die partikularistischen Tendenzen überwunden und ein einheitliches Territorium geschaffen hatte. Diese Staatsidee sollte – so von Schmoller – auch dazu beitragen, die Klassengegensätze zu mindern und die Sozialpolitik zu befrieden.

1884 wurde er Mitglied des Preußischen Staatsrates und 1887 der Preußischen Akademie der Wissenschaften. Unter seiner Leitung erschien die erste Edition der »Acta Borussica«, in der die preußische Verwaltungsgeschichte im Mittelpunkt steht. Diese sowie seine historischen Untersuchungen zur merkantilistischen Epoche machten ihn zum eigentlichen Begründer der Wirtschaftsgeschichtsschreibung.

Inzwischen hatte sich von Schmoller an die Spitze der jüngeren Historischen Schule der Nationalökonomie gestellt. Ihre Vertreter versuchten praxisnah zu forschen und Lösungen für aktuelle gesellschaftliche Probleme aufzuzeigen. Mit empirischen Erhebungen und dem Rückgriff auf Erkenntnisse der Geschichtswissenschaft wurde versucht, Hypothesen in der Wirklichkeit zu verankern. Alle so herausgearbeiteten Entwicklungsgesetze waren damit zwar abhängig von ihrem Kontext in Raum und Zeit und somit nicht universell anwendbar. Es war aber möglich, sogenannte Entwicklungsstufen herauszuarbeiten, die sich trotz ihrer räumlichen oder zeitlichen Entfernung ähneln. Dort, so die Annahme, würden auch die Entwicklungen ähnlich verlaufen.

Von Schmoller verstand die Ökonomie als eine Erfahrungswissenschaft. Empirische Materialsammlungen sah er als ertragreicher an als theoretische Verallgemeinerungen, die erst nach Auswertung der empirischen Forschung stehen können. Die induktive Methode sei daher adäquater als die deduktive. Zeitlos gültige Gesetze für die Volkswirtschaft lehnte er ab. Diese Vorstellungen stehen der Klassik und der daran anknüpfenden Neoklassik diametral entgegen. In der berühmt berüchtigten Auseinandersetzung mit dem Österreicher → Carl Menger, dem Mitbegründer der Grenznutzenschule, verteidigte von Schmoller das für die Historische Schule typische Vorgehen und wetterte gegen Mengers abstrahierendes Modelldenken. Die Debatte ist als Methodenstreit der Nationalökonomie in die Geschichte eingegangen, die zwischen der Österreichischen Schule und der Historischen Schule geführt wurde.

1899 wurde von Schmoller zum Mitglied des Herrenhauses im Landtag von Preußen ernannt. Sein sozialpolitisches Programm sah vor, den Staat so zu stärken, dass dieser die Interessen von Arbeiterklasse und Besitzbürgertum ausgleichen könnte.

Von Schmollers bedeutsamste Veröffentlichung ist der »Grundriss der Allgemeinen Volkswirtschaftslehre«, der in zwei Bänden 1900 und 1904 erschien. Seine bisherigen Untersuchungen über Einzelgebiete der Volkswirtschaft sah er als

Bausteine für eine nationalökonomische Theorie an, die er im »Grundriss« darzulegen suchte. Hier verbindet er historische und ökonomische Fragestellungen miteinander und berücksichtigt auch neueste soziologische Erkenntnisse. Erneut bekräftigt er sein methodisches Credo: Ökonomische Phänomene sind durch eine Vielzahl miteinander verwobener biologischer, physischer und moralischer Fakten bedingt. »Das Allgemeinste bleibt als das Komplizierteste stets das Unsicherste, vom einzelnen ausgehend dringen wir vor.« Der Forscher dürfe vor der »verwirrten Komplikation der Erscheinungen« nicht in eine sterile Modellwelt flüchten. Er müsse sein Theoriegebäude auf ein festes Fundament von Fakten gründen. Ein »letztes einheitliches Gesetz volkswirtschaftlicher Kräftebetätigung«, das unabhängig von der konkreten historischen, politischen und gesellschaftlichen Situation gilt, könne es jedoch nicht geben. Auch im »Grundriss« fordert von Schmoller, dass der Staat die verschiedenen gesellschaftlichen Gruppen durch eine gezielte Sozialpolitik versöhnen soll. Damit formuliert er bereits im Kaiserreich einen Gedanken, auf dem alle modernen Wohlfahrtsstaaten aufbauen.

Von Schmollers Werk wurde für künftige Ökonomengenerationen zum Klassiker, denn der Berliner Professor der Staatswissenschaften galt zu seinen Lebzeiten als Übervater der deutschen Ökonomie. Sein Einfluss auf die Lehre an deutschen Universitäten und auf die Politik des 1871 neu entstandenen Deutschen Reiches unter preußischer Führung war enorm, denn kraft seiner engen Kontakte zum preußischen Kultusminister verhinderte er weitgehend die Berufung von Vertretern nicht-historischer Lehrmeinungen auf Lehrstühle in Deutschland. Gleichzeitig bremste er jedoch damit die Entfaltung der Wirtschaftstheorie in Deutschland.

1908 wurde von Schmoller als Universitätsprofessor in Berlin in den preußischen erblichen Adelsstand erhoben. Doch sehr bald nach seinem Tod 1917 verblasste sein Ruhm. Nach dem Zweiten Weltkrieg setzte sich die von ihm vehement bekämpfte neoklassische Modellökonomie in Deutschland durch. Das Schaffen des Professors galt vielerorts als Tiefpunkt ökonomischen Denkens.

Heute wird sein Werk vor allem von Historikern und Sozialwissenschaftlern geschätzt. Hervorgehoben wird, dass seine

Arbeiten auf einer gründlichen historischen Forschung und empirischen Untersuchung basieren und sich durch ihre Zeit- und Wirklichkeitsnähe und den Verzicht auf vorschnelle Verallgemeinerungen auszeichnen. Zwar gilt sein Versuch, eine neue, ethisch-historische Ökonomie zu entwickeln, als gescheitert. Doch zeigt sich heute, dass seine Konzeption eine analytisch durchdachte Konstruktion darstellt, die viele Elemente neuerer Ökonomie enthält, vor allem institutionenökonomische Komponenten. So lässt sich dieser Versuch einer »anderen Ökonomie« als eine besondere Form staatswirtschaftlicher Entwicklungstheorie betrachten – eine der weit unterschätzten Leistungen der deutschen Nationalökonomie.

Von Schmollers Stärke lag auf Gebieten, die Theoretiker aller Schulen lange vernachlässigt hatten. Er behandelte Staat und Verwaltung als integralen Bestandteil der Wirtschaft, betonte den Zusammenhang zwischen Rechtsordnung und Marktgeschehen und er war meisterhaft im historischen Vergleich der Institutionen und im Beschreiben technologischer Entwicklungen. Das übergeordnete Ziel von Schmollers war der Fortschritt von Sittlichkeit und Bildung. Wenn seine wissenschaftlichen Leistungen auch umstritten sind, so ist doch heute anerkannt, dass er mit seinem »Verein für Socialpolitik« dem modernen Sozial- und Wohlfahrtsstaat den Weg bereitet hat. Er beförderte nicht nur soziale Reformen, sondern lieferte mit seinen zahlreichen Monographien und Enqueten die dafür notwendigen Kenntnisse, die insbesondere von → Walter Eucken und Ludwig Erhard aufgegriffen und weiter entwickelt wurden. So kann Gustav von Schmoller als Vordenker der Sozialen Marktwirtschaft betrachtet werden.

22. WERNER SOMBART
(* Ermsleben 19.1.1863, † Berlin 18.5.1941)

Werner Sombart war ein führender Vertreter der Jüngeren Historischen Schule der deutschen Nationalökonomie. Anerkennung brachten ihm seine Forschungen zum Sozialismus und zur Geschichte des Kapitalismus ein.

Er wurde in Ermsleben im Harz als Sohn eines wohlhabenden, nationalliberalen Politikers und Unternehmers geboren. Sein Vater Anton Ludwig Sombart entstammte einer reformierten Elberfelder Kaufherrn- und Ratsfamilie und war ein Mitbegründer des 1872 geschaffenen »Vereins für Socialpolitik«.

Doch nicht nur dies brachte den Sohn schon in Jugendjahren mit sozialen Ideen in Berührung. Prägend waren auch die gesellschaftskritischen Romane von Émile Zola, die er als junger Mann las. Während des Studiums begeisterte er sich für den Schweizer Arbeiterführer Otto Lang, der später um die Jahrhundertwende Parteipräsident der Sozialdemokratischen Partei wurde.

Sombart studierte in Pisa, Berlin und Rom Wirtschaftswissenschaften, Jura, Philosophie und Geschichte. Wichtige Anregungen erhielt er von den »Kathedersozialisten« → Gustav von Schmoller und Adolph Wagner, deren Schwerpunkte Sozialreform und historische Analyse waren. 1888 promovierte Sombart mit einer sozialökonomischen Studie über die römische Campagna, in der er sein Interesse an sozialen Reformen deutlich machte und aktuelle Probleme – die Belastung der Bauern durch den Großgrundbesitz – mit historischen Ursachen begründete.

1890 erhielt der 27-Jährige vom Preußischen Kulturministerium ein neu eingerichtetes Extraordinariat in Breslau – auf Empfehlung seines Lehrers Schmoller. Gleichzeitig wurde Sombart Mitdirektor des neu eröffneten staatswissenschaftlichen-statistischen Seminars. Zwei Jahre später nahm ihn der »Verein für Socialpolitik« in sein Präsidium auf.

1896 erschien die erste Auflage seines Buches »Sozialismus und soziale Bewegung im 19. Jahrhundert« – eine erste Niederschrift aus Vorträgen über Sozialismus und soziale Bewegung. Durch seine positive Rezeption von → Karl Marx verstärkte das Buch Sombarts Ruf als Sozialist. Marx war die Persönlichkeit, die Sombart am stärksten prägte. Er selbst begriff sein Werk lange als eine Weiterentwicklung der Marxschen Theorie. Seine intensive Beschäftigung mit dessen Werk brachte Sombart den Rang eines Marx-Kenners ein, was soweit ging, dass Marx' Weggefährte Friedrich Engels den deutschen Professor als den einzigen bezeichnete, der »Das Kapital« verstehe.

Dies blieb nicht folgenlos. Sombarts Schriften trugen ihm schon zeitig Ruhm und Feindschaft ein. Mehrfach war er zwischen 1897 und 1907 für Ordinariate vorgeschlagen worden. Berufungen nach Freiburg, Heidelberg und Karlsruhe scheiterten am Veto des badischen Großherzogs Friedrich II. gegen den seiner Ansicht nach linken Sombart. 1906 folgte er schließlich einem Ruf an die private Handelshochschule in Berlin, die er zwar spöttisch »Schneiderakademie« nannte, die ihn aber näher an das Zentrum der Politik heranbrachte. Erst 1917 wurde Sombart zum Professor für wirtschaftliche Staatswissenschaften an der Berliner Friedrich-Wilhelms-Universität berufen.

Während der Arbeit an seinem Hauptwerk »Der moderne Kapitalismus« veröffentlichte er einige vorbereitende Einzeluntersuchungen. 1911 erschien die Publikation »Die Juden und das Wirtschaftsleben«, in der er den jüdischen Beitrag an der Entstehung der modernen Wirtschaft würdigte. 1913 publizierte er die Schriften »Der Bourgeois«, »Liebe, Luxus und Kapitalismus« sowie »Krieg und Kapitalismus«, in denen er alle Faktoren zu erforschen suchte, die zur Ausbildung des Kapitalismus beigetragen hatten.

Zwischen 1916 und 1927 erschien in drei Doppelbänden Sombarts Hauptwerk »Der moderne Kapitalismus«. Bereits 1902 hatte es davon eine erste Fassung gegeben, deren zweite Auflage er jedoch vollkommen umgeschrieben und erweitert hatte und die daher als maßgeblich anzusehen ist. Das Werk behandelt historisch und systematisch die Entwicklung des kapitalistischen Systems von seinen Anfängen im Mittelalter bis ins 20. Jahrhundert. Die hier von Sombart vorgenommene Einteilung in Früh-, Hoch- und Spätkapitalismus hat bis heute Gültigkeit.

Ihm kam es darauf an, den Begriff »Kapitalismus« – anders als Marx – möglichst urteilsfrei zu beschreiben und dabei spezifisch soziologisch und historisch fundiert vorzugehen. Er wollte das Konzept der Wirtschaftsstufen, das sowohl von der Historischen Schule als auch vom Marxismus vertreten wurde, überwinden und stattdessen das Typische einer Wirtschaftsform aus ihrem geschichtlichen Kontext heraus verstehen. Dahinter steht der Versuch, trotz der historischen Bedingtheit ökonomischer Phänomene allgemeine Erkenntnisse ableiten zu können.

Wirtschaftsformen sind nach Sombart das Resultat einer
»Wirtschaftsgesinnung«. Eine solche »Gesinnung« setzt sich
zusammen aus »alle(n) Wertvorstellungen, Zwecksetzungen,
Maximen, die in den die Wirtschaft gestaltenden Personen le-
bendig werden«. Das Wirtschaftssystem ist »eine bestimmte Organisation des Wirtschaftslebens, innerhalb derer eine bestimmte Wirtschaftsgesinnung herrscht und eine bestimmte Technik
zur Anwendung gelangt. In dem Begriff des Wirtschaftssystems
wird die historisch bedingte Eigenart des Wirtschaftslebens zu
einer begrifflichen Einheit zusammengefasst.«

Gegen Sombarts Methoden gab es viele Einwände. Die Pe-
riodisierung der Wirtschaftsentwicklung stieß vor allem bei
→ Walter Eucken auf Kritik. Dennoch gilt »Der moderne Kapitalismus« bis heute als Standardwerk und als eine anregende
Einführung in die Geschichte der kapitalistischen Entwicklung.

Bis zu seiner Emeritierung 1931 beschäftigte sich Sombart
weiter mit nationalökonomischen, soziologischen und philosophischen Fragestellungen. Sein besonderes Interesse galt der europäischen Wirtschaftsgeschichte und dem Verhältnis zwischen
Kapitalismus und Sozialismus. 1924 erschien die zehnte Auflage
seines Werkes »Sozialismus und soziale Bewegung im 19. Jahrhundert« unter dem Titel »Der proletarische Sozialismus«. Während sich Sombart in der ersten Auflage noch an marxistischen
Leitlinien orientiert hatte, wurde nun seine innere Wandlung
zum Anhänger der Konservativen Revolution deutlich. Nachdem Sombart den Thesen von Karl Marx lange positiv gegenüber
gestanden hatte, bezog er in den letzten Lebensjahren als pessimistischer Kulturphilosoph einen national-konservativen Standpunkt. Verbindendes Element mit seinen früheren Ansichten
war die Verneinung der Regulierungskräfte des Marktes.

1930 erschien seine dogmenhistorische Schrift »Die drei Na-
tionalökonomien«. Hier unterscheidet er drei Nationalökono-
mien mit dem Ziel, sie auf ihre »letzten Erkenntnisgrundlagen«
zurückzuführen und »dadurch miteinander vergleichbar zu
machen«. Zugleich wollte Sombart auf diesem Weg den Methodenstreit der Nationalökonomie zwischen der Historischen
Schule unter → Gustav von Schmoller und der von → Carl
Menger angeführten Österreichischen Schule der Neoklassik
beenden.

Sombart unterscheidet zwischen der richtenden Nationalökonomie, zu der er die Scholastik zählt, der ordnenden, zu
der aus seiner Sicht die Klassik und die Neoklassik gehören,
und der verstehenden Nationalökonomie. Ihr widmet er den
größten Teil seines Werkes. Seine Bemühungen gehen dahin,
die Nationalökonomie als »verstehende Wissenschaft« zu in-
terpretieren. Damit setzte er sich entschieden von der Nationalökonomie als einer reinen Theorie ab, wie sie von → David
Ricardo und der Neoklassik betrieben wurden. Er lehnte auch
eine Instrumentalisierung derselben ab – etwa in Form der empirischen Wirtschaftsforschung, mit dem Ziel, die Konjunktur
vorherzusagen.

Nach seiner Emeritierung 1931 setzte Sombart seine Lehrtätigkeit bis 1940 fort. 1932 wurde er der letzte Vorsitzende des
»Vereins für Socialpolitik« und 1933 Mitglied der Preußischen
und der Bayerischen Akademie der Wissenschaften sowie der
Akademie für Deutsches Recht. 1934, nach der Machtübernahme der Nationalsozialisten, erschien sein Buch »Deutscher
Sozialismus« – ein eher programmatisch als wissenschaftlich
angelegtes Werk. Es enthielt Vorschläge, wie die Wirtschaftskrise überwunden werden könnte. Klar erkannte Sombart das
Problem der Gefährdung der Umwelt durch die Technik und
schlug eine Art Technikfolgenabschätzung vor.

Gleichzeitig hatte unter anderem der »Deutsche Sozialis-
mus« zur Folge, dass Sombarts Verhältnis zum Nationalsozialismus bis heute umstritten ist. In dem Werk definiert er die soziale Welt im nationalsozialistischen Sinn und proklamiert die
Lösung der sozialen Probleme durch einen Führer. Dieser sollte jedoch von »einem obersten Führerwillen«, den er nur von
Gott erhalten kann, geleitet werden. Allerdings wurde Sombarts
Buch von den Machthabern als nicht der nationalsozialistischen
Weltanschauung entsprechend abgelehnt. Damit erkannte der
Professor endgültig, dass seine wissenschaftlichen Vorstellun-
gen für die Nazis nicht von Interesse waren.

Dies führte schließlich zu einem wahrnehmbaren Rückzug
von der NSDAP, wie seine Schriften nach 1934 zeigen. In seinem
Werk »Vom Menschen. Versuch einer geisteswissenschaftlichen
Anthropologie«, das 1938 erschien, distanzierte sich Sombart
deutlich von der NS-Rassenideologie.

1941 starb er in Berlin – als der letzte Vertreter der Jüngeren Historischen Schule in Deutschland, die mit ihm endgültig scheiterte. Er wollte verwirklichen, was weder die Ältere noch die Jüngere Historische Schule vermochten und suchte nach einer Verbindung von Geschichte und Theorie. Obwohl Evolutionist, war er gegenüber dem Fortschritt skeptisch. Eine Schule im eigentlichen Sinn hat er nicht begründet. Obwohl seine Arbeiten im In- und Ausland großen Anklang fanden, bezweifelte Sombart in seinen späten Jahren die Bedeutung seines eigenen Werkes – auch wenn sein Verdienst unzweifelhaft in seinen Forschungen zu Sozialismus und Kapitalismus zu finden ist.

23. Emil Lederer

(* Pilsen 22.7.1882, † New York 29.5.1939)

Emil Lederer zählte zu den bedeutenden deutschsprachigen Ökonomen der Zwischenkriegszeit. Er untersuchte die Folgen des technischen Fortschritts und lehnte dessen positive Wirkungen zum Teil ab. Eine falsche Kapitalverteilung hielt er für die wichtigste Ursache von Krisen. Er propagierte Eingriffe in die Freiheiten des Marktes. Selbst innerhalb der Wirtschaftswissenschaften ist Lederer heute nur noch wenigen bekannt. Einer gängigen ökonomischen Schule lässt er sich nicht zuordnen.

Lederer wurde 1882 in Pilsen als Sohn eines jüdischen Kaufmanns geboren. Er studierte Rechtswissenschaften und Nationalökonomie und promovierte 1905 in Wien. Zu seinen Lehrern zählten → Eugen Böhm Ritter von Bawerk und Friedrich von Wieser, unter seinen Kommilitonen waren Otto Bauer und → Joseph Schumpeter. 1911 erlangte Lederer in München seinen zweiten Doktorgrad mit einer Arbeit über die Pensionierung der Privatangestellten. Ein Jahr später habilitierte er sich an der Universität Heidelberg mit der Schrift »Die Privatangestellten in der modernen Wirtschaftsentwicklung« und arbeitete dann zunächst als Privatdozent.

Nach dem Ende des 1. Weltkriegs wurde Lederer ein führendes Mitglied der deutschen Sozialisierungskommission. Die Arbeit der Kommission trug weitgehend seine Handschrift. Den

marixverlag

Diese Karte entnahm ich dem Buch:

☐ Bitte schicken Sie mir das Gesamtverzeichnis marixverlag.

☐ Bitte informieren Sie mich regelmäßig über Neuerscheinungen.

☐ Bitte schicken Sie mir das Gesamtverzeichnis Edition Erdmann „Alte Abenteuerliche Reise- und Entdeckerberichte".

Alle Informationen unter www.marixverlag.de

Mich interessieren
folgende Themen:

☐ Geschichte

☐ Philosophie

☐ Weltreligionen

☐ Judaika

☐ Weltliteratur

☐ Kunst

Absender

Name, Vorname _____

Straße, Nr. _____

Plz, Ort _____

Telefonnummer * _____

Faxnummer * _____

Email * _____

Unterschrift _____

* freiwillige Angabe

Für Ihre schnelle Anfrage:
info@marixverlag.de

Rückantwort

marixverlag **GmbH**
Römerweg 10
65187 Wiesbaden

Bitte
ausreichend
frankieren

Übergang vom Kriegssozialismus zur Friedenswirtschaft wollte er beschleunigen durch die Einführung der betrieblichen Mitbestimmung, durch eine Vermögensabgabe sowie mittels der Verstaatlichung einzelner monopolisierter Wirtschaftszweige wie Bergbau und Schwerindustrie. Neben der Förderung der Eigeninitiative der Arbeitnehmer zielten seine Vorschläge auf die Beseitigung von Ineffizienzen durch Monopolpreise hin. Den Konservativen in der Kommission gingen jedoch die Empfehlungen des Wissenschaftlers zu weit und die Reichsregierung machte davon keinen Gebrauch.

1918 wurde Lederer an der Universität Heidelberg zum außerordentlichen Professor ernannt, 1923 erhielt er ein Ordinariat. Dort lehrte er bis 1931 als Professor für Nationalökonomie und Finanzwissenschaft.

Daneben gab er von 1920 an gemeinsam mit Schumpeter und Alfred Weber die damals bedeutendste deutsche wirtschaftswissenschaftliche Fachzeitschrift heraus, das Archiv für Sozialwissenschaft und Sozialpolitik. Von 1923 bis 1931 war Lederer zusammen mit Alfred Weber Direktor des Instituts für Sozial- und Staatswissenschaften an der Universität Heidelberg, das sich zum Programm gemacht hatte, die bisherige Nationalökonomie um staats- und sozialwissenschaftliche Inhalte zu erweitern. Lederer war der wichtigste Vertreter eines interdisziplinären Ansatzes in den Heidelberger Sozialwissenschaften.

Während seiner gesamten wissenschaftlichen Laufbahn setzte er sich mit aktuellen wirtschaftlichen und gesellschaftlichen Entwicklungen auseinander. Der Sozialist Lederer war beeinflusst vom Austromarxismus, einer vom österreichischen Sozialdemokraten Otto Bauer geprägten Abart des Marxismus, die versuchte, einen Mittelweg zwischen der Politik der Bolschewiki und den Ideen der reformistischen Sozialdemokraten zu beschreiten und beide Strömungen in einer gemeinsamen Internationalen wiederzuvereinigen.

Einen Teil seiner wissenschaftlichen Wurzeln hatte Lederer in der Historischen Schule der deutschen Nationalökonomie. Auch die Ideen der österreichischen marginalistischen Lehre flossen in sein Schaffen ein. Sein theoretisches Interesse ging jedoch weit über die Neoklassik hinaus bis hin zu → Karl Marx und der klassischen Theorie → David Ricardos. Mit seinen Arbeiten zur Soziologie der Angestellten und seinen Analysen zur Wirtschaftsdynamik der modernen Industriegesellschaft übte Lederer in den zwanziger Jahren einen prägenden Einfluss auf mehrere Generationen von Studenten aus.

1931 folgte er → Werner Sombart auf dem renommierten Lehrstuhl für Nationalökonomie an der Berliner Friedrich-Wilhelms-Universität. Im selben Jahr erschien sein Hauptwerk »Technischer Fortschritt und Arbeitslosigkeit«. Hier analysierte er Hindernisse des ökonomischen Wachstums sowie den Zusammenhang zwischen Arbeitslosigkeit und technischer Entwicklung im Rahmen eines dynamischen und mehrsektoralen Konjunkturmodells. Basis dieses Modells ist die enge Verknüpfung zwischen Kapitalakkumulation, technischem Fortschritt und Beschäftigung.

Lederer machte den technischen Fortschritt verantwortlich für eine hohe Arbeitslosigkeit im Anschluss an eine Periode wirtschaftlichen Booms. Demnach entwickelt sich die Technik zu schnell, als dass es das Verhältnis zwischen Kapitalakkumulation und Bevölkerungswachstum erlauben würde, alle Arbeiter in den Produktionsprozess zu integrieren, der von der neuen kapitalintensiven Technologie bestimmt ist. Darüberhinaus beschleunige die Tendenz zur Kartellbildung den technischen Fortschritt, was zu einer erhöhten Arbeitslosigkeit während der Depression führe. Die Folgen der technischen Entwicklungen seien umso verheerender, je mehr sich die Produktionskapazitäten erhöhten. Lederer schlussfolgerte daraus, dass eine Beschränkung technischer Veränderungen eine Überlebensfrage für die Nationen Europas ist.

Lederer unterschied verschiedene Arten technischen Fortschritts. Sein zentraler Gedanke bestand darin, dass nicht die technische Entwicklung schlechthin zu Arbeitslosigkeit führt, sondern der schnelle, arbeitssparende technische Fortschritt – wenn dieser durch ungleichgewichtige Kapitalumschichtungen eingeführt wird. Als eine der Ursachen für die Krisen in der Weimarer Republik erachtete Lederer demnach nicht Kapitalmangel, sondern die strukturell »falsche« Verteilung des Realkapitals unter den einzelnen Industriezweigen. Die Folge waren eine starke Monopolisierung und Kapitalkonzentration. Eine Möglichkeit, freigesetzte Arbeitskräfte aufzufangen, sah Lederer in der – seltenen – Produktinnovation, wenn neue Produkte nicht alte verdrängen, sondern die Schaffung neuer Industriezweige ermöglichen und zusätzliche Nachfrage produzieren. Von kreditfinanzierten Konjunkturprogrammen versprach er sich eine allenfalls kurzfristige Entschärfung der Krise.

Als eine mögliche Sofortmaßnahme sah Lederer die Beschäftigung von Arbeitslosen in staatlichen Unternehmen außerhalb des regulären Arbeitsmarktes vor. Die von der Regierung des Reichskanzlers Heinrich Brüning und von der Industrie geforderten Lohnsenkungen lehnte der Ökonom als ein in der Weltwirtschaftskrise untaugliches Mittel ab. Er glaubte nicht daran, dass angesichts brachliegender Kapazitäten ein Unternehmen die infolge von Lohnsenkungen gestiegenen Gewinne in Erweiterungsinvestitionen stecken würde.

1933 verlor Lederer seinem Lehrstuhl in Berlin aus »rassischen« und politischen Gründen – wie fast alle Repräsentanten der so genannten »Heidelberger Schule«. Da mit ihm auch nahezu der gesamte Herausgeber- und Redaktionskreis des Archivs für Sozialwissenschaft und Sozialpolitik das Land verlassen musste, stellte die Zeitschrift ihr Erscheinen Ende 1933 ein. Lederer emigrierte zunächst nach Japan und dann in die USA, wo er in New York gemeinsam mit anderen deutschen Emigranten die »University in Exile« aufbaute, die spätere Graduate Faculty of Political and Social Science der New School for Social Research. Deren erster Dekan war er bis an sein Lebensende.

1938 wurde eine zweite, überarbeitete Auflage seines Hauptwerkes vom Internationalen Arbeitsamt Genf veröffentlicht. In der stark erweiterten Analyse war die radikale Rhetorik verschwunden, die hier und da in der Fassung von 1931 zum Vorschein gekommen war. Lederer überließ es nun dem Leser, seine Schlüsse zu ziehen, auch wenn seine Kernargumente unverändert geblieben waren.

1939 starb er überraschend in New York an den Folgen einer Operation. Postum erschien 1940 seine Studie »State of the Masses«, mit der er vor den Gefahren des totalitären Massenstaates in Europa warnen wollte. Das Ordnungsmodell des Faschismus hatte in der Wirtschaftskrise der dreißiger Jahre auch in einflussreichen Schichten der amerikanischen Gesellschaft zahlreiche Anhänger gefunden. Das Buch gilt als früher Klassiker der

Analyse des nationalsozialistischen Totalitarismus und ist nach wie vor aktuell. Wer etwa nach den Gründen für den Zusammenbruch des real existierenden Sozialismus im letzten Jahrzehnt des 20. Jahrhunderts sucht, findet in diesem Buch Anregungen.

24. Heinrich Freiherr von Stackelberg

(* Kudinow 31.10.1905, † Madrid 12.10.1946)

Der deutsche Ökonom Heinrich Freiherr von Stackelberg schuf eine eigenständige Marktformenlehre und lieferte neue Erkenntnisse zur Theorie des Oligopols. Er zeigte, wie wirklichkeitsfremd das von der Neoklassik entwickelte Idealbild der vollständigen Konkurrenz ist. Während von Stackelbergs wissenschaftliche Leistungen unbestritten sind, wird sein Verhältnis zum Nationalsozialismus bis heute widersprüchlich interpretiert.

Er wurde 1905 in der Kleinstadt Kudinow in der Nähe von Moskau als Sohn eines Fabrikbesitzers geboren. Der Vater war ein aus Estland stammender Deutschbalte, die Mutter Argentinierin spanischer Herkunft. Während des 1. Weltkrieges lebte die Familie in Jalta auf der Krim. Nach der Oktoberrevolution 1917 musste von Stackelberg mit seinen Eltern das Land verlassen. Sie flüchteten zunächst ins Baltikum und anschließend über Stettin und das oberschlesische Ratibor nach Köln. Seine Erfahrungen als Flüchtling dürften von Stackelberg stark geprägt haben. Die politischen Ansichten der deutschbaltischen Emigranten waren sehr konservativ und autoritär und zudem gekennzeichnet von einem elitärem Standesbewusstsein, bodengebundener Heimatliebe und einer Kultivierung ihres Deutschtums – Einflüsse, die von von Stackelbergs Weg nach rechts, der 1933 im Eintritt in die Waffen-SS mündete, wohl vorgezeichnet haben.

Nach dem Besuch des humanistischen Gymnasiums studierte er an der Kölner Universität Wirtschaftswissenschaften und Mathematik.

1927 schloss er sein Studium mit der Diplomarbeit über »Die Quasirente bei Alfred Marshall« ab. Drei Jahre später promovierte von Stackelberg. Seine Dissertation »Die Grundlagen der reinen Kostentheorie« wurde 1932 veröffentlicht und fand im In- und Ausland viel Beachtung. Bereits 1933/34 diente sie als Basis für Examensprüfungen an der London School of Economics. In seiner Arbeit formuliert von Stackelberg abschließend und exakt die Kostengestaltung im Betrieb und weist nach, dass sich die Erkenntnisse bezüglich der Einprodukt-Produktion auch auf die Mehrprodukt-Produktion übertragen lassen. Teil der Schrift ist ein umfangreicher mathematischer Anhang, womit der Ökonom den radikalen Bruch mit der für lange Zeit dominierenden Historischen Schule der Nationalökonomie verdeutlichte.

Der endgültige Durchbruch gelang ihm 1934 mit seiner Habilitationsschrift »Marktform und Gleichgewicht«. Hier begründete er eine eigene Marktformenlehre. Systematisch stellt er neun verschiedene Marktformen heraus, die sich nach der Teilnehmerzahl auf Anbieter- und Nachfragerseite unterscheiden. Außerdem untersucht er die Preisbildung auf den jeweiligen Märkten. Als Grundlage für seine Analyse legt er den vollkommenen Markt zugrunde, wobei er die Kriterien der »vollständigen Konkurrenz« und der »vollkommenen Transparenz« aufhebt. Daneben entwickelt von Stackelberg eine Oligopoltheorie. In diesem Zusammenhang widerlegt er das Modell der vollständigen Konkurrenz, auf das die Ökonomie lange zurückgegriffen hatte, um das Beziehungsgefüge einer Wirtschaft widerspruchsfrei beschreiben zu können. Nach diesem Idealbild hat ein Markt so viele Konkurrenten, dass ein einzelner den Marktpreis nicht beeinflussen kann und vollkommene Transparenz herrscht.

Von Stackelberg hält dagegen, dass es auf realen Märkten meist einige wenige Anbieter gebe – Oligopole, die sehr wohl auf den Preis einwirken könnten: durch Kartellbildung, Preiskämpfe oder stillschweigendes Arrangement. Am Beispiel des Dyopols zeigt er, dass auch bei ungleicher Verteilung der Marktmacht ein stabiles Gleichgewicht entstehen kann. Dies geschieht dann, wenn einer der beiden Produzenten deutlich überlegener ist als der andere und wenn der Mächtigere nun die für ihn optimale Lösung wählt – unabhängig vom anderen Dyopolisten. In dieser »Unabhängigkeitsposition« produziert er für den Markt, soviel er möchte und maximiert seinen Gewinn, während sich der Schwächere fügt. Zwar verdient dieser weniger als sein Konkurrent. Dennoch ist dies für ihn besser als ein offener Preiskampf, den er mangels Markmacht verlieren würde. Er passt sich an und das Gleichgewicht ist stabil. Dieses »asymmetrische Dyopol« hat als »Stackelbergsche Lösung« Eingang in die Dogmengeschichte gefunden.

Allerdings erachtet von Stackelberg diese Lösung als nicht wahrscheinlich. In der Regel gebe keiner der Dyopolisten nach und es entstünde ein verlustreicher Verdrängungswettbewerb. Mit seinen Ausführungen wurde er neben dem Amerikaner Edward Chamberlain und der Engländerin → Joan Violet Robinson in den dreißiger Jahren zu einem der Begründer einer modernen Preistheorie.

In einem zweiten Schritt verteidigt er jedoch die Eingriffe von Europas Diktatoren in die Wirtschaft. In der Situation der »Gleichgewichtslosigkeit« müsse ein starker Staat eingreifen, schreibt der Ökonom, und jene Marktergebnisse erzwingen, die sich bei vollständiger Konkurrenz eingestellt hätten, durch die Oligopole aber verhindert würden. Von Stackelberg erläutert dies am Beispiel Italiens, das zu dieser Zeit unter der Diktatur Mussolinis stand. Er hält einen faschistischen Staat für besonders geeignet, weil dieser, anders als in der Demokratie, nicht auf parlamentarische Kompromisse angewiesen sei.

1935 wurde von Stackelberg an die Universität Berlin berufen. 1941 nahm er in Bonn eine Stelle als ordentlicher Professor an. 1943 erschien sein letztes großes Werk »Die Grundzüge der theoretischen Volkswirtschaftslehre«, das er 1945 in einer erweiterten Auflage als »Grundlagen der theoretischen Volkswirtschaftslehre« veröffentlichte. Es wurde nach dem Zweiten Weltkrieg zur Standardliteratur für angehende Volkswirte und ermöglichte den deutschsprachigen Studierenden den Anschluss an die internationale Entwicklung der Wirtschaftstheorie. Von Stackelberg stellt in seinen »Grundlagen« weite Teile der wirtschaftswissenschaftlichen Forschung dar. In einem Kapitel zur Konkurrenzwirtschaft spricht er sich mehrfach für das Konkurrenzprinzip als beste Marktform aus, wenngleich er dem Staat das Recht einräumt, Einkommensumverteilungen vorzunehmen, die allerdings das Konkurrenzprinzip nicht ausschalten dürften.

Während des Krieges war von Stackelberg die meiste Zeit als Dozent vom Kriegsdienst freigestellt. An einen geregelten Lehr-

und Forschungsbetrieb war allerdings nicht zu denken, weshalb er 1943 eine Gastprofessur in Madrid antrat. Dort starb er 1946 an einer bösartigen Erkrankung der Lymphknoten.

Trotz seiner frühen internationalen Anerkennung stehen dem Ökonomen bis heute viele Theoretiker mit Skepsis gegenüber. Der Grund ist sein ungeklärtes Verhältnis zum Nationalsozialismus. Bereits als Jugendlicher hatte er sich in mehreren rechtsgerichteten Organisationen engagiert – von der »Freischar Junger Nation« über den »Jungnationalen Bund«, wo er auch Schriftführer war. 1930 wurde er Mitglied der Baltischen Bruderschaft, 1931 der NSDAP. Es folgten die Funktion des »Dozentenschaftsführers« an der Universität Köln und die Mitgliedschaft in der Waffen-SS. Von Stackelbergs Parteieintritt beförderte seine Karriere. Seine Habilitation wurde aus politischen Gründen unterstützt.

Seine zweimaligen – vergeblichen – Versuche, aus der SS auszutreten, lassen den Wissenschaftler jedoch in einem anderen Licht erscheinen. Ebenso verweist ein Eintrag in seiner Personalakte von 1935 darauf, dass er kein Vertreter der Nazi-Ideologie gewesen ist. In einem Aufsatz, der im selben Jahr erschien, distanzierte sich von Stackelberg von der nationalsozialistischen Weltanschauung. Er machte deutlich, dass er keine Rasse für überlegen hielt. 1937 ermöglichte er einem jüdischen Kollegen – entgegen den Bestimmungen – den Doktortitel. Auch ausländischen Meinungen gegenüber war der Ökonom offen – anders als viele seiner deutschen Kollegen. Er übersetzte mehrere Werke, unter anderem von → John Richard Hicks. 1943 wurde er Mitglied der von seinem Lehrer Erwin von Beckerath geleiteten informellen »Arbeitsgemeinschaft«, einem Zirkel oppositioneller Ökonomen, dem unter anderem auch der Freiburger Vordenker der sozialen Marktwirtschaft → Walter Eucken angehörte. Ein freundschaftliches Verhältnis verband von Stackelberg mit Jens Jessen, der – nach dem misslungenen Hitler-Attentat am 20. Juli 1944 – hingerichtet wurde.

Allerdings können die Sympathien, die von Stackelberg bis zu seinem Tode für faschistische Staaten hegte, nicht geleugnet werden. Seine anerkennenden Ausführungen zum Italien Mussolinis in seiner Habilitation wie auch die Annahme der Gastprofessur 1943 in Spanien, wo Franco wenige Jahre vorher seine faschistische Diktatur etabliert hatte, sprechen ihre eigene Sprache.

Nichtsdestoweniger beschreibt ihn sein Schüler Hans Möller als einen Ökonomen, der die Wissenschaft auf einzelnen Gebieten entscheidend gefördert und ihr auf vielen anderen richtungweisende und interessante Anregungen gegeben habe. Mitte der 1980er Jahre wurde die »Stackelbergsche Lösung« von amerikanischen Ökonomen für eine »Strategische Handelspolitik« aufgegriffen. Sie forderten den Eingriff des Staates, der durch Exportsubventionen heimische Unternehmen in die Lage versetzen sollte, die »Stackelbergsche Unabhängigkeitsposition« einnehmen zu können. Auf diese Weise – so die Idee – könnten Gewinne ausländischer Unternehmen auf inländische umverteilt werden. Somit hatte die »Stackelbergsche Lösung« immerhin auch politische Bedeutung.

25. Walter Eucken

(* Jena 17.1.1891, † London 20.3.1950)

Walter Eucken gehörte zu den Mitbegründern der Freiburger Schule und damit des deutschen Ordoliberalismus. Sein Interesse galt dem Zusammenhang von Macht, Unfreiheit und Armut. Um der modernen Wirtschaft eine funktionsfähige und menschenwürdige Ordnung geben zu können, plädierte er für einen Staat, der zwar nicht in die Wirtschaft eingreifen, aber den Rahmen für freien und fairen Wettbewerb setzen sollte. Viele seiner Erkenntnisse waren die Basis für den Wiederaufbau in Deutschland nach 1945. Auch wenn etliche Ratschläge des Ökonomen nicht beachtet wurden, gilt er als geistiger Vater der sozialen Marktwirtschaft. Für das Selbstverständnis der bundesdeutschen Wirtschaftspolitik war er einer der wichtigsten Wirtschaftswissenschaftler.

Eucken wurde in Jena geboren. Sein Vater Rudolf Eucken war Philosoph und Schriftsteller und arbeitete als Professor an der dortigen Universität. Er erhielt 1908 den Literaturnobelpreis. Der junge Eucken wuchs mit seinen Geschwistern in einer hochgelegenen Villa in harmonischen, bürgerlichen Verhältnissen auf, in denen es an geistigen Anregungen nicht mangelte. Die Philosophie des Vaters, deren zentrale Elemente ein ethischer

Aktivismus und das Denken in idealen Ordnungen waren, beeinflusste Euckens Schaffen und wurde später Teil seiner eigenen Lehre der Wirtschaftsordnungen.

Von 1909 bis 1913 studierte Walter Eucken Nationalökonomie in Kiel, Jena und Bonn im Umfeld der damals vorherrschenden Jüngeren Historischen Schule um → Gustav von Schmoller. Nach seiner Promotion war er im 1. Weltkrieg als Frontoffizier im Einsatz. 1921 habilitierte sich Eucken bei Heinrich Schumacher in Berlin. Anschließend arbeitete er vier Jahre als Privatdozent in Berlin und zwei Jahre als Ordinarius für Nationalökonomie in Tübingen. Daneben war er von 1921 bis 1924 für den Reichsverband der Textilindustrie tätig. 1927 folgte er einem Ruf an die Universität Freiburg.

In seiner Ausbildung und bei seinem Zwischenspiel in der Industrie hatte Eucken erfahren, wie stark wirtschaftliche Interessengruppen die akademische Ökonomie beeinflussen konnten. Vor allem hatte er beobachtet, wie sich die deutsche Demokratie den Nationalsozialisten ergeben hatte. Als Konsequenz widmete er sich der Kritik wirtschaftlicher Macht und der Suche nach Strukturen, die sie begrenzen könnten. Er kam zu dem Schluss, dass der Markt klare und verlässliche Regeln braucht, um zu funktionieren.

In den folgenden Jahren drängte Eucken den Einfluss der Historischen Schule der Nationalökonomie zurück und entwickelte das Denken in Wirtschaftsordnungen. Er schuf eine neue theoretische Grundlage für die Wirtschaftswissenschaft, die sowohl die historische Analyse von Volkswirtschaften als auch das Formulieren allgemeiner Gesetzmäßigkeiten erlaubte.

In Freiburg traf Eucken mit den Juristen Franz Böhm und Hans Großmann-Doerth zusammen, die sich ebenfalls mit der Ordnung der freien Wirtschaft im Verhältnis zur Gesamtgesellschaft beschäftigten. Die intensive Zusammenarbeit zwischen den drei Wissenschaftlern führte Anfang der 1930er Jahre zur Gründung der Freiburger Schule. Diesem Kreis schlossen sich weitere Ökonomen und Juristen in Freiburg an. Kontakte gab es auch zu → Wilhelm Röpke, der im Exil lebte.

Gemeinsam gaben die drei Begründer die Schriftenreihe »Ordnung der Wirtschaft« heraus. Das erste Heft erschien 1937. Es gilt als eigentliche Geburtsstunde der Freiburger Schule. Im

Vorwort der ersten Ausgabe betonen sie ihr Verständnis von einer Wirtschaftsverfassung als einer »Gesamtentscheidung über die Ordnung des nationalen Wirtschaftslebens«.

Schon bald nach Hitlers Machtergreifung 1933 zeigten sich Gegensätze zwischen den Mitgliedern der Freiburger Schule und der nationalsozialistischen Ideologie. Eucken avancierte zum Sprecher der Opposition im Universitätssenat. In seinen Vorlesungen trafen sich regimekritische Zeitgenossen.

In drei Freiburger Kreisen manifestierte sich der Widerstand einiger Wissenschaftler. Einer davon war der Bonhoeffer-Kreis, der sich 1942 aufgrund einer Anfrage des Berliner Pfarrers Dietrich Bonhoeffer gebildet hatte. Hier wurde eine politische Denkschrift für die Bekennende Kirche entwickelt, zu der Eucken mit anderen oppositionellen Mitstreitern eine Abhandlung zur Wirtschafts- und Sozialordnung beisteuerte. Darin findet sich bereits vieles, was später Grundlage für die Soziale Marktwirtschaft werden sollte. Nach dem Attentat auf Hitler am 20. Juli 1944 fand die Gestapo Teile dieser Denkschrift und deckte die Verbindungen der Autoren zu den Attentätern auf. Eucken musste schwere Verhöre über sich ergehen lassen, wurde aber nicht inhaftiert.

Vier Jahre zuvor, 1940, war sein erstes Hauptwerk »Grundlagen der Nationalökonomie« erschienen, das eine ganze Generation von Wirtschaftswissenschaftlern prägen sollte. Eucken formulierte hier seine Hypothese von der »Interdependenz der Ordnungen« und begründete damit den ordnungsökonomischen Ansatz in der modernen Wirtschaftswissenschaft. Er ging davon aus, dass die Wirtschaftsordnung nicht unabhängig vom Rechts- und Gesellschaftssystem gesehen werden kann. Alle drei »Ordnungen« beeinflussen und durchdringen sich gegenseitig. Konzepte zur wirtschaftlichen Gestaltung der Gesellschaft müssten dies berücksichtigen. Für Eucken waren die Freiheit des Einzelnen, Demokratie und Wettbewerbswirtschaft untrennbar miteinander verbunden. Die Konzentration von Macht gefährde die Freiheit des Individuums. Zugleich führten wirtschaftliche Machtpositionen, wie sie Kartelle, Monopole aber auch Zentralverwaltungswirtschaften repräsentieren, zur Aushebelung demokratischer Machtkontrolle. Umgekehrt benötige wirtschaftliche Freiheit auch politische Freiheit und eine demokratische Kontrolle des Staates.

Eucken unterschied moderne Wirtschaftsordnungen in Zentralverwaltungswirtschaft und Marktwirtschaft. Kriterium ist die Verteilung wirtschaftlicher Macht. Als Gegenpol zur Zentralverwaltungswirtschaft sah er nicht die »freie Marktwirtschaft« des Laisser-faire, sondern den vollständigen Wettbewerb, bei dem keiner einen anderen ökonomisch lenken kann. Zwischen diesen beiden Polen gibt es einen weiteren Ordnungstyp, die vermachtete Marktwirtschaft. Hier können einzelne Machtgruppen durch Preispolitik oder Lobbyismus in die ökonomische Freiheit anderer Marktteilnehmer eingreifen. Eine nach dem Laisser-faire-Prinzip sich selbst überlassene Wirtschaft hat nach Eucken Machtkonzentrationen zur Folge, was in der Konsequenz einer Selbstzerstörung gleichkommt.

Nach dem 2. Weltkrieg war Euckens wirtschaftspolitisches Denken gefragt. Er beriet zunächst die französische und die US-amerikanische Militärregierung. 1947 verfügten erstmals die Befürworter der Marktwirtschaft im deutschen Wirtschaftsrat über eine knappe Mehrheit. Im März 1948 kam mit Ludwig Erhard ein ehemaliger Schüler Euckens in die alliierte Wirtschaftsverwaltung. Drei Monate später fiel mit der Währungsreform endgültig die Entscheidung, die Zwangsbewirtschaftung aufzugeben. Als Berater Erhards nahm Eucken in den folgenden zwei Jahren wesentlichen Einfluss auf wirtschaftspolitische Grundentscheidungen in der jungen Bundesrepublik. Seitdem gehört die »Freiburger Schule« zum Gründungsmythos der Bundesrepublik. Politiker wie Ehrhard charakterisierten Eucken als »den maßgebenden Verfechter der Marktwirtschaft«.

1948 fand die Schriftenreihe »Ordnung und Wirtschaft« mit dem Jahrbuch »ORDO« eine Fortsetzung. Im Vorwort des ersten Bandes sprach sich Eucken erneut dafür aus, dass der Staat den ordnungspolitischen Rahmen für die Gewährleistung einer Wettbewerbswirtschaft als Basis einer freiheitlichen, aber geordneten Marktwirtschaft schaffen sollte.

Bis zum Ende seines Lebens lehrte Eucken in Freiburg. Er starb 1950 an einem Herzanfall in London, wohin ihn die London School of Economics zu einer Vortragsreihe eingeladen hatte. Die Einladung verweist nicht zuletzt auf den internationalen Ruf, den Eucken und die Freiburger Schule mittlerweile genossen. Er verblasste auch nach seinem Tod nicht.

1952 erschien postum sein Werk »Grundsätze der Wirtschaftspolitik«. Es zählt zu den Klassikern der Wirtschaftswissenschaft. Eucken entwickelte hier die »Ordnungspolitik«, die Idee des »Ordo«. Sie beinhaltet Maßstäbe einer Wirtschaftsverfassung, in der der Staat zwar den Rahmen setzt, die Individuen aber frei entscheiden können. Eucken beschrieb sieben konstituierende und vier regulierende Prinzipien als existentiellen Bestandteil einer Wettbewerbsordnung. Dazu zählen ein funktionierendes Preissystem, Währungsstabilität, offene Märkte, Vertragsfreiheit, Privateigentum, Haftung und eine aktive Anti-Monopol-Politik.

Auch wenn Eucken mit seinen Erkenntnissen über die Funktionsbedingungen einer freiheitlichen Wirtschafts- und Gesellschaftsordnung die theoretische Grundlage für die Soziale Marktwirtschaft geschaffen hat, wurden seine Ideen jedoch nur zum Teil realisiert. Von seinem Ideal, wirtschaftliche Macht zu verhindern, blieb 1957 nur ein Kartellgesetz, das lediglich die schlimmsten Auswüchse verbietet, jedoch keinesfalls völligen Wettbewerb sichert. Euckens kritische Gutachten »Über die Verstaatlichung der privaten Banken«, »Industrielle Konzentration«, »Bemerkungen zur Währungsfrage« und »Über die Arbeitsverfassung in Industriebetrieben«, die er nach 1945 veröffentlichte, blieben nahezu unbekannt.

Walter Oswalt, ein Enkel Euckens, resümierte 1994 gegenüber der »Süddeutschen Zeitung«: »Die deutsche Wirtschaftsordnung, zu deren Vätern Eucken oft gerechnet wird, hätte er wahrscheinlich nicht als soziale Marktwirtschaft bezeichnet.« Nichtsdestoweniger war Eucken einer der wichtigsten Ökonomen in der Frühzeit der Bundesrepublik.

26. Wilhelm Röpke

(* Schwarmstedt 10.10.1899, † Genf 12.2.1966)

Wilhelm Röpke zählt zu den geistigen Wegbereitern der Sozialen Marktwirtschaft in der Bundesrepublik. Er war ein bedeutender Vertreter des Ordoliberalismus. Er bemühte sich um eine Verbindung von liberaler Ökonomie und konservativer Kapitalismuskritik. Dabei suchte er nach einem dritten Weg zwischen Laisser-faire-Kapitalismus und Zentralverwaltungswirtschaft.

Röpke wuchs in einer liberalen Landarztfamilie in Schwarmstedt bei Hannover auf. Trotz der bäuerlich-ländlichen Umgebung führte er ein großstädtisches Leben. Er beherrschte mehrere Sprachen und reiste viel. Nach dem Studium der Rechts- und Staatswissenschaften und der Volkswirtschaft konnte er sich bereits 1922 als Privatdozent der politischen Ökonomie an der Universität Marburg habilitieren. Im Alter von 25 Jahren wurde Röpke als jüngster deutscher Professor an die Universität Jena berufen. Zwischenzeitlich war er Gastprofessor bei der Rockefeller-Stiftung in den USA. 1928 erfolgte die Berufung an die Universität Graz und 1929 nach Marburg, wo er bis 1933 als Ordinarius der politischen Ökonomie wirkte.

Bereits in den 1920er Jahren wurden seine Studien über »Geld und Außenhandel«, »Die Theorie der Kapitalbildung« und »Weltwirtschaft und Außenhandelspolitik« weit über die Grenzen Deutschlands hinaus beachtet. Die Regierung Brüning zog ihn in Wirtschaftsfragen zu Rate. Er war Mitglied der Reichskommission zur Krisenbekämpfung und schlug dort entgegen der damals herrschenden Lehre Nachfrage belebende Maßnahmen des Staates vor.

Auch auf politischem Gebiet fiel Röpke auf. Öffentlich warnte er vor den Gefahren des Nationalsozialismus und zeigte sich als Gegner der NSDAP. Infolgedessen verlor er seinen Marburger Lehrstuhl und floh 1933 in die Türkei, wo er an der Universität Istanbul ein Ordinariat für Nationalökonomie erhielt. Dort arbeitete Röpke mit dem Soziologen Alexander Rüstow zusammen und korrespondierte mit den Ökonomen der Freiburger Schule um → Walter Eucken. In der Türkei entstand auch sein 1937 veröffentlichtes Buch »Die Lehre von der Wirtschaft«, das in vierzehn Sprachen übersetzt und zur theoretischen Grundlage seiner späteren wirtschafts- und gesellschaftspolitischen Publikationen wurde. 1937 folgte Röpke einem Ruf als Professor für Internationale Wirtschaftsfragen an das Institut de Hautes Études Internationales nach Genf, an dem er bis zu seinem Tod 1966 wirkte.

Schon in seiner »Lehre von der Wirtschaft« zeichnete sich ab, dass Röpke seine Arbeiten auch auf außerwirtschaftliche Bereiche ausgedehnt hatte. In Genf schrieb er die sozialkritische Trilogie »Die Gesellschaftskrisis der Gegenwart«, 1942, »Civitas Humana«, 1944, und »Internationale Ordnung«, 1945, deren Grundzüge er in Istanbul entwickelt hatte. Darin entwirft er – in den Grundsätzen mit den Vertretern der Freiburger Schule einig – seine Vorstellung von Wirtschaftsordnung.

Röpkes Denken war geprägt vom Zweiten Weltkrieg. In dieser Zeit wurde ihm bewusst, dass die Nationalsozialisten den Zusammenbruch der Weltwirtschaftsbeziehungen hatten ausnutzen können. Da der Laisser-faire-Liberalismus gescheitert war und eine Zentralverwaltungswirtschaft untrennbar zu einer Diktatur gehörte, suchte er einen »dritten Weg«, eine Wirtschaftsordnung des »ökonomischen Humanismus«. Er forderte eine Politik, in welcher der Staat als »unabhängiger Schiedsrichter« auftreten sollte, um Monopole zu verhindern und den Konsumenten die Freiheit zu geben, tatsächlich am Markt mitbestimmen zu können. Dies war für ihn Voraussetzung für eine echte Wettbewerbsordnung. Er nannte dieses Vorgehen »liberalen Interventionismus«. Dabei unterschied Röpke zwischen marktkonformen und nichtkonformen Eingriffen des Staates. Im Gegensatz zu nichtkonformen Maßnahmen korrigieren konforme Eingriffe den Strom der Preissignale, ohne deren Richtung aufzuheben.

Daneben wollte Röpke eine Renaissance von bäuerlicher Landwirtschaft, Handwerk und Kleinhandel. Für das Kernübel aller Probleme hielt er die Wirtschaftskonzentration – die Lösung des Problems lautete für ihn: Dezentralisation. Als ein Mittel dazu sah er einen fairen und freien Welthandel an. Jeder Kleinbauer müsste seine Produkte uneingeschränkt und ohne Subventionsbürokratien anbieten können. Auch dafür sollte der Staat den Rahmen setzen: durch Raumplanung, Kappung hoher Handelsspannen, Kredite zur breiten Eigentumsbildung, auf Sozial- und Umweltverträglichkeit ausgerichtete Forschung und Planung.

Röpke diagnostizierte eine »Asymmetrie der Marktwirtschaft«. Danach braucht der Markt Bedingungen, die er aus sich heraus nicht reproduzieren kann – Gesetze, aber auch kulturelle und moralische Standards. Dazu zählte Röpke Gerechtigkeits- und Gemeinsinn, Ehrlichkeit sowie die Achtung der Menschenwürde – Normen, die gerade durch die industrielle Modernisierung aufgelöst würden. Auch für diese Werte »Jenseits von Angebot und Nachfrage«, wie er 1958 ein Buch übertitelte, sollte die Politik, gemeinsam mit der Zentralbank, Sorge tragen.

Röpke schuf keine neuen ökonomischen Theorien. Er wollte zeigen, dass die liberale Forderung nach Privateigentum und Wirtschaftsfreiheit eine Antwort auf konservative und linke Kritik an der industriellen Wirtschaft sein kann. Im ersten Jahrzehnt nach dem Zweiten Weltkrieg gehörte er auf dem Gebiet der Wirtschafts- und Gesellschaftskunde zu den meistgelesenen Autoren weltweit.

Nach dem Ende des Nationalsozialismus warnte Röpke angesichts der Bestrebungen um eine Europäische Wirtschaftsgemeinschaft vor der Entstehung eines neuen »Supernationalismus«, der sich nach außen abschotten könnte. Gleichzeitig befürchtete er, dass mit dem gemeinsamen Markt eine »gemeinsame Kommandowirtschaft« entstehen und eine Festung Europa den Ländern der Dritten Welt schaden könnte.

In einem Memorandum zur Frage »Ist die deutsche Wirtschaftspolitik richtig?«, das er 1950 im Auftrag der Bundesregierung erstellte, forderte Röpke in 91 Thesen die konsequente Weltmarktintegration, eine umfassende Liberalisierung, den Rückbau des Wohlfahrtsstaates sowie den Verzicht auf Mitbestimmung und Vollbeschäftigungsprogramme. Nachdem das »Wirtschaftswunder« in Deutschland bereits ein Jahrzehnt währte, wies er auf eine Zunahme der Gefahren hin, die dem Land seiner Ansicht nach im wirtschaftlichen und sozialen Bereich drohten. Seine regelmäßigen Stellungnahmen in der Presse zu wirtschaftspolitischen Tagesfragen brachten ihm viele Widersacher ein. Vor der »Aktionsgemeinschaft soziale Marktwirtschaft«, deren Ehrenmitglied er war, klagte Röpke über die europäische »Missintegration«. Die neue europäische Wirtschaftsbürokratie charakterisierte er als Sachwalterin eines »echten Partikularinteresses«. Zu den ungelösten Problemen rechnete er vor allem die öffentlichen Finanzen, die sich wie ein Krebsschaden in die produktive Wirtschaft hineinfräßen. Allerdings gelang es ihm nicht, die Idee des »dritten Weges« in praktische Politik umzusetzen.

Während des Kalten Krieges sah der konservative Liberale Röpke überall die Macht des Kollektivismus wirken – auch im modernen Wirtschaftsstaat, dem er vorwarf, mit seiner schleichenden Inflation, dem Schüren maßloser Sicherheitswünsche und dem Ausmerzen des Mittelstandes die Menschen dem Staat zu unterwerfen.

Resigniert erklärte er am Ende seines Lebens seine Vision von der Dezentralisierung der gesamten Wirtschaft für einen »Irrtum«. Das Konzept, einen freien Weltmarkt und die Rettung der bäuerlichen Kultur miteinander zu vereinbaren, gab er auf.

Sein Leben lang befand sich Röpke im Spannungsverhältnis zwischen einem konsequenten Liberalismus und einem konservativ-romantischen Leitbild in antik-christlicher Tradition. Als er 1966 infolge eines Herzinfarktes starb, hinterließ er weit mehr als 800 Schriften. Mit seinem Sachverstand und seiner Überzeugungskraft hatte er politische Entwicklungen beeinflusst und als Wissenschaftler und politischer Berater die Entwicklung im Nachkriegsdeutschland maßgeblich mitgeprägt und Bundeskanzler Ludwig Erhard stark beeinflusst. Erhard würdigte Röpke als einen mutigen Kämpfer für eine freiheitliche Gesellschaftsordnung, der zum wissenschaftlichen Ausbau der sozialen Marktwirtschaft entscheidend beigetragen hat.

Gleichzeitig jedoch war Röpke ein früher Kritiker der kulturellen und ökologischen Folgen der modernen Industriegesellschaft.

27. Erich Gutenberg
(* Herford 13.12.1897, † Köln 22.5.1984)

Erich Gutenberg gilt als Begründer der modernen deutschen Betriebswirtschaftslehre. Er stach durch seinen »Röntgenblick« auf die unternehmerische Praxis hervor. Den Betrieb betrachtete er nicht in seinen Teilbereichen, sondern in der Gesamtheit seiner Funktionen. In der Bundesrepublik gehörte Gutenberg zu den wichtigsten Vertretern zeitgenössischer Organisationsforschung.

Er wurde im ostwestfälischen Herford als Sohn eines Fabrikanten geboren. Sein Abitur legte er im Frühjahr 1918 während eines Lazarettaufenthaltes ab. 1919 begann er ein naturwissenschaftliches Studium an der Technischen Hochschule in Hannover, brach es jedoch wenige Monate später wieder ab, um sich nach dem Tod des Vaters und des Bruders mit einem Studium der Volkswirtschaftslehre in Würzburg auf die Übernahme der Fabrik vorzubereiten. 1921 promovierte er in Halle an der Saale. Anschließend war Gutenberg in einer Maschinenfabrik im schlesischen Hirschberg angestellt.

1924 musste er während der Hyperinflation den Bankrott des elterlichen Unternehmens miterleben. Noch im selben Jahr übernahm er eine Stelle als wissenschaftlicher Assistent an der Westfälischen Wilhelms-Universität in Münster. Ein Jahr später ließ er sich beurlauben und begann in Frankfurt am Main ein Studium der Betriebswirtschaftslehre, das er im März 1926 als Diplomkaufmann abschloss. 1928 habilitierte er sich in Münster mit seiner Arbeit »Die Unternehmung als Gegenstand betriebswirtschaftlicher Theorie«.

Im April 1929 erhielt Gutenberg eine Anstellung bei der Deutschen Zentralgenossenschaftsbank in Berlin. Seine Berufung auf einen Lehrstuhl wurde vom nationalsozialistischen Dozentenbund immer wieder verhindert. So machte er als Wirtschaftsprüfer in der Praxis die Erfahrung, was es heißt, Unternehmer in einer zentral gelenkten Wirtschaft zu sein.1932 wechselte er zur Deutschen Wirtschaftsprüfungs-AG, Essen, und wurde Leiter der Filiale in Dortmund. Im Januar 1933 legte er sein Examen als Wirtschaftsprüfer ab und stieg im selben Jahr zum Vorstand der Deutschen Wirtschaftsprüfungs-AG auf. Im Herbst 1938 folgte er einem Ruf als außerordentlicher Professor an die Bergakademie Clausthal-Zellerfeld.

Von 1941 bis 1947 hatte Gutenberg den Lehrstuhl für Betriebswirtschaftslehre an der Friedrich-Schiller-Universität Jena inne – unterbrochen vom Kriegsdienst als Offizier. Von 1948 bis 1951 war er Ordinarius an der Johann-Wolfgang-von-Goethe-Universität Frankfurt am Main. Danach wurde er an der Universität Köln als Direktor des Seminars für Allgemeine Betriebswirtschaftslehre Nachfolger von Eugen Schmalenbach, der die Betriebswirtschaftslehre als akademisches Lehrfach begründet hatte.

Sein dreibändiges Hauptwerk »Grundlagen der Betriebswirtschaftslehre« erschien in den Jahren 1951, 1955 und 1969.

Darin entwickelte Gutenberg ein neues System der Betriebswirtschaftslehre. Es betrachtete den Betrieb als einen einheitlichen Organismus – in der Gesamtheit der Funktionsbereiche
Produktion, Absatz und Finanzen, in denen die maßgeblichen
unternehmerischen Dispositionen zu treffen sind. Entscheidend
dabei ist die Produktivitätsbeziehung zwischen Input und Output des Unternehmens.

In seinem Werk verfolgte Gutenberg einen interdisziplinären
Ansatz: Er berücksichtigt Erkenntnisse der Arbeitspsychologie,
Gruppen- und Organisationssoziologie sowie der Ingenieur- und
Rechtswissenschaften. Ein weiteres Merkmal ist die Formalität
des Gutenbergschen Ansatzes. Sie drückt die Produktivitätsbeziehung in einer Produktionsfunktion, der »Gutenberg-Produk-
tionsfunktion« und in einer Nachfragefunktion, der »Gutenberg-
Nachfragefunktion« aus. Sein Ausgangspunkt der Modellierung
war das analytische Instrumentarium der mikroökonomischen
Theorie – soweit es nicht im Widerspruch zur erlebten betrieblichen Realität steht. Diese Vorgehensweise führte nach Erscheinen des Buches zu Kontroversen, während sie heute als wesentlicher Teil der Betriebswirtschaftslehre anerkannt ist.

Gutenbergs Theorie übte nachhaltigen Einfluss auf die Praxis der Unternehmensführung aus. Sie liefert die Basis für eine
entscheidungsorientierte Kostenrechnung und ist Grundlage
für die Produktionsplanung im mehrstufigen Industriebetrieb.
Produktionsplanungs- und Ablauf-Systeme wie die Schachbrett-
montage in der Automobilfertigung sind aus ihr direkt abgeleitet. Gutenbergs Idee, dass ein Unternehmen über ein akquisito-
risches Potential verfügt, und seine Analyse des absatzpolitischen
Instrumentariums haben die Bemühungen in der Wirtschaft um
die Herstellung größerer Kundennähe ausgelöst und die praktischen Überlegungen über einen effizienten Marketing-Mix
nachhaltig beeinflusst. Indem er erkannte, dass ein Unternehmer
die »Unvollkommenheiten« des Marktes – besondere Vorlieben
von Konsumenten oder auch unterschiedliche Rechtsvorschriften
und Steuersysteme – zu seinem Vorteil beeinflussen kann, wurde
Gutenberg zum Schöpfer der modernen Marketing-Lehre.

Gleichwohl widersprach er einem Menschenbild, das unterstellt, der Mensch maximiere seinen eigenen Nutzen, auch wenn
es zum Schaden von Vorgesetzten und Kollegen ist. Anders als

→ Karl Marx, der davon ausging, dass sich die gesellschaftliche Kluft zwischen Arbeiterklasse und Bürgertum vergrößern würde, konstatierte Gutenberg, dass Kapitalisten und Arbeiter aufeinander angewiesen seien. Er war der Ansicht, dass das Ergebnis menschlicher Arbeit im Betrieb von Bedingungen abhängt, die der Arbeitgeber, der Mitarbeiter selbst und beide zusammen beeinflussen können. Je besser diese Zusammenarbeit funktioniere, desto ertragreicher sei die gemeinsame Arbeit. In dieser Art von Partnerschaft hätten alle Beteiligten das gemeinsame Ziel, den Wert des Unternehmens für die Gesellschaft nachhaltig zu steigern.

Gutenbergs Verdienste um die Betriebswirtschaftslehre wurden durch zahlreiche Ehrenpromotionen gewürdigt. Von 1954 bis zu seiner Emeritierung 1966 war er Mitglied des wissenschaftlichen Beirats beim Bundeswirtschaftsministerium. 1968 erhielt er das Bundesverdienstkreuz.

Er hat die Industriewirtschaft effizienter gemacht und die Betriebswirtschaftslehre revolutioniert. »Vieles ... erscheint uns heute sicher selbstverständlich. Das ist immer das Zeichen einer fruchtbaren Entdeckung. ...die großen Entdeckungen erscheinen uns, sind sie einmal gemacht, ganz simpel und selbstverständlich«, beschrieb der Professor für Betriebswirtschaftslehre Horst Albach den Wert der Erkenntnisse Gutenbergs. Dass seine »Grundlagen« die Betriebswirtschaftslehre so stark beeinflussen konnten, wird auch darauf zurückgeführt, dass sie kein abgeschlossenes Lehrgebäude bilden, sondern Perspektiven für vertiefte theoretische Analysen, verfeinerte mathematische Entscheidungsmodelle und eine theoretisch fundierte empirische Forschung öffnen. Gutenberg wollte die Wissenschaft immer für neue Ansätze offen halten. Er starb 1984 in Köln.

28. Edgar Salin
(* Frankfurt am Main 10.2.1892, † Montreux 17.5.1974)

Edgar Salin engagierte sich für eine wirklichkeitsnahe politische Wirtschaftswissenschaft, die historisch, soziologisch und philosophisch ausgerichtet ist. Die »reine« ökonomische Theorie erweiterte er mit seinem Konzept einer »anschaulichen« Theorie. Damit wollte er Wirtschaftssysteme ganzheitlich erfassen.

Salin war jüdischer Herkunft. Er kam 1892 als Sohn eines Fabrikdirektors zur Welt. Von 1910 bis 1914 studierte er in Heidelberg, München und Berlin Nationalökonomie und Jurisprudenz sowie Philosophie, Kunst- und Literaturgeschichte. Gleich im ersten Jahr seines Studiums bereiste er auf Einladung seines Onkels, eines New Yorker Bankiers, die USA. Beide untersuchten dabei die Investitionsmöglichkeiten in Eisenbahnen und Bergbau. Seine Reiseerfahrungen verwertete Salin später in seiner Dissertation über die wirtschaftliche Entwicklung von Alaska. Er promovierte 1914 in Heidelberg bei dem Nationalökonomen und Soziologen Alfred Weber, der neben Max Weber und Lujo Brentano den bestimmenden Einfluss auf Salin ausübte.

Noch 1914 zog er freiwillig in den Krieg, den er schwer verwundet überlebte. 1918 wurde er Referent in der politischen Abteilung der deutschen Gesandtschaft in Bern. Dort hatte er Nachrichten über die sozialistischen Bewegungen zu sammeln und auszuwerten. Ein Jahr später wandte er sich einer akademischen Laufbahn zu. 1920 habilitierte er sich in Heidelberg als Privatdozent über »Platon und die griechische Utopie« und erhielt dort 1924 eine außerordentliche Professur für Sozialwissenschaften.

Von 1927 bis zu seiner Emeritierung 1962 lehrte Salin als Professor für Staatswissenschaften an der Universität Basel. Dort war er auch Direktor des Instituts für Wirtschaftskunde. In Basel entfaltete er eine vielseitige Lehr- und Forschungstätigkeit. Neben wirtschafts- und sozialpolitischen Problemen der Gegenwart studierte er auch die wirtschaftlichen und politischen Ideen der Antike und der frühchristlichen Zeit. Schon als junger Mann hatte sich Salin mit dem platonischen Staatsdenken auseinandergesetzt. Ein Ergebnis der intensiven Beschäftigung mit dem antiken Philosophen waren seine Platon-Übersetzungen, die in fünf Bänden in Basel erschienen sind.

Auch der Dichter Stefan George beeinflusste Salin stark. Er war bis 1922 Teil des George-Kreises, dem – neben gleichgesinnten Dichtern – auch Wissenschaftler verschiedener Disziplinen angehörten, die, ganz im Sinne der Lehre Georges, einen ganzheitlichen Ansatz verfolgten. Es war die Zeit, als der

Historischen Schule der Nationalökonomie nicht mehr zuge-
traut wurde, brennende ökonomische Fragen zu beantworten.
Zunehmend wandte sich die deutsche Wirtschaftswissenschaft
dem international anerkannteren neoklassischen Ansatz und
dessen theoretisch orientierter Methode zu. Anders Salin. In
Rückbesinnung auf interdisziplinäre Ansätze versuchte er, neben die »reine« ökonomische Theorie eine »anschauliche« zu
stellen.

Diese entwickelt er in seiner »Geschichte der Volkswirtschaftslehre«, die 1923 zum ersten Mal erschien und die er 1967
in der fünften Auflage in »Politische Ökonomie« umbenannte.
Das Buch kann als nationalökonomisches Haupt- und Lebenswerk Salins betrachtet werden. Es beschreibt in einzigartiger
Weise die Entwicklung der Dogmengeschichte bezogen auf den
geistesgeschichtlichen Hintergrund. Damit verdeutlicht Salin
sein Verständnis vom Verhältnis von Geschichte und Ökonomie, das sich in der »anschaulichen« Theorie niederschlägt. Dabei handelt es sich um ein interdisziplinäres Herangehen, das
die Scheidung von Gesamterkenntnis und Teilerkenntnis zur
Grundlage hat. »Anschaulich« versteht sich hier nicht als Gegensatz zur reinen oder rationalen Theorie, sondern als deren
Erweiterung. Denn ökonomische Wissenschaft, wie etwa die
Neoklassik, kann auf Grund ihrer Prämissen – so Salin – nur
Teilerkenntnisse liefern, nie aber die ganze Wirklichkeit abde-
cken.

Salin war aber an einer Gesamterkenntnis der Wirtschaft und
des Wirtschaftens interessiert. Die Einbeziehung von Geschichte bei der Entwicklung einer Theorie betrachtete er dafür als
notwendig. Die »anschauliche« Theorie bedient sich der induktiven Logik; sie benutzt zunächst die Mittel der wissenschaftlichen Einzelbeobachtung, der Statistik und der Geschichte. Begonnen wird mit der Einzelbeobachtung der Wirklichkeit. Diese
erfolgt ebenso wie die Auswahl des Stoffes ohne Zielvorgabe;
nichts wird ausgegrenzt. Dann erfolgt die Beschreibung, die
aufzählend-ordnend, die Ursachen erklärend, verstehend be-
schreibend oder alles gemeinsam sein soll. Daraus werden die
arteigenen Eigentümlichkeiten des beobachteten Gegenstandes
festgestellt, die in einem oder mehreren regelmäßigen Merkma-
len regelmäßig auftreten. Diese erhalten dann einen Namen, das

heißt, es werden Begriffe gebildet und bestimmt. Arteigen sind die wesentlichen Eigentümlichkeiten, die anderen werden als Regelmäßigkeiten gefasst. Schließlich entsteht aus dem bislang Beschriebenen eine Theorie durch die Erklärung der Ursachen. Während also die »reine« Theorie von der Wirklichkeit absehend Einzelerscheinungen herausarbeitet, dabei eine willkürliche Auswahl nach Erkenntnisgesichtspunkten trifft – ohne Rücksicht auf die tatsächlichen Verhältnisse –, immer abstrakt bleibt und somit auch kein Abbild der Wirklichkeit gibt, sieht Salin die komplexe Form der »anschaulichen« Theorie als brauchbare Methode an, allgemeingültig Nationalökonomie ausgehend von der Realität zu betreiben.

Zwischen den beiden Weltkriegen galt Salins Interesse der sich auflösenden Weltwirtschaft und der Arbeitslosigkeit. Von 1928 bis 1938 wirkte er auch als Präsident des Schlichtungsamtes in Basel. In dieser Eigenschaft beeinflusste er nachhaltig das schweizerische Arbeitsrecht. Auch vermittelte er in Arbeitskonflikten. Ein sogenannter »Arbeitsrappen« ging auf seine Idee zurück. Dabei wurde jedem Verdienenden ein Prozent seines Einkommens abzogen. Mit diesen Einnahmen subventionierte der Staat die Bautätigkeit, was wiederum die Konjunktur belebte.

1954 gründete Salin die List-Gesellschaft als Nachfolgerin der Friedrich-List-Gesellschaft, die sich im Jahre 1935 selbst aufgelöst hatte, um dem drohenden Eingriff der Nationalsozialisten zu entgehen. Die nach dem deutschen Ökonomen → Friedrich List benannte Gesellschaft ist eine internationale Vereinigung von persönlichen, korporativen und institutionellen Mitgliedern aus Wirtschaft, Wissenschaft, Politik, Verbänden und öffentlicher Verwaltung. Sie erforscht wirtschafts- und gesellschaftspolitische Probleme, erarbeitet wissenschaftliche Lösungen und ist bestrebt, diese für die Praxis nutzbar zu machen. Einen hervorragenden Namen machte sich Salin auch als Herausgeber der Werke Friedrich Lists.

Nach dem Krieg forderte Salin als einer der Ersten eine Korrektur der Währungsordnung von Bretton Woods. Schon 1960 verlangte er eine Änderung der Dollarparität. In seinen letzten Lebensjahren konnte er mit besonderer Genugtuung beobachten, dass die Weltwährungspolitik eine Entwicklung

nahm, die er in seinen viel umstrittenen Prognosen vorhergesagt hatte.

Früh beschäftigte ihn auch eine mögliche Währungsunion in
Europa. Als Voraussetzung dafür sah er, dass sich die beteiligten Länder über eine gemeinsame Wirtschaftspolitik, Verkehrs-
politik, Sozialpolitik und Bildungspolitik einigten – ohne dabei
sofort ihre Souveränität aufgegeben zu müssen. Für notwendig
erachtete Salin die Schaffung einer festen Recheneinheit und einer europäischen Zentralbank auf der Basis des Goldes.

Salin vertrat vielfach keynesianische Positionen, auch wenn
er nicht soweit ging, von einer keynesianischen Revolution
zu sprechen. Im September 1960 griff er auf einer Tagung des
Vereins für Sozialpolitik die geistigen Väter der damaligen
deutschen Wirtschaftspolitik der Schule des Ordoliberalismus
als weltfremd an. Die deutsche Wirtschaftspolitik der Nachkriegszeit, die »Soziale Marktwirtschaft« Ludwig Erhards,
stützte sich auf Grundsätze, die auf den wirtschaftspolitischen
Überlegungen → Walter Euckens und seiner Freiburger Schule
fußten. Salin sagte damals, dass der Ordoliberalismus dem Zug
zur Konzentration in der Wirtschaft nicht gewachsen sei. Es erschien ihm utopisch, allein vom Markt oder einer »unsichtbaren
Hand« ein dauerhaftes Gleichgewicht des wirtschaftlichen Geschehens erwarten zu wollen. Die wirtschaftlichen Verhältnisse
seien a priori zu kompliziert, als dass sie durch ein Modell ganz
erfasst werden könnten.

Salin war ein Wissenschaftler, der bei seinen Schülern ein
weiteres und tieferes Interesse wachrufen konnte. Mit seinem
Ideenreichtum und seiner einzigartigen Rednergabe wirkte
er mitreißend. Das Anschaulich-Konkrete und die Macht des
Wortes waren sein Markenzeichen. In der Tradition von Alexis
de Tocqueville, Friedrich List und → Karl Marx regte er seine
Hörer zu ganzheitlichem Denken an. Noch lange nach seiner
Emeritierung war er als außerordentlicher Professor an der Uni
Basel tätig. Er starb 1974 in Montreux.

V. KRITIKER

29. KARL MARX

(* Trier 5.5.1818, † London 14.3.1883)

Keine andere Person des 19. Jahrhunderts hat mit seinen Schriften und Theorien den Verlauf des 20. Jahrhunderts so sehr beeinflusst wie Karl Marx. Dies schmälert auch nicht die Tatsache, dass die Geschichte anders verlaufen ist, als sich das Marx vorgestellt hatte, und dass große Teile des Marxismus spätestens zum Ende des 20. Jahrhunderts als gescheitert angesehen werden können.

Obwohl die Schlüsse, die er aus seinen Forschungen zog, von der Realität widerlegt worden sind, liegt der Hauptverdienst von Karl Marx darin, die Bedeutung der ökonomischen Verhältnisse für die Gesellschaft und den Verlauf der Geschichte erkannt zu haben. Er ist ein Vertreter des dialektischen und historischen Materialismus, beschrieb Grundmechanismen der kapitalistischen Produktionsweise und definierte die »historische Mission der Arbeiterklasse«.

Karl Marx entstammte einer alten Rabbinerfamilie. Er studierte in Bonn und Berlin Jura und Philosophie und promovierte 1841 in Jena in Philosophie. Im Laufe seines Lebens wirkte er als Philosoph, Ökonom, Journalist und Politiker. Da ihm die akademische Laufbahn aus politischen Gründen von der preußischen Regierung verwehrt wurde, arbeitete Marx nach seiner Promotion zunächst als Redakteur, später Chefredakteur der »Rheinischen Zeitung für Politik, Handel und Gewerbe«, einem Oppositionsblatt, das soziale Missstände anprangerte. Nach dem Verbot des Blattes gut ein Jahr später wanderte Marx nach Paris aus. Hier studierte er politische Ökonomie und die französischen Sozialisten.

Im September 1844 begann seine Zusammenarbeit mit Friedrich Engels, eine in der Geistesgeschichte einmalige Freundschaft. Engels war ihm auch finanzieller Nothelfer. Beide gründeten 1847 den »Bund der Kommunisten« mit, eine als Geheimbund initiierte revolutionär-sozialistische Vereinigung, die als Keimzelle der späteren sozialistischen und kommunistischen Parteien der Welt gilt.

1847 verfassten sie das »Manifest der kommunistischen Partei«, das ein Jahr später erschien. Hier entwickelten Marx und Engels bereits große Teile der später als Marxismus bezeichneten Weltanschauung. Die Gesellschaftsentwicklung bezeichneten sie darin als eine Geschichte von Klassenkämpfen. Im Kapitalismus stehen sich die moderne Bourgeoisie und die Lohnarbeiter gegenüber. Die Voraussetzung für die Existenz und Herrschaft der Bourgeoisieklasse ist die Anhäufung und Vermehrung des Reichtums in den Händen von Privaten, die Bedingung des Kapitals ist die Lohnarbeit. Die Lebenssituation der Proletarier ist gekennzeichnet von einer Unterjochung unter das Kapital. Statt mit dem Fortschritt der Industrie seine Lage zu verbessern, verarmt der moderne Arbeiter. Den Widerspruch zwischen den Produktivkräften, die immer mehr Reichtum schaffen, und den Produktionsverhältnissen, unter denen sich der Reichtum in den Händen weniger sammelt, beschreibt Marx als die Triebkraft der gesellschaftlichen Entwicklung. Diese Verhältnisse engen die Proletarier derart ein, dass sie sich daraus befreien möchten. Es tritt eine Epoche sozialer Revolutionen ein. Die Bourgeoisie produziert demnach mit der Entwicklung der Industrie ihre »eigenen Totengräber«, die revolutionierenden Arbeiter. Dabei muss der gesamte Überbau, die Gesellschaft, mit in die Luft gesprengt werden. Im Ergebnis entsteht die sozialistische Gesellschaft. Das bürgerliche Eigentum wird in gesellschaftliches verwandelt und verliert seinen Klassencharakter. »An die Stelle der alten bürgerlichen Gesellschaft mit ihren Klassen und Klassengegensätzen tritt eine Assoziation, worin die freie Entwicklung eines jeden die Bedingung für die freie Entwicklung aller ist.« Ziel ist der Kommunismus, das Ideal einer klassenlosen Gesellschaft, in der die sozialen Unterschiede aufgehoben sind und das erwirtschaftete Sozialprodukt allen gehört.

Sein Leben lang war Marx politisch aktiv und setzte seine wissenschaftlichen Forschungen immer auch für die Arbeiterbewegung ein. »Die Philosophen haben die Welt immer nur unterschiedlich interpretiert, es kommt darauf an, sie zu verändern«, war seine Maxime. Marx war Sozialist, er glaubte daran, dass nur die Umwälzung der Produktionsverhältnisse die Arbeiter aus Not und Unterdrückung befreien konnte.

1848 zog er von Paris nach London, wo er bis zu seinem Tod lebte. Dort wurde er 1852 Londoner Korrespondent der »New York Tribune«. Seine Artikel waren umfassende Analysen der politischen und ökonomischen Situation einzelner europäischer Länder. In den deutschen Staaten unterstützte er die Schaffung einer revolutionären sozialistischen Partei. In Verbindung mit Wilhelm Liebknecht gründete er die »Sozialdemokratische Arbeiterpartei«. Ab 1871 schrieb Marx für die von Liebknecht herausgegebenen Zeitschrift »Der Volksstaat«.

Gleichwohl konzentrierte er sich in London auf sein wissenschaftliches Lebenswerk. Zentrum seines Strebens war das Aufdecken der die Welt beherrschenden Geschichtsgesetze und – daraus abgeleitet – die Offenlegung des Weges zur proletarischen Revolution. In seiner wichtigsten Publikation, »Das Kapital. Kritik der politischen Ökonomie«, analysiert er die kapitalistische Gesellschaft. Der erste Band erschien 1867 nach Jahrzehnten ökonomischer Studien und umfangreicher Vorarbeiten.

Im »Kapital« beschreibt Marx, wie im Kapitalismus das Privateigentum an Produktionsmitteln durch die Nutzung von Lohnarbeit vermehrt wird. Diese spezifische Form des Mehrprodukts bezeichnet er als Mehrwert. Mit seiner Theorie des Mehrwerts erklärt er, wie im Kapitalismus Ausbeutung möglich ist, obwohl die Lohnarbeiter formal freie Subjekte sind, die ihre Arbeitskraft wie eine Ware verkaufen und wie alle anderen Warenbesitzer das bekommen, was ihre Ware wert ist. Er erklärt, wie sich der Mehrwert rechnerisch zusammensetzt, welchen Anteil davon ein Arbeiter erhält, und dass eine Kapitalvermehrung nicht aus der Sphäre der Warenzirkulation, sondern nur durch die produktive Anwendung der menschlichen Arbeitskraft entsteht. So akkumuliert sich der Reichtum in Form von Kapital, während seine Produzenten dauerhaft von ihm ausgeschlossen bleiben. Die Arbeiter werden nur soweit am Reichtum beteiligt, wie die Benutzung ihrer Arbeitskraft ihre Entlohnung notwendig macht. Zweitens richtet sich die Kritik gegen die politische Herrschaft, die sich in den Dienst des Kapitals stellt und die Abhängigkeit der arbeitenden Klasse vom Privateigentum durch »Recht und Ordnung« absichert. Für Marx sind dies von Menschen gemachte Verhältnisse, auch wenn sie hinter dem Rücken der Gesellschaftsmitglieder wirken und ihnen als den Dingen innewohnende Notwendigkeiten erscheinen.

Anknüpfend an den deutschen Philosophen Hegel, dessen Geschichtsphilosophie er »vom Kopf auf die Füße stellte«, ist die Grundlage der Marxschen Thesen der dialektische und historische Materialismus, wonach die Welt etwas ständig in Entwicklung Begriffenes ist. Das Primat geht dabei von der Materie aus, während das Bewusstsein deren Produkt ist, weshalb »nicht das Bewusstsein das Leben, sondern das Leben das Bewusstsein« bestimmt. Dieser Ansatz wird auf die Geschichte und die Gesellschaft übertragen. Nach Marx heißt dies, dass die Produktionsweise des materiellen Lebens die Basis ist, auf der sich ein juristischer und politischer Überbau erhebt, dem bestimmte gesellschaftliche Bewusstseinsformen entspringen. Die »welthistorische Mission der Arbeiterklasse« definiert er aus der Annahme heraus, dass Geschichte den Sinn hat, eine klassenlose kommunistische Gesellschaft hervorzubringen.

Während er den zweiten und dritten Band des »Kapital« ausarbeitete, die beide postum von Friedrich Engels herausgegeben wurden, beteiligte sich Marx 1864 federführend an der Gründung der »Ersten Internationale« und leitete diese bis zu ihrer faktischen Auflösung 1872. Auch danach blieb er ständig mit fast allen wichtigen Figuren der europäischen und amerikanischen Arbeiterbewegung in Verbindung, die ihn oft persönlich zu Rate zogen. Die Umsetzung seiner Vorhersagen – die proletarische Revolution – hat er freilich nie erlebt.

Seine Theorien wurden nach seinem Tod unter dem Begriff »Marxismus« zusammengefasst und vielfältig abgewandelt. Der Marxismus zerfiel in verschiedene Schulen und Richtungen. Seine Dogmatisierung ist vor allem auf Lenin zurückzuführen. Im 20. Jahrhundert wurde Marx von Millionen von Menschen zu einem Propheten hochstilisiert, die an die Richtigkeit seiner Theorien glaubten. Die Idee, dass man durch die Beseitigung des Privateigentums an den Produktionsmitteln, des Marktes und des Geldes eine freie Gesellschaft erreichen kann, hatte sich jedoch als schwerwiegender Irrtum herausgestellt. In der

Hochzeit wurde ein Drittel aller Länder der Welt von Marxisten regiert. Heute ist von diesen »Experimenten« so gut wie nichts übrig geblieben.

Mit der bürgerlichen Gesellschaft schließt »die Vorgeschichte der menschlichen Gesellschaft ab«, schrieb Marx. Was dem folgt, ist auch nach der Ära Marx offen.

30. THORSTEIN BUNDE VEBLEN

(* Cato 30.7.1857, † Menlo Park 3.8.1929)

Der US-amerikanische Ökonom norwegischer Abstammung war ein Kritiker der klassischen Ökonomie. Er gilt als einer der Gründerväter des amerikanischen Institutionalismus in der Nationalökonomie. Den Unternehmer betrachtete Veblen als Saboteur des gesellschaftlichen Fortschritts. Er ging davon aus, dass eines Tages Ingenieure mittels einer gewaltigen Produktionsmaschinerie die Führung in der Wirtschaft übernehmen und dem kapitalistischen Chaos ein Ende bereiten würden. Seine ganze Verachtung galt den Reichen. Zeitlebens ein Außenseiter, ist Veblen heute zu Unrecht fast vergessen.

Er wurde in Cato, Wisconsin, als sechstes von zwölf Kindern geboren. Seine Eltern waren 1848 aus Norwegen in die USA ausgewandert und dort auf ihrer Farm als Landwirte tätig. Von Anfang an war Veblen – der eher Bücher las, als seinen häuslichen Pflichten nachzukommen – geprägt vom Geist der Pioniere: Das Leben, das ihn umgab, war einfach und auf das Nötigste beschränkt. Er lernte die norwegische Sprache und wuchs als Kind einer Zuwandererfamilie in dem Bewusstsein von Fremdheit heran.

Von 1874 bis 1880 besuchte er die evangelische Carleton College Academy, die sich in der Nähe des elterlichen Farmlands befand. Die Hoffnung der Eltern, Veblen würde sich anschließend zum protestantischen Geistlichen ausbilden lassen, zerschlug sich jedoch schnell. Veblen war ein hoffnungsloser gesellschaftlicher Außenseiter – eine Feststellung, die bereits sein Lehrer → John Bates Clark machte, der später einer der herausragendsten Wirtschaftswissenschaftler des Landes werden sollte.

Veblen beschloss, eine akademische Laufbahn zu ergreifen. 1881 begann er ein Studium der Philosophie und Ökonomie an der Johns-Hopkins-Universität in Baltimore. Ein Jahr später wechselte er zur Yale-Universität in New Haven, wo er seinen Doktor der Philosophie erhielt. Die folgenden neun Jahre war Veblen – trotz aller Bemühungen um eine Anstellung – die meiste Zeit arbeitslos. Nach einer Malariainfektion kehrte er nach Hause zurück, heiratete 1988, vertiefte sich in politische Traktate und anthropologische Abhandlungen und arbeitete in Gelegenheitsjobs. 1891 setzte er sein Studium der Wirtschafts- und Finanzwissenschaften an der Cornell University in Ithaka fort. Von 1892 bis 1906 konnte er an der Universität von Chicago durch die Vermittlung des angesehenen konservativen Dekans J. Laurence Laughlin politische Ökonomie unterrichten.

Von 1895 bis 1905 war Veblen geschäftsführender Herausgeber der neu gegründeten Fachzeitschrift »Journal of Political Economy«. Hier erschien 1889 sein programmatischer Artikel »Why is economy not an evolutionary science?« Darin stellt er fest, dass die Ökonomie evolutorisch ist – ein Widerspruch zur Vorstellung der klassischen Nationalökonomie, die Wirtschaft eines Landes könne sich je im Gleichgewicht befinden. Die Klassiker begründeten ihre Theorie ausgehend von der Annahme, die wirtschaftenden Individuen handelten konstant rational. Veblen hielt dagegen, dass Menschen viel öfter irrational handelten und »Instinkten« folgten – dem Leistungsinstinkt, dem Aneignungsinstinkt oder dem »Instinkt der müßigen Neugier«.

1899 veröffentlichte er seine »Theory of the leisure class« (»Die Theorie der feinen Leute«), ein Buch, das zu seiner eigenen Überraschung über Nacht zum Vademekum der US-amerikanischen zeitgenössischen Intelligenz wurde. Auf den ersten Blick schien seine Theorie lediglich eine Satire zu sein auf die Lebensformen der Aristokratie und die Verrücktheiten der Reichen. Veblen stellt die These auf, dass deren Lebenssinn darin besteht, Müßiggang zu betreiben und durch die Zurschaustellung ihres Wohlstands Neid hervorzurufen. Denn »um Ansehen zu erwecken und zu erhalten, genügt es nicht, Reichtum oder Macht zu besitzen. Beide müssen sie auch in Erscheinung treten, denn Hochachtung wird erst dem Erscheinen gezollt.«

Hinter diesem Gesellschaftsporträt, das Veblen mittels zahlreicher Beispiele aus dem Wirtschaftsalltag zeichnete, steht jedoch der Versuch einer Antwort auf die Frage, weshalb es eine unproduktive Klasse gibt und welche Bedeutung dem Müßiggang aus ökonomischer Sicht zukommt. Veblen stellt fest, dass es im Laufe der Jahrhunderte zu einem grundlegenden Einstellungswandel zur Arbeit gekommen ist. In den vorindustriellen Gemeinschaften hatten sich unproduktive Klassen herausgebildet, die sich – im Einverständnis mit der Gesellschaft – ihren Reichtum durch Gewalt oder Geschicklichkeit aneigneten. Nach und nach wurden diese als ehrbar angesehen, während die einstmals anerkannte Form der Lebensführung – die tätige Arbeit – schon bald als wertlos galt. In der modernen Gesellschaft setzt sich dies fort. Auch hier strebt die unproduktive Klasse nach Besitz, ohne dafür arbeiten zu wollen. Die Zurschaustellung ihres Reichtums ist vergleichbar mit dem Skalp am Gürtel eines Kriegers – sie flößt dem Rest der Bevölkerung Respekt ein.

In diesem Zusammenhang führte Veblen die Bezeichnung »Geltungskonsum« ein, nach ihm auch »Vebleneffekt« genannt. Er beschreibt, dass die Begehrlichkeit nach einem Gut nicht nur von seinen objektiven Eigenschaften abhängen muss, sondern auch davon beeinflusst sein kann, ob es so teuer ist, dass man sich damit von Ärmeren abheben kann. Außerdem brachte Veblen den Begriff der Institutionen ein, um deutlich zu machen, wie sehr die Menschen in ihrem ökonomischen Handeln von Gewohnheiten und Institutionen beeinflusst werden.

Mit seiner Beschreibung lieferte Veblen eine mögliche Erklärung für den sozialen Zusammenhalt von Gesellschaften. Anders als → Karl Marx, der einen antagonistischen Interessensgegensatz zwischen Proletariat und Kapitalisten diagnostizierte, der zwangsläufig zur Revolution führen müsste, sah Veblen eine Verbundenheit zwischen Arbeitern und Unternehmern. Danach eiferten die Arbeiter ihren Vorgesetzten nach, mit dem Ziel, in die überlegene Klasse aufzusteigen, denn sie selbst erachteten ihre Arbeit für weniger »anerkennungswürdig«, als die ihrer Vorgesetzten.

1904 erschien Veblens Buch »The theory of business enterprise«, wo er seine eigene Definition des Wirtschaftsystems darlegt. Hier stellt er den klassischen Ansatz auf den Kopf, wonach der Unternehmer die treibende Kraft des wirtschaftlichen Fortschritts ist. Veblen ist der Ansicht, dass der Unternehmer das System bremse. Seine Theorie setzt an in der Welt der Maschinen, die seinem Verständnis nach die Gesellschaft dem Gesetz der Standardisierung unterwirft und sie an bestimmte Kreisläufe bindet. Ökonomie bedeutet danach die maschinenhafte Verzahnung der Gesellschaft zum Zwecke der Güterproduktion – gewartet von Technikern und Ingenieuren. In diesem System hat der Unternehmer lediglich das Interesse, Geld zu verdienen und seinen Reichtum zu vermehren, an einer konstruktiven Tätigkeit ist ihm nicht gelegen. Im Gegenteil: Er destabilisiert das System, um aus der allgemeinen Konfusion und den daraus entstehenden Wertschwankungen Kapital schlagen zu können. Das Profitstreben beruht demnach auf einer Gesellschaft, die um ihre Versorgung bemüht ist. Im Lichte seiner Zeit scheint diese Theorie nicht abwegig zu sein. Veblen lebte in einer Phase der US-amerikanischen Wirtschaftsgeschichte, die auch »Zeitalter der Räuberbarone« genannt wurde. Die großen Wirtschaftskapitäne waren vor allem an der Anhäufung von Geld mittels Spekulation und virtueller Geschäfte interessiert.

Veblen ging davon aus, dass die Tage der Unternehmensführer gezählt waren. Doch nicht das Proletariat, sondern die Maschinen würden eine »Revolution« hervorrufen. Wie er in späteren Texten schrieb, würden dann Ingenieure ein echtes industrielles System durchsetzen. Die Unternehmer wären nun überflüssig. Sollte dies nicht gelingen, werde die Wirtschaft irgendwann zu einem System roher Gewalt, unverhohlen beanspruchter Privilegien und willkürlicher Herrschaft degenerieren.

Anders als sein erstes Buch stieß »The theory of business enterprise« auf wenig Resonanz und wurde lediglich im engen Kreis einer professionellen Leserschaft wahrgenommen. Veblens Schriften hoben ihn jedoch deutlich vom Mainstream ab. Vielen Zeitgenossen in den USA galt er als »gefährlich«, wegen seines unklaren – von ihm offengelassenen – Verhältnisses zum Marxismus-Leninismus. Außerhalb Amerikas blieb er zunächst weitgehend unbekannt.

1906 wurde Thorstein Veblen von der Chicagoer Universität aufgrund außerehelicher Beziehungen entlassen. Von Ende

1906 an unterrichtete er an der Stanford University und musste auch diese wegen Eskapaden mit anderen Frauen 1909 verlassen. Nach seiner Ehescheidung 1911 erhielt er nach Fürsprache eines ehemaligen Studenten vom Präsidenten der Universität von Missouri eine Stelle an der School of Commerce, wo er – inzwischen neu verheiratet – bis 1918 unterrichtete. Schließlich beendete er seine Karriere an der Universität, da er keinen festen Posten erhielt.

Nach einer kurzzeitigen Anstellung im Ernährungsministerium in Washington D.C. zog er 1918 nach New York City. Hier gab er ein Jahr lang die liberale Zeitschrift »The Dial« heraus und unterrichtete bis 1926 als einer der Gründerväter an der New School for Social Research. 1926 trat Veblen in den Ruhestand. Mit 70 Jahren gab er das Schreiben auf – weitgehend ignoriert von den Wirtschaftswissenschaften, unbekannt im Kreis der Ingenieure. 1929 starb er in Menlo Park, Kalifornien, an Herzversagen, wenige Monate vor dem großen Börsencrash.

In den 1930er Jahren beeinflussten Veblens Ideen das nationalökonomische und sozialwissenschaftliche Denken in den USA, als Präsident Roosevelt das Land mit staatlichen Interventionen unter dem Ziel der Chancengleichheit erneuern wollte.

Aus heutiger Sicht brachte Veblen eine historische und eine ökonomische Vision in die Wirtschaftswissenschaften ein. Wie keiner seiner Zeitgenossen erkannte er, dass Technologie und Wissenschaft treibende Kräfte sozialer Veränderungen sind und dass die Einführung von Maschinen ebenso einschneidend ist, wie der Übergang von der Gesellschaft der Jäger zu der des Ackerbaus. Allerdings glaubte er, dass sich solch ein Übergang schneller vollzieht, als tatsächlich geschehen. Wie schon → Karl Marx unterschätzte auch er die Fähigkeit von Unternehmen, sich dem Wandel im gesellschaftlichen Umfeld anzupassen.

Außerdem brachte Veblen eine ganzheitliche Perspektive in die Wirtschaftswissenschaften. Der Mensch, so war seine Überzeugung, lässt sich nicht mit ökonomischen Gesetzen begreifen, die ihn als rationales Wesen darstellen.

31. JOHN ATKINSON HOBSON

(* Derby 6.7.1858, † 1.4.1940)

Der englische Ökonom John Atkinson Hobson erlangte Bekanntheit durch seine Kritik an der neoklassischen Wirtschaftswissenschaft. Er entwickelte eine Unterkonsumtionstheorie, auf deren Grundlage er die kapitalistische Expansion zum Ende des 19. Jahrhunderts analysierte. Seine Imperialismuskritik wurde zum Zentralstück der marxistischen Ökonomie unter Lenin.

Geboren 1858 im mittelenglischen Derby, studierte er am Lincoln College in Oxford und arbeitete nach seinem Abschluss 1880 als Lehrer für klassische und englische Literatur. 1887 zog er nach London, wo er eine Anstellung an der London School of Economics annahm.

Zu dieser Zeit befand sich England in einer großen Depression. Während sich die offizielle Ökonomie darin erschöpfte, die Funktionsweise der Wirtschaft bis in die kleinsten Einzelheiten zu untersuchen, ohne dabei entscheidende Beiträge zu liefern, wurden in Londoner Clubs und Gesellschaften Alternativen zur etablierten Wissenschaft diskutiert – ein Milieu, in dem sich auch Hobson bewegte und das ein Nährboden war für seine wissenschaftliche Arbeit.

Hier schloss er Freundschaft mit dem erfolgreichen Geschäftsmann und Bergsteiger Albert F. Mummery – einem Mann, der über die Ursachen der periodischen Konjunkturschwankungen spekulierte, die der Geschäftswelt bereits im frühen 18. Jahrhundert Sorge bereitet hatten. Mummery sah die Ursache der Wirtschaftskrisen mit Bezug auf → Thomas Robert Malthus im übermäßigen Sparen sowie in der chronischen Unfähigkeit des Geschäftssystems, der arbeitenden Bevölkerung eine für den Erwerb der eigenen Produkte ausreichende Kaufkraft zukommen zu lassen. Hobson stimmte dieser These zu.

Gemeinsam mit Mummery verfasste er 1889 das Buch »The Physiology of Industry«, das bereits einen Grundriss der Unterkonsumtionstheorie enthielt, die Hobson später in seinem Hauptwerk darlegte. Beide vertraten die Ansicht, dass Ersparnisse den Wohlstand minimieren können und lieferten damit eine vernichtende Anklage gegen das berühmte Theorem von → Jean-Baptiste Say und die Befürwortung der Sparsamkeit durch die Klassische Ökonomie. Damit wurde Hobson zum Ausgestoßenen der akademischen Welt.

Dies führte ihn zur Gesellschaftskritik und zu einem der brennendsten Probleme der Zeit, der kolonialen Expansion. Ende des 19. Jahrhunderts fegte ein energischer Geist durch das Königreich, der sich, wie Hobson später schrieb, in der Verbreitung von Slogans wie »die angelsächsische Rasse [ist] unfehlbar dazu bestimmt..., die vorherrschende Kraft in der Geschichte und Zivilisation der Welt zu sein« ausdrückte. Das Zeitalter des Imperialismus hatte begonnen und neben England griffen weitere Industrieländer zielstrebig nach fremden Kontinenten – eine Entwicklung, die in England von den meisten Menschen gutgeheißen wurde, denn sie brachte den Erbauern des Imperiums Wohlstand und den Arbeitern eine Verbesserung ihrer Lebensqualität. Anders als Ökonomen wie → Adam Smith oder → John Stuart Mill, die sich noch gegen Kolonien als »riesiges Wohlfahrtssystem für die Oberklasse« ausgesprochen hatten, hielt sich nun die offizielle Ökonomie zurück angesichts des imperialen Strebens und beschränkte ihre Anmerkungen auf die Auswirkungen, die die neuen Besitzungen auf den Handel haben würden.

Kritiker hingegen sahen, dass sich mit dem Imperialismus eine Veränderung des Kapitalismus selbst ankündigte. Sie erkannten im neuen rastlosen Expansionsprozess die Gefahr des Krieges. Der erste, der dies aussprach, war John Atkinson Hobson.

1899 war er im Auftrag des »Manchester Guardian« als Spezialkorrespondent nach Südafrika gereist, um über den südafrikanischen Krieg zwischen Großbritannien und den Burenrepubliken Oranje Freistaat und Transvaal zu berichten, der mit der Eingliederung der letzteren in das Britische Empire endete. Während dieser Zeit formte sich bei Hobson der Gedanke, dass der Imperialismus das direkte Resultat des Expansionsdrangs des modernen Kapitalismus ist.

Nach seiner Rückkehr in England begann er über den englischen Hurra-Patriotismus und den Krieg in Afrika zu schreiben. 1902 erschien sein Hauptwerk »Imperialism – A Study«

(»Imperialismus«), in dem er seine Kriegsbeobachtungen mit seinen ökonomischen Ansichten verband. Es war die brennendste Kritik, die je gegen das Profitsystem erhoben worden war. Während → Karl Marx dem Kapitalismus als Schlimmstes die Selbstzerstörung des Systems prophezeite, befürchtete Hobson die Zerstörung der Welt durch den Kapitalismus. Er sah den Fortgang des Imperialismus als unerbittliche Tendenz des Kapitalismus, sich vor seinem eigenen Dilemma zu retten – eine Tendenz, die notwendigerweise zu kommerziellen Eroberungen im Ausland führen musste und die stets die Gefahr des Krieges einschloss.

Dieses dem System innewohnende Dilemma beschrieb Hobson in seiner Unterkonsumtionstheorie, die besagt, dass in den Industriestaaten der westlichen Welt die Produktion schneller wächst als die Massenkaufkraft – eine Tatsache, die den Imperialismus als zwingende Entwicklung nach sich zieht, um das eigene ökonomische Überleben zu sichern. Danach führt die Ungleichheit der Einkommen zwischen Arm und Reich zu der paradoxen Situation, dass weder die Reichen noch die Armen genügend Waren konsumieren. Die Armen können es sich aufgrund ihrer geringen Einkünfte nicht leisten, während die Reichen unzureichend konsumieren, weil ihre Bezüge zu groß sind. Dennoch braucht jedes Produkt einen Käufer. Wenn die Armen aber nur das Nötigste kaufen können, können dennoch nicht die Reichen den Rest übernehmen. Ihnen fehlen die physischen Kapazitäten, dermaßen viel zu konsumieren.

Infolge der ungleichen Verteilung des Vermögens sind die Reichen gezwungen zu sparen. Daraus ergibt sich jedoch das Problem, dass für das gesparte Geld eine Verwendung gefunden werden muss, soll die Gesellschaft nicht unter den desaströsen Folgen einer unzureichenden Kaufkraft leiden. Die Frage ist, *wie* diese Vermögen in Umlauf gebracht werden sollen. Während sich die Klassische Ökonomie darin einig war, dass damit in neue Fabriken und höhere Produktivität investiert werden müsse, erschien es Hobson nicht sinnvoll, in Produktionsmittel zu investieren, die mehr produzieren, wenn der Markt bereits mit Waren überfüllt ist.

Er kam zu der Erkenntnis, dass sich die Ersparnisse der Reichen auf eine Weise investieren lassen, in der sie ohne die verhängnisvolle Überproduktion im eigenen Land eingesetzt werden können, und zwar durch Investitionen im Ausland. So entstand der Imperialismus. Mit verheerenden Folgen. Da viele Nationen ihre Überschüsse im Ausland investierten, entstünde ein Rennen um die Aufteilung der Welt. Der Imperialismus zeige sich somit als Wegbereiter für den Krieg.

Diese Problematik des Kapitalismus – die ungleiche Verteilung der Güter – war ein Aspekt, der bis dahin wenig beachtet worden war. Die Tatsache, dass die Funktionsweise des Profitsystems oft zu einer Schieflage der Vermögensverteilung führte, war zwar seit langem Anlass zu moralischen Bedenken gewesen. Doch Hobson war derjenige, der auf die wirtschaftlichen Konsequenzen hinwies.

Hobson stieß mit seiner Theorie in der etablierten Welt auf wenig Gegenliebe. Die Marxisten indes begrüßten seine Theorie, die von Lenin in den offiziellen Kanon der marxistischen Lehre eingearbeitet wurde. Hobsons Imperialismustheorie war jedoch weder ein Dogma noch die Voraussage eines unvermeidlichen Krieges. Er hatte lediglich eine Erklärung dafür gesucht, weshalb kapitalistische Länder so bestrebt um Kolonien waren. Auch äußerte er die Hoffnung, dass sich die rivalisierenden Imperien anschließend einigen könnten und sie friedlich nebeneinander bestehen würden. Zudem war er der Meinung, dass das Problem der Unterkonsumtion durch Hebung der Kaufkraft der Massen und einen damit ansteigenden Binnenkonsum zu beseitigen sei. Sein Glaube an eine ethische liberale Politik wurde bekannt als Neuer Liberalismus.

Hobson war ein erklärter Gegner des Ersten Weltkrieges, was ihn zur »Union of Democratic Control« führte, einer Interessengruppe, die sich für eine liberalere und friedlichere Außenpolitik einsetzte. 1919 trat er der »Independent Labour Party« bei, einer der frühesten demokratischen sozialistischen Parteien, die in Großbritannien tätig waren. In der Folge schrieb er für verschiedene sozialistische Publikationen. Während dieser Zeit wurde deutlich, dass Hobson eine Reform des Kapitalismus der kommunistischen Revolution vorzog. Er war ein angesehener Kritiker der Labour Regierung von 1929. In seiner Autobiographie, die 1938 erschien, brachte er seine Hoffnung zum Ausdruck, dass die USA in den Zweiten Weltkrieg eintreten würden. Bevor deutsche Flugzeuge Großbritannien attackierten, starb Hobson am 1. April 1940.

Die Londoner »Times« würdigte ihn in einem Nachruf, der sowohl seine Voraussicht als auch die mangelnde allgemeine Anerkennung gebührend erwähnte. Denn Anerkennung hatte er zu seiner Zeit nicht erhalten.

Heute wird die kapitalistische Expansion anders bewertet als dies Hobson tat. Die treibende Kraft des Imperialismus scheint nicht in einer Anhäufung ungenutzter Ersparnisse im Heimatland zu liegen, die im Ausland investiert werden müssen. Der Antrieb könnte eher in dem Drang der kapitalistischen Wirtschaftsorganisation bestehen, andere Systeme zu verdrängen und sich in nicht-kapitalistischen Umgebungen zu etablieren. Heute wird der Imperialismus daher als Teil der Internationalisierung des Kapitals betrachtet.

Noch lässt sich nicht sagen, welche Folgen diese Internationalisierung und die Intensivierung der Konkurrenz haben werden und welche Rolle der Krieg im Kampf um eine neue Weltwirtschaftsordnung und die Verteilung des Wohlstands in Zukunft spielen wird. Ironischerweise jedoch hat die Bewegung, die ursprünglich, wie Hobson es beschrieben hat, den Druck auf das Kapital vermindern sollte, dazu geführt, diesen Druck noch zu erhöhen.

32. Johann Silvio Gesell
(* Sankt Vith 17.3.1862, † Oranienburg-Eden 11.3.1930)

Der Sozialreformer Johann Silvio Gesell begründete die Freiwirtschaftslehre. Die Ursache für kapitalistische Ausbeutung und Kriege sah er in strukturellen Fehlern des Geldwesens, die er beseitigen wollte. Sein Ziel waren ein fairer Wettbewerb, Chancengleichheit für alle und ein gerechter Ausgleich von Arm und Reich.

Er wurde als siebtes von neun Kindern im damals preußischen St. Vith in den Ardennen geboren und wuchs dort auf. Seine Mutter war Wallonin, sein Vater, der aus Aachen stammte, war preußischer Sekretär des Kreises Malmedy. Nach dem

Besuch des Gymnasiums verzichtete Gesell auf ein Studium, da er sich schon früh seinen Lebensunterhalt verdienen musste. Während seiner Tätigkeit bei der deutschen Reichspost stellte er jedoch fest, dass ihm die Beamtenlaufbahn nicht lag und er beschloss, bei seinen älteren Brüdern in Berlin den Beruf eines Kaufmanns zu erlernen. Als deren Geschäftspartner arbeitete er anschließend für zwei Jahre im spanischen Málaga, von wo aus er 1884 unfreiwillig nach Deutschland zurückkehrte, um seinen Militärdienst abzuleisten. Danach arbeitete er als Kaufmann in Braunschweig und Hamburg.

1887 wanderte Gesell nach Argentinien aus und eröffnete in Buenos Aires ein Geschäft für zahnärztliche Artikel. Angesichts der Wirtschaftskrise des Landes, die seine unternehmerische Tätigkeit stark beeinflusste, begann er über die Ordnung des Geldwesens als Ursache für die Krise und die sozialen Unruhen nachzudenken. 1891/92 veröffentlichte er seine ersten währungstheoretischen Schriften, die den Vorschlag enthielten, den Wirtschaftskreislauf mit »rostenden Banknoten« zu stabilisieren. Es folgten Publikationen in spanischer Sprache, unter anderem über die Rolle des Geldes in der Geschichte. 1898 machte er Vorschläge zur Überwindung der Wirtschaftskrise in Argentinien, die in der Tornquistschen Bankreform umgesetzt wurden – mit positiven Folgen für den wirtschaftlichen Aufschwung Argentiniens während der ersten beiden Jahrzehnte des 20. Jahrhunderts.

1899 kehrte Gesell nach Europa zurück, nachdem er sein argentinisches Geschäft einem Bruder übereignet hatte. Nach einem kurzen Aufenthalt in Deutschland ließ er sich in der Schweiz im Neuenburger Jura nieder. Neben seiner Arbeit als Landwirt studierte er die Werke von → Adam Smith, → Karl Marx, Pierre Proudhon, Henry George und anderen Ökonomen. Die erste eigene Zeitschrift »Die Geld- und Bodenreform« musste aus finanziellen Gründen nach kurzer Zeit wieder eingestellt werden.

Als der Bruder 1906 starb, reiste Gesell nach Argentinien zurück, um das verwaiste Geschäft weiterzuführen. 1911 übersiedelte er nach Deutschland und zog in die vegetarisch ausgerichtete Obstbaugenossenschaft Eden in Oranienburg, nördlich von Berlin. Gemeinsam mit Georg Blumenthal gründete er die

Zeitschrift »Der Physiokrat«, die im März 1916 während des Ersten Weltkriegs von der Kriegszensur verboten wurde. Noch im selben Jahr kehrte Gesell auf sein Bauerngut in der Schweiz zurück. Hier veröffentlichte er sein Hauptwerk »Die natürliche Wirtschaftsordnung durch Freiland und Freigeld«. Durch eine entsprechende Geldpolitik, so seine Kernthese, ließen sich die Produktivkräfte entfesseln, was allen Bevölkerungsschichten ein höheres Lebensniveau ermögliche.

Der Begriff »natürliche Wirtschaftsordnung« wurde von Gesell bewusst gewählt. Bereits → Adam Smith und die französischen Physiokraten hatten ihn der »göttlichen« Ordnung des Feudalsystems gegenübergestellt. Danach soll die Harmonie in Wirtschaft und Gesellschaft aus dem »Naturzustand«, aus der Vernunft und aus dem freien Spiel der Kräfte erwachsen. Auch wenn Gesell dieses Bild der natürlichen Ordnung gefiel, glaubte er nicht daran, dass es ohne äußere Eingriffe entstehen könnte. Eine Ordnung erachtete er nur dann als »natürlich«, wenn es keine Privilegien, Monopole und keine Vorherrschaft des Kapitals gebe. Die »natürliche Wirtschaftsordnung« müsse demnach »hergestellt« werden, indem Vorrechte beseitigt würden und alle gleiche Chancen bekämen.

Um dies zu erreichen, sollte der Staat in den Geldsektor eingreifen und den Grund-und-Boden-Verkehr regulieren. Das, so Gesells Annahme, könnte die störendsten Defekte beheben. Mit dieser Haltung stellte er sich bewusst in Gegensatz zu → Karl Marx, der die Ursachen für die Ausbeutung menschlicher Arbeit im Privateigentum an Produktionsmitteln sah und eine Änderung der gesellschaftlichen Verhältnisse forderte.

Der zentrale Gedanke Gesells ist die These von der »Streikfähigkeit des Geldes«. Danach kann jeder, der über Geld verfügt, im Gegensatz zum Anbieter von Waren oder seiner Arbeitskraft seine Mittel solange zurückzuhalten, bis sich die Austauschbedingungen für ihn verbessert haben. Die Folge davon seien Konjunkturschwankungen und eine ungerechte Einkommensverteilung, da die Knappheit des Geldes den Zins hervorbringt, ohne dass dafür eine Leistung erbracht wird. Eine Reform des Geldwesens könnte Abhilfe schaffen, so Gesell. Er schlug die Einführung von Freigeld vor – eines Papiergeldes ohne Goldeckung, das jährlich einen Teil des Nennwertes zu verlieren hat – um so die Überlegenheit der Geldseite zu durchbrechen. Jeder wäre somit gezwungen, sein Geld in Umlauf zu bringen. Dies würde den Zins gegen Null bringen, die Realkapitalbildung fördern und Krisen verhindern, während die Währungsstabilität unangetastet bliebe, solange Geld- und Warenmenge im Gleichgewicht gehalten werden.

Eine zweite Säule von Gesells Freiwirtschaftslehre war das Bodenreformkonzept. Die Bodenrente, die wie der Zins ein Einkommen ist, für das nicht gearbeitet werden muss, wollte er in öffentliche Hände geben, damit niemand auf Kosten anderer leben kann. Der gesamte Boden soll deshalb vom Staat aufgekauft und anschließend meistbietend verpachtet werden. Solcherart vergesellschafteten Boden nannte er Freiland. Mit Hilfe des Freilandes werde sichergestellt, dass sowohl die Grundrente als auch Bodenwertsteigerungen vom Staat abgeschöpft werden. Die Pachteinnahmen sollten dann Müttern zufließen, um diese von Männern wirtschaftlich unabhängig zu machen.

Gesells Credo blieb nicht ungehört. Als nach der Novemberrevolution am 7. April 1919 die Münchner Räterepublik ausgerufen wurde, machten ihn die Mitglieder der Räteregierung zum Volksbeauftragten für das Finanzwesen. Wenige Tage später wurde die Rätedemokratie niedergeschlagen und Gesell wegen Beihilfe zum Hochverrat angeklagt. Der Prozess endete jedoch mit einem Freispruch.

Wegen seiner Beteiligung an der Münchner Räterepublik war Gesell in der Schweiz nun ein unerwünschter Ausländer und die Behörden verweigerten ihm die Rückkehr auf seinen Bauernhof. So zog er sich zunächst nach Rehbrücke bei Potsdam, später wieder nach Oranienburg-Eden zurück.

In den 1920er Jahren arbeitete Gesell vor allem publizistisch und stieß damit auf Resonanz: Viele Anhänger versuchten, seine Ideen inhaltlich und praktisch weiterzuentwickeln. 1921 kam es zum Zusammenschluss mehrerer Gruppen zum »Freiwirtschaftsbund FFF«. Von Parteien und Gewerkschaften wurden seine Ideen jedoch trotz galoppierender Inflation ignoriert oder verlacht. Zwar hatte Gesell bereits 1918 in einem offenen Brief prophezeit, dass es keine 25 Jahre bis zum nächsten Krieg dauern würde, wenn das Geldwesen unverändert fortbestünde, und auch die von ihm vorhergesagte Wirtschaftskrise, welche die Menschen den Nationalsozialisten zuspielte, war eingetreten – doch auch das hatte ihm keine Beachtung eingebracht. 1924 reiste Gesell erneut für eineinhalb Jahre nach Argentinien. Ab 1927 wohnte er wieder in Oranienburg-Eden. An den Freigeldexperimenten zwischen 1929 und 1933 nahm er keinen Anteil mehr. Er erlag im März 1930 einer Lungenentzündung und wurde einige Tage später im kleinen Kreis beigesetzt.

Zu dieser Zeit hatte sich bereits eine freiwirtschaftliche Bewegung formiert, die mit ersten Freigeldexperimenten auf ein breites Interesse stieß. Solche Experimente gab es in Deutschland, Frankreich, Spanien, der Schweiz, in den USA, besonders jedoch in Österreich. Diese Aktionen konnten die schlimmen Auswirkungen der Weltwirtschaftskrise für die Teilnehmer spürbar mildern, wurden jedoch am Ende verboten, da die Ausgabe von geldähnlichen Wertzeichen gesetzlich den Zentralbanken vorbehalten war.

Nach dem Zweiten Weltkrieg kam es erneut zur Gründung freiwirtschaftlicher Verbände. Auch heute haben die Ideen Gesells viele Anhänger. Ob sein Freiwirtschaftsmodell allerdings tatsächlich eine soziale Innovation ist, wird von der Fachwelt unterschiedlich beurteilt. Gesells Vorschläge zur Verbesserung der Geldfunktionen wurden vor allem im angelsächsischen Raum anerkannt – durch Ökonomen wie → John Maynard Keynes und Irving Fisher oder den Friedensnobelpreisträger Norman Angell, wenngleich Keynes Freigeld für »undurchführbar« hielt. Von der österreichischen Schule hingegen erhielt Gesell keinen Applaus. → Eugen Böhm Ritter von Bawerk bezeichnete ihn als plumpen »Ausbeutungstheoretiker«. Für → Friedrich August von Hayek war Gesell »ein einflussreicher Vertreter der grundsätzlich falschen Unterkonsumptionstheorien.«

VI. RUSSISCHE ÖKONOMEN

33. NIKOLAI DMITRIJEWITSCH KONDRATJEW

(* Golujewskaja 4.3.1892, † 17.9.1938)

Der russische Ökonom wurde bekannt durch seine Wellen-Theorie, wonach alle konjunkturellen Entwicklungen Zyklen unterworfen sind, die 40 bis 60 Jahre lang andauern. Er war einer der Architekten des ersten Fünfjahrplanes in der Sowjetunion.

Er wurde in Golujewskaja in der zentralrussischen Provinz Kostroma, heute Iwanowo, geboren – als ältestes von zehn Kindern einer Bauernfamilie. Nach dem Abitur begann er 1910 ein Jurastudium an der St. Petersburger Universität, das er zwar mit einem Diplom abschloss. Doch gleichzeitig war in ihm ein starkes Interesse für politische Ökonomie geweckt worden, die damals Bestandteil der Ausbildung von Juristen war. So erschien gleich nach seinem Universitätsabschluss seine erste Monographie: eine Analyse der Wirtschaftsentwicklung des Distrikts Kineschma, basierend auf Kondratjews Diplomarbeit. Diese Veröffentlichung und seine analytisch-empirische Begabung führten dazu, dass ihm von der Universitätsleitung eine wissenschaftliche Laufbahn im hauseigenen Institut für politische Ökonomie angeboten wurde. Fast vierzehn Monate später erhielt Kondratjew eine Professur.

Als im Februar 1917 der Zar gestürzt wurde, beteiligte sich der Ökonom am revolutionären Umbruch. Er nahm aktiv an der Arbeit der Agrarkommission teil, in der Ökonomen unterschiedlicher politischer Überzeugungen mitarbeiteten. Im Juni wurde er Vorsitzender des Rates der Bauernvertreter Russlands. Er analysierte die Nahrungsmittelsituation nach der Februarrevolution, publizierte Vorschläge zur Lösung des Agrarproblems und wurde Mitglied der verfassunggebenden Versammlung. In einer theoretischen Arbeit über Fragen der Sozialisierung des Grundbesitzes schlug er eine Regelung vor, die eine Koexistenz von staatlichem, genossenschaftlichem und bäuerlichem Privatbesitz vorsah. Kurz vor der Oktoberrevolution erhielt er das Amt des Vizeministers für Lebensmittel in der Provisorischen Regierung. Nach der Machtübernahme durch die Bolschewiki setzte der Ökonom seine agrarwirtschaftlichen Forschungen als Professor der Moskauer Agrarakademie fort. Immer wieder äußerte er sich in der Presse zu Problemen der landwirtschaftlichen Entwicklung Russlands unter der Bolschewistischen Regierung. Dieser Versuch einer Zusammenarbeit mit den neuen Herrschern war erfolgreich: Kondratjew wurde aufgefordert, ein Konjunkturinstitut in Moskau zu gründen, dessen Direktor er 1920 wurde. Unter seiner Leitung entwickelte es sich zum Zentrum der ökonomischen Forschung in Russland.

Neben dem Agrarproblem des Landes widmete sich Kondratjew in seinen Analysen den langen Wellen der Konjunktur. In seinen Arbeiten untersuchte er empirisch ökonomische Indikatoren verschiedener Länder über eine Zeitspanne von 100 bis 150 Jahren. Informationen über Preisindizes, nominelle Lohnsätze, Staatsanleihen, Außenbeiträge, Gewinnung von Kohle und Gold, Herstellung von Blei und Gusseisen flossen in seine Überlegungen ein. Aus der Beobachtung dieser Zeitreihen leitete Kondratjew 1926 den Schluss ab, dass die wirtschaftliche Entwicklung der Industriestaaten in etwa fünfzig Jahre dauernden langen Wellen erfolge, in denen Zeiten vorwiegender Prosperität von Zeiten vorwiegender Depression abgelöst werden.

In seinem Aufsatz »Die langen Wellen der Konjunktur«, der in der Berliner Zeitschrift »Archiv für Sozialwissenschaft und Sozialpolitik« veröffentlicht wurde, beschrieb Kondratjew die Existenz zweieinhalb solcher langer Wellen von jeweils 47 bis 60 Jahren. In den Jahren 1789 bis 1814, 1849 bis 1873 sowie 1896 bis 1920 waren drei Aufschwungsphasen beobachtet worden, von 1814 bis 1849 und von 1873 bis 1896 wurden die zwei Abschwungsphasen erkennbar. Kondratjew ging davon aus, dass sich die dritte Welle Ende der 20er Jahre des 20. Jahrhunderts ihrem Ende zuneigen würde, was – mit dem Börsenzusammenbruch und der Weltwirtschaftskrise – auch eintraf.

Nach Kondratjew wird jede Welle stets durch eine umwälzende Veränderung der Produktionsstrukturen und der gesellschaftlichen Rahmenbedingungen ausgelöst. Die Ursachen für diese langen Wellen liegen demnach in den Gesetzmäßigkeiten des Kapitalismus: Am Anfang steht ein technologisch-ökonomischer Paradigmenwechsel mit einer Reihe von Basisinnovationen, die zu Trägern des neuen ökonomischen Aufschwungs werden. Diese technischen Innovationen sind eine Reaktion auf gewachsene Produktionsansprüche – wenn die Gewinne in den Unternehmen auf breiter Front und dauerhaft zurückgehen.

Jede neue Konjunkturphase ist ein Resultat der kumulativen Prozesse der vorangegangenen Phase. Nach Kondratjew ist gerade eine solche wellenartige Funktionsweise des Wirtschaftskreislaufes eine Voraussetzung für Wirtschaftswachstum. Aufgrund seiner Fähigkeit zur Innovation ist der Kapitalismus somit nicht zum baldigen Untergang verurteilt, sondern kann sich in der Aufschwungphase eines solchen Zyklus' regenerieren, so Kondratjew, der auch angesichts des absehbaren Endes der dritten langen Welle nicht an den allgemeinen Verfall und den Untergang des Kapitalismus glaubte.

War er mit dieser Auffassung für Stalin ohnehin ein Konterrevolutionär, taten seine Ansichten zur Entwicklung der russischen Landwirtschaft ihr übriges. Schon nach dem Bürgerkrieg 1920 und der Wiederherstellung marktwirtschaftlicher Verhältnisse durch Lenins »Neue ökonomische Politik«, NÖP, hatte Kondratjew gehofft, die junge Sowjetunion könnte sich auf marktwirtschaftlichem Wege zu einem modernen, leistungsfähigen Staat entwickeln. Offen wandte er sich gegen den Übergang zur Planwirtschaft. Er lehnte jede Form von Planung ab, die sich in Gegensatz zu den Gesetzen des Marktes stellte. 1923 trat er für eine »genetische Planung« ein, die den Kräften des Marktes Freiraum gibt und deren Ausgangspunkt die Landwirtschaft sein sollte. Entschieden wandte er sich gegen eine Industrialisierung der sowjetischen Wirtschaft zulasten des Agrarsektors.

Für die Jahre 1923 bis 1926 verantwortete Kondratjew die Erstellung eines Fünfjahrplans für die Landwirtschaft. Hierbei sprach er sich für eine internationale Arbeitsteilung und für die Heranziehung ausländischen Kapital aus. Gleichzeitig wollte er leistungsfähige Landwirtschaftsbetriebe fördern, während die kleineren Bauern sich in Genossenschaften zusammenschließen sollten.

Die Vorstellungen Kondratjews über die Funktionsweise des wirtschaftlichen Geschehens widersprachen gänzlich der Ideologie der kommunistischen Partei. Sein Versuch, das russische Bauerntum zu retten, forderte seinen Tribut. In einer breit angelegten Kampagne wurde sein Fünfjahresplan als ein Versuch dargestellt, den Kapitalismus zu restaurieren. 1928 verlor Kondratjew sein Direktorenamt, das Konjunkturinstitut wurde geschlossen. Im Juli 1930 folgte die Verhaftung des Ökonomen und seine Verurteilung zu acht Jahren Gefängnishaft. Offiziell wurde ihm vorgeworfen, er sei an der Gründung der antisowjetischen Bauernpartei beteiligt gewesen.

Nach achtjähriger Haft erhielt Kondratjew während der großen Säuberung, die 1938 ihren Höhepunkt hatte, einen erneuten Prozess: Von einem Militärtribunal wurde er zum Tode verurteilt und noch am selben Tage im Alter von 46 Jahren erschossen. Erst 1962 wurde das Todesurteil, 1987 die Verhaftung für ungesetzlich erklärt.

Auch wenn Kondratjew in seinem kurzen Leben wenig Ehre und Anerkennung erhielt, so hat sein Name in der ökonomischen Theorie doch einen festen Platz. Ein Jahr nach Kondratjews Tod prägte → Joseph Schumpeter für lange Konjunkturwellen den Begriff der »Kondratjew-Zyklen.«

Die Analysen des russischen Ökonomen gehören zu den Grundsteinen der modernen Konjunkturtheorie – neben einer Vielfalt von Erklärungen des Konjunkturphänomens. Während auf die dritte lange Welle, die 1940 endete, von 1940 bis 1980 eine vierte Welle folgte, beschäftigen sich Wissenschaftler heute mit einem aktuellen fünften Kondratjew-Zyklus, in dessen Zentrum die Informations- und Kommunikationstechnik steht, und mit einer zukünftigen sechsten langen Welle.

34. Wassily Leontief
(* München 5.8.1905, † New York 5.2.1999)

Der russisch-amerikanische Wirtschaftswissenschaftler erfand die Input-Output-Analyse, mit der eine gesamte Volkswirtschaft in einer einzigen Matrix erfasst wird. Auch wenn dieses Modell in der Wirtschaftsplanung heute keine Rolle mehr spielt, ist das der Idee zugrunde liegende theoretische Handwerkszeug nach wie vor anerkannt. Als Prognoseinstrument für einen überschaubaren Zeithorizont wird Leontiefs Erfindung noch immer genutzt.

Er wurde 1905 in München geboren – vermutlich während einer Europareise seiner Eltern. Seine Kindheit und Jugend verbrachte er in St. Petersburg, wo sein Vater als Wirtschaftsprofessor tätig war. 1921 begann der junge Leontief Philosophie und Soziologie, später auch Ökonomie zu studieren. Seinen Abschluss machte er 1924.

Die Zeit während und nach der Oktoberrevolution 1917 erlebte er intensiv mit. Er selbst fühlte sich zu den eher sozialdemokratischen Menschewiki hingezogen. Da er sich offen kritisch gegenüber den kommunistischen Bolschewiki äußerte, kam er zeitweise ins Gefängnis – »eine gute Schule«, wie sich Leontief später erinnerte. Doch diese Zeit prägte ihn nicht nur menschlich, sondern beeinflusste auch seine wissenschaftliche Arbeit. Als Student konnte er verfolgen, wie sich die Sowjetführung um die Erstellung einer Volkswirtschaftsbilanz bemühte, mit der nicht nur die Produktion, sondern auch die Verteilung der Ressourcen auf einzelne Branchen erfasst wurde. Dies und die damit verbundenen sozialistischen Wirtschaftsexperimente interessierten ihn sehr. Das Thema einer gesamtwirtschaftlichen Planung sollte ihn für den Rest seines Lebens nicht mehr loslassen.

1925 verließ Leontief die Sowjetunion. Bei ihm war ein Tumor vermutet worden, so dass er – mit der Aussicht auf bessere Behandlungsmöglichkeiten – nach Deutschland reisen konnte. Dort arbeitete er an den Grundlagen der Input-Output-Analyse. Von 1927 bis 1928 war er Assistent am Institut für Weltwirtschaft in Kiel. Seine Dissertation schrieb er in Berlin bei dem deutschen Ökonomen → Werner Sombart, dem letzten wichtigen Vertreter der Historischen Schule der Nationalökonomie. Sie erschien 1928 unter dem Titel »Die Wirtschaft als Kreislauf.«

Die Idee, alle Güterströme einer Gesellschaft in einem Modell abzubilden, war nicht neu. Bereits im 18. Jahrhundert erstellte der Franzose → François Quesnay – angelehnt an den Blutkreislauf des Menschen – eine graphische Abbildung der Volkswirtschaft, das »Tableau économique«. Entsprechend der damaligen Möglichkeiten fehlte es allerdings an statistischem Material und so war Quesnays Arbeit lange vergessen. Im 19. Jahrhundert schuf der Franzose → Léon Walras das Modell eines »allgemeinen Gleichgewichtes«. Es verdeutlicht, wie sich die Preise von Gütern gegenseitig beeinflussen – jedoch auch ohne konkrete Zahlen. Erst die Erfindung moderner Rechenmaschinen ermöglichte die Einbeziehung von Statistiken.

Bevor sich Leontief dies für die Erarbeitung seines eigenen Modells zunutze machte, reiste er 1929 zunächst auf Einladung der chinesischen Chiang-Kai-shek-Regierung nach Peking. Dort beriet er zwölf Monate das Eisenbahnministerium und half bei der Planung neuer Bahnlinien. Nach einem kurzen Zwischenaufenthalt in Deutschland wanderte er 1931 in die USA aus und folgte damit einer Einladung des National Bureau of Economic Research, New York, für das er auch kurzzeitig tätig war. Noch im selben Jahr übernahm er einen Lehrauftrag an der Harvard-Universität in Cambridge, Massachusetts. Dort begann er seine Arbeiten an einer allgemeinen Gleichgewichtstheorie, die auch empirisch anwendbar sein sollte.

Selbstverständlich war dieses Ansinnen nicht. Üblicherweise beleuchteten Ökonomen nur Teile der Wirtschaft, etwa, wie sich die Veränderung eines bestimmten Kapitaleinsatzes auf den Umfang einer bestimmten Produktion auswirkt. Dagegen untersuchte Leontief, was sich in der gesamten Volkswirtschaft in so einem Fall abspielt. Dazu erfasste er die Lieferbeziehungen zwischen verschiedenen Industrien in großen Input-Output-Tabellen. Sie veranschaulichten, wie viel Stahl die Branche an die Autoindustrie liefert, wie viel an den Maschinen- und den Schiffbau. Umgekehrt wurde festgehalten, was andere Marktteilnehmer, zum Beispiel die Energieversorger, an die Stahlindustrie liefern.

1936 erschien Leontiefs erster Aufsatz über die Input-Output-Analyse. 1941 konnte er – nach umfangreicher Kleinarbeit – auch die praktische Relevanz seiner Arbeit nachweisen. In diesem Jahr erschien sein Buch »The structure of American economy 1919 – 1939«, das seine neue Form der Darstellung ökonomischer Zusammenhänge weltberühmt machte. Leontief stellte hier erstmals die Beziehungen innerhalb der 42 von ihm identifizierten Branchen der amerikanischen Volkswirtschaft in einer Matrix dar. Alle Inputs und Outputs einer Branche in einem bestimmten Zeitraum wurden aufgelistet, so dass nachvollziehbar wurde, welche Warenwerte jeweils zwischen den einzelnen Industrien hin und her flossen. So ließ sich etwa ermitteln, wie viel Material von welcher Branche gekauft werden muss, um Autos im Wert von 1000 $ zu erzeugen.

Die Methode lieferte nicht nur den theoretischen Rahmen für eine exakte Beschreibung der Wirtschaftsstruktur. Sie erlaubt auch Vorhersagen über die Auswirkungen wirtschaftspolitischer Eingriffe in diese Struktur, wie Leontief am Beispiel einer zehnprozentigen Erhöhung der Industrielöhne errechnete. Er kam zu der Schlussfolgerung, dass die höheren Löhne vor allem im Baugewerbe zu höheren Preisen führen würden.

Während die erste Tabelle Leontiefs noch recht primitiv war, erlaubte das Aufkommen moderner Computer die Einbeziehung großer Datenmengen und somit die Hereinnahme einer Vielzahl von Sektoren. Noch während des Zweiten Weltkrieges erforschte Leontief für das Arbeitsministerium in Washington, welche Auswirkungen die Umstellung von der Kriegs- auf die Friedenswirtschaft auf die Beschäftigung haben würde.

Aufsehen erregte der Ökonom mit einer Erkenntnis, die als Leontief-Paradoxon bekannt wurde. So entdeckte er 1953 mithilfe seiner Methode, dass die USA trotz ihres Kapitalreichtums und ihres hohen technischen Niveaus 1947 hauptsächlich arbeitsintensive Erzeugnisse exportiert hatten. Dies widersprach der bis dahin geltenden Auffassung, dass kapitalstarke Länder sich auf kapitalintensive Güter spezialisieren würden. Diese Ansicht basierte auf dem bis dahin unangefochtenen Heckscher-Ohlin-Theorem, wonach ein Land nur solche Güter exportiert, für die es besonders reich mit Produktionsfaktoren ausgestattet ist.

Allerdings hatte Leontief, der 1946 zum Professor ernannt wurde, auch etliche Skeptiker. Seine Kritiker erinnerte die Analysemethode zu stark an Planwirtschaft.

Dennoch setzte sich das Modell durch, nachdem Leontief sein Verfahren dynamisiert und modernere Produktionsfunktionen eingeführt hatte. 1973 erhielt er für die Entwicklung der Input-Output-Methode und ihre Anwendung auf wichtige Wirtschaftsprobleme den Nobelpreis für Wirtschaftswissenschaften.

Spätestens seitdem gehört Leontiefs Analyse zum Einmaleins der Wirtschaftswissenschaften.

1976 erstellte er mit einer internationalen Expertengruppe eine Globalanalyse für den Wirtschafts- und Sozialrat der Vereinten Nationen. Zu dieser Zeit setzte man seitens der UNO große Hoffnungen in seine Methode – sie möge helfen, rationale Entscheidungen über die Entwicklung und die Umweltpolitik treffen zu können. Das Modell aus 45 Branchen und 28 Ländergruppen richtete sich besonders auf Entwicklungsunterschiede zwischen Nord und Süd. Im Ergebnis seiner Untersuchung hielt es Leontief für möglich, die Einkommenslücke zwischen armen und reichen Ländern bis zum Jahr 2000 zu halbieren, falls weitreichende Veränderungen im System der Weltwirtschaft und in den Entwicklungsländern vorgenommen würden, die aber ausblieben. Zu seinen Vorschlägen zählten massive wachstumspolitische Maßnahmen in den Entwicklungsländern, die von geringeren Zuwachsraten in den Industrieländern begleitet werden müssten.

1976 wechselte Leontief an die New York University und wurde dort Direktor des Institute for Economic Studies. In den 1980ern untersuchte er die Folgen der Automatisierung für die Beschäftigten und trat für verstärkte Arbeitszeitverkürzungen ein. Nach seiner Meinung müsste der Staat helfen, wenn der unaufhaltsame Verdrängungsprozess des Menschen durch die Maschine zu Einkommensverlusten führte.

Die Schwächen des Leontief'schen Analyseansatzes sind jedoch nicht zu übersehen. Entwicklungen lassen sich nur begrenzt prognostizieren. Leontief selbst räumte 1991 ein, dass sich die Entwicklungsländer viel besser entwickelt hätten, als er es 20 Jahre zuvor erwartet hatte. So beruht das Input-Output-Modell auf sehr vereinfachenden Annahmen, die nur das aktuelle Wissen einbeziehen. Politische Veränderungen bleiben ebenso unbeachtet wie neue Produktionsverfahren. Und selbst vorhandene Daten erschöpfend und aussagekräftig zu bündeln, ist wenig realistisch. Auch die umfangreichste Datensammlung kann nur Ausschnitte der Realität abbilden. Jede Aufteilung der Wirtschaft in Branchen ist willkürlich. Und die Leontief-Koeffizienten unterstellen eine Stabilität in den Industriebeziehungen, die es nicht gibt.

So würde heute sicher kaum noch jemand eine komplette Volkswirtschaft zentral planen wollen. Der Zusammenbruch des Kommunismus war in dieser Hinsicht ein Lehrstück von nachhaltiger Wirkung. Nichtsdestoweniger hatte und hat Leontiefs Neuerung eine große Wirkung auf Wirtschaftstheorie und -praxis. Sein Modell wird heute sowohl für Produktions- als auch für Preisuntersuchungen verwendet.

Wassily Leontief starb hochbetagt 1999 in New York.

VII. KEYNES'SCHER ANSATZ

35. JOHN MAYNARD KEYNES
(* Cambridge 5.6.1883, † Firle 21.4.1946)

Er stellte die Wirtschaftswissenschaften auf den Kopf – wie es vor ihm nur die Ökonomen → Adam Smith und → Karl Marx getan hatten. Indem er den Blick auf die Bedeutung der Gesamtnachfrage für die Entwicklung einer Ökonomie lenkte, revolutionierte John Maynard Keynes die Art und Weise, wie über wirtschaftliche Probleme nachgedacht wird. Aufgrund seiner Erkenntnisse und Vorschläge für tief greifende Reformen der wirtschaftspolitischen Tätigkeit des Staates ging er als der Konstrukteur des realisierbaren Kapitalismus in die Geschichte ein. Er war neben → Milton Friedman der einflussreichste Volkswirtschaftler des 20. Jahrhunderts.

Geboren wurde er 1883 in Cambridge. Sein Vater John Neville Keynes – selbst ein bekannter Ökonom – lehrte an der dortigen Universität Logik und Politische Ökonomie. Seine Mutter war eine der ersten Frauen, die das Newham College in Cambridge besuchten. Daneben engagierte sie sich für Kommunalpolitik und Sozialarbeit. Keynes' Kindheit war geprägt vom viktorianischen Erziehungsstil der alten Schule. Schon als kleiner Junge entdeckte er die wirtschaftliche Bedeutung der Zinsen und fragte sich, wie sein Gehirn funktioniere.

Im Alter von 14 Jahren bewarb sich Keynes erfolgreich um ein Stipendium für das elitäre Eton College. Hier verbrachte er fünf Jahre. Seine Noten waren hervorragend und er gewann etliche Preise. Von 1902 bis 1905 studierte er am King's College in Cambridge als Schüler von → Alfred Marshall Mathematik. Zu seinen Kommilitonen gehörte → Arthur Cecil Pigou. Zugleich vertiefte sich Keynes ins Studium der Ökonomie. Sein großer Freundeskreis umfasste auch die berühmte Bloomsbury Group – eine Gruppe von liberalen, nonkonformistischen Künstlern und Wissenschaftlern, die von 1905 bis zum Zweiten Weltkrieg existierte. Die Gruppe entstand als wiederholte informelle Treffen von Absolventen der Universität Cambridge mit gleichaltrigen Verwandten und Bekannten. Es war ein magischer Zirkel, der die künstlerischen Standards in England setzte. Nach dem Studium entschied sich Keynes zunächst für den öffentlichen Dienst. Nach zwei Jahren quittierte er jedoch 1908 seinen Job im India Office der britischen Regierung und kehrte nach Cambridge zurück. Hier arbeitete er zuerst als Lecturer in Economics, ab dem Jahr darauf als Dozent am King's College, eine Tätigkeit, die er bis 1942 ausübte. 1911 wurde Keynes zum Herausgeber des »Economic Journal« gewählt, der führenden Wirtschaftspublikation in Großbritannien. Diesen Posten hielt er bis 1945 inne.

1913 erschien sein Buch »Indian Currency and Finance« (»Indische Währung und Finanzen«), das er auf der Grundlage seiner Erfahrungen in Indien geschrieben hatte. Es brachte ihm so viel Anerkennung ein, dass Keynes im selben Jahr Mitglied der königlichen Kommission zur Untersuchung des indischen Währungsproblems wurde – eine hohe Ehre für einen 29jährigen. 1914 wurde er Berater im britischen Schatzministerium und war hier zuständig für Fragen der Finanzierung der Kriegslasten. 1919 nahm er als Vertreter des Schatzkanzlers an der Versailler Friedenskonferenz teil, quittierte aber während der Verhandlungen seinen Job, als deutlich wurde, dass er für seine weltwirtschaftlichen Ideen bei den versammelten Staatsmännern kein offenes Ohr fand. Keynes befürchtete den Ruin der gesamten europäischen Wirtschaft durch unverantwortliche hohe Reparationsforderungen der Siegermächte an das unterlegene Deutschland.

Der Ökonom war sehr vielseitig. Zwischen den beiden Weltkriegen arbeitete er neben seiner Tätigkeit als Wissenschaftler, Publizist und Berater auch als erfolgreicher Versicherungs- und Investment-Manager und konnte sich damit ein Vermögen aufbauen. Er verfügte über enzyklopädische Kenntnisse des Finanzwesens, eine gute Menschenkenntnis und ein Gespür fürs Geschäftliche. 1930 wurde er aufgrund seiner künstlerischen Interessen und seines Finanzierungstalents Kurator der National Gallery.

Im selben Jahr veröffentlichte Keynes sein zweibändiges Werk »A Treatise on Money« (»Vom Gelde«), in dem er nach

Gründen suchte für den wellenförmigen Wechsel von Prosperität und Krise in der kapitalistischen Wirtschaft – ein Phänomen, das die Ökonomen seit Jahrzehnten beschäftigte. Keynes führte diesen Wechsel auf das Zusammenspiel von Ersparnissen und Investitionen zurück. Wird Geld durch Sparen dem Wirtschaftskreislauf entzogen und fließt dieses nicht durch Investitionen wieder dem Markt zu, verringert sich das Gesamteinkommen eines Landes. Die Wirtschaft muss sich auf einen Konjunkturrückgang einstellen. Nehmen die Investitionen wieder zu, folgt ein Aufschwung.

Dieses Modell stellte er jedoch kurz darauf wieder in Frage. Denn es konnte nicht erklären, weshalb eine Ökonomie – wie in der Weltwirtschaftskrise der 1930er Jahre – in einem Zustand fortgesetzter Rezession verharrt. Nach der Theorie müsste sich eine von übermäßigen Ersparnissen erdrückte Wirtschaft kurzfristig wieder aufrichten. Die Rezession würde den Zinssatz nach unten drücken und die Unternehmen würden mit billigem Geld expandieren. Die Arbeitslosigkeit müsste verschwinden, denn sie würde Lohnsenkungen auslösen, infolge dessen mehr Leute eingestellt würden. Dies alles jedoch blieb in der Weltwirtschaftskrise aus. Millionen von Arbeitslosen standen Schlange, und es wurde wenig produziert, denn niemand fragte es nach.

In den Lehrbüchern existierte dieses Phänomen nicht. Nach dem »Sayschen Theorem«, benannt nach seinem Entdecker → Jean-Baptiste Say, einem französischen Theoretiker aus der Zeit Napoleons, sollte jedes Angebot zugleich automatisch genügend Nachfrage erzeugen. Damit müsste auch Arbeitslosigkeit in einem freien Markt letztlich ausbleiben. Hier setzte Keynes an. In seinem Hauptwerk »The General Theory of Employment, Interest and Money« (»Die allgemeine Theorie der Beschäftigung, des Zinses und des Geldes«), das 1936 erschien, lieferte er einen völlig neuen Erklärungsansatz.

Er stellte fest, dass es keinen automatischen Sicherungsmechanismus in der kapitalistischen Wirtschaft gibt. Anders als angenommen gleicht sie nicht einer Schaukel, sondern einem Fahrstuhl, der sich auf- oder abwärts bewegen, aber auch stillstehen kann. Im Gegensatz zu den Klassikern unterstellt Keynes damit die Möglichkeit eines wirtschaftlichen Gleichgewichts bei gleichzeitiger Unterbeschäftigung. Deshalb kann es auch passieren, dass die Wirtschaft auf unbestimmt lange Zeit stagniert. Verantwortlich dafür ist laut Keynes ein Mangel an Nachfrage, der zu einem Rückgang der Produktion und letztlich zur Rezession führt. Denn produziert wird nur, wenn auch die Aussicht besteht, etwas verkaufen zu können. Damit hatte Keynes die klassische Wirtschaftslehre auf den Kopf gestellt: Nicht das Angebot, sondern die Nachfrage ist ausschlaggebend für den wirtschaftlichen Erfolg.

Keynes führt das Nachfrageproblem darauf zurück, dass am Tiefpunkt der Rezession keine übermäßigen Ersparnisse vorhanden sind, sondern im Gegenteil zurückgehen, da in der Rezession wegen einer Verringerung der Einkommen die Ersparnisse angegriffen werden. Aufgrund der Unterbeschäftigung sinkt zudem die effektive Gesamtnachfrage, die die Produktion bestimmt. In der Folge gerät die Wirtschaft in einen Zustand der Lähmung – genau dann, wenn sie eine größere Dynamik am nötigsten hätte. Denn ohne einen Überschuss an Ersparnissen besteht auch kein Druck auf die Zinssätze, die zur Kreditaufnahme veranlassen würden. Und selbst wenn die Zinsen gegen null gingen: Sieht der Unternehmer keine Nachfrage, ist er nicht bereit zu investieren. Ohne dies, keine Expansion. Somit kann das System aus eigener Kraft heraus nicht mehr zur Vollbeschäftigung zurückfinden.

Keynes schlägt vor, dass der Staat einspringen und die Investitionen ankurbeln sollte. Damit sollte die Nachfrage erhöht werden, bis es die steigende Produktion ermögliche, alle Arbeitnehmer zu beschäftigen. Durch öffentliche Arbeitsprojekte sollte einerseits die Kaufkraft der andernfalls Arbeitslosen steigen. Andererseits sollte die Vorreiterschaft des Staates die Expansionsbestrebungen von Privatunternehmen wiederbeleben. Keynes stellt sich damit auch gegen die von den Klassikern postulierte Sicht, die dem Staat lediglich eine Nachtwächterfunktion zuschreibt.

Sein Werk schlug ein wie eine Bombe. Es war revolutionär wie »Der Wohlstand der Nationen« von → Adam Smith und »Das Kapital« von → Karl Marx. Das Buch wurde noch im selben Jahr in Großbritannien zweimal neu aufgelegt, es erschien in den USA und wurde in zwölf Sprachen übersetzt. Allerdings war Keynes' Vorschlag genauer betrachtet eine Verteidigung dessen, was bereits praktiziert wurde. Im Rahmen des »New Deal« war in den USA mit dem Amtsantritt von Präsident Roosevelt 1933 ein Bündel von Wirtschafts- und Sozialreformen durchgeführt worden. Staatliche Investitionen sollten die Binnenkonjunktur ankurbeln und die Einführung eines Sozialversicherungssystems die Massenarbeitslosigkeit und -armut lindern. 1943, nachdem ein Aufschwung in den kriegswichtigen Industrien das Ende der Großen Depression herbeigeführt hatte, wurde ein Teil der Maßnahmen wieder abgeschafft.

1937 erlitt Keynes einen Herzinfarkt. Dennoch setzte er seine Handelsgeschäfte und seine Redaktionstätigkeit für das »Economic Journal« fort und verteidigte in einigen Artikeln seine »Allgemeine Theorie«. 1940 wurde er Mitglied des Beraterstabes des Schatzministeriums, 1941 er Direktoriumsmitglied der Bank of England. Im gleichen Jahr entsandte ihn die britische Regierung zu den Kriegsschuldenverhandlungen mit den USA. 1942 wurde er als Lord Keynes of Tilton in den Adelsstand erhoben und damit Mitglied des House of Lords. Höhepunkt seiner politischen Karriere war seine Funktion als Chefunterhändler bei den Verhandlungen in Bretton Woods Mitte der 1940er Jahre zur Errichtung eines neuen Weltwährungssystems, aus denen die Weltbank und der Internationale Währungsfonds hervorgingen.

1945 wurde Keynes Vorsitzender eines neuen Regierungsausschusses, der sich mit Musik und Künsten beschäftigte, des britischen Art Councils. Im Februar 1946 folgte die Ernennung zum Generalsekretär der Internationalen Wiederaufbaubank und des Internationalen Währungsfonds. Bevor er sein Amt antreten konnte, starb er am 21. April 1946 an Herzversagen.

Bis heute beeinflussen seine Ideen ökonomische und politische Theorien. Keynes lieferte der Politik ein Modell zur Überwindung wirtschaftlicher Krisen durch ein aktives Handeln des Staates – ein Erklärungsansatz, weshalb staatliche Eingriffe funktionieren würden. Er wollte ein kapitalistisches Wirtschaftssystem schaffen, in dem die Arbeitslosigkeit, die ernsthafteste Bedrohung des Kapitalismus, weitgehend beseitigt sei. Nicht selten jedoch waren Keynes' Theorien für Politiker nur eine Ausrede, etwa, wenn im Konjunkturabschwung immer mehr Schulden gemacht, aber – im Gegensatz zum Keynes'schen Rezept – im Aufschwung nicht abgebaut wurden, sodass sich das Etatdefizit ständig vergrößerte.

Bis in die 1960er Jahre dominierte in den USA die keynesianische Ökonomie. Noch Anfang der 1970er Jahre erklärte Präsident Nixon: »Wir sind alle Keynesianer.« Auch wenn dann die Stimmung umschlug, starb der Einfluss des Keynesianismus nicht aus. Nachdem viele konkurrierende Theorien fehlgeschlagen sind, werden inzwischen auch seine Anhänger wieder gehört. Es bleibt das Verdienst des Briten, auf die Rolle der Gesamtnachfrage für die Wirtschaftsentwicklung aufmerksam gemacht zu haben – wenngleich der Markt auch aus anderen als den von Keynes beschriebenen Gründen gestört werden kann. So hat er zwar die Wirtschaftswissenschaften revolutioniert, aber keine Theorie geschaffen, die alle Fragen beantwortet.

36. Wesley Clair Mitchell

(* Rushville 5.8.1874, † New York City 29.10.1948)

Wesley Clair Mitchell war der führende Konjunkturforscher seiner Zeit. Mittels empirischer Untersuchungen versuchte er, der Ökonomie eine verbesserte Grundlage zu verschaffen. Er stellte viele Lehrsätze der klassischen Theorie in Frage und forderte planvolle Eingriffe in das Marktsystem. Die Beschäftigung mit der Wirtschaftslehre hatte aus seiner Sicht den Sinn, die Welt zu einem lebenswerteren Ort zu machen.

Mitchell wurde in Rushville, Illinois, als Sohn eines Arztes geboren. Auf Grund von Verwundungen, die er sich im Bürgerkrieg zugezogen hatte, arbeitete dieser inzwischen als Farmer – mit einem Hang zu riskanten Geschäften. Unter diesen Umständen lastete auf dem jungen Mitchell – er war der älteste Junge unter sieben Kindern – viel Verantwortung. Nichtsdestotrotz begann er ein Studium an der Universität von Chicago, das er 1899 mit seiner Dissertation abschloss. Zu seinen Lehrern zählte neben dem Philosophen John Dewey der Ökonom → Thorstein Veblen, das Enfant terrible der amerikanischen Wirtschaftswissenschaft. Veblen war für Mitchell geistiger Vater und Freund zugleich. Dessen Kritik am Kapitalismus und an der herrschenden Ökonomie teilte Mitchell, auch wenn er die Grundlage für Veblens Argumente noch für zu spekulativ hielt, weil sie zu wenig auf Fakten beruhte.

Zu dieser Zeit befand sich die empirische Forschung erst im Anfangsstadium. Aussagekräftige Studien und zuverlässige Methoden gab es kaum. Diesen Mangel zu überwinden galt Mitchells volles Engagement – neben seiner Lehrtätigkeit an verschiedenen Universitäten. Bis 1902 unterrichtete er an der Universität von Chicago, bis 1912 war er zunächst Assistenzprofessor, dann Professor in Berkeley sowie Visiting Lecturer in Harvard. Nach einer anschließenden einjährigen Tätigkeit als Lecturer an der Columbia Universität hatte er dort von 1913 bis 1944 eine Professur inne. Zwischen 1919 und 1922 hielt Mitchell auch Vorlesungen an der New School for Social Research in New York City, zu deren Mitbegründern er zählte.

Der Ökonom gehörte auch verschiedenen Regierungsausschüssen an. Er war Vorsitzender des »Research Committee on Social Trends« unter Präsident Herbert Hoover und 1933 Mitglied des Nationalen Planungsgremiums.

Vorrangig fühlte er sich jedoch der Forschung verpflichtet. Schon als Amerika kurz vor der Jahrhundertwende erstmals von großen Wirtschaftskrisen erschüttert wurde, suchte er die Ursachen für die hohe Arbeitslosigkeit und die sozialen Unruhen zu ergründen. Zur Unterstützung empirischer Erhebungen initiierte er eine Zentralstelle für die detaillierte Erfassung wirtschaftlicher Abläufe, die 1920 als »National Bureau of Economic Research« gegründet wurde. Der privaten überparteilichen Wirtschaftsforschungseinrichtung stand Mitchell bis 1946 als Forschungsdirektor vor.

Seine Erforschung von Konjunkturzyklen erweiterte Mitchell nach und nach zu einer umfassenden Analyse der Funktionsweise der kapitalistischen Wirtschaft. 1927 erschien sein Hauptwerk »Business Cycles: The Problem and its Setting« (»Der Konjunkturzyklus. Problem und Problemstellung«), das auch ins Deutsche, Italienische und Russische übersetzt wurde. Diese Schrift, die als bahnbrechende Arbeit gewürdigt wurde, sowie weitere Arbeiten zum Konjunkturproblem machten Mitchell zum international führenden Ökonomen des frühen 20. Jahrhunderts.

Mit seinen Untersuchungen schuf er die Grundlagen für eine allgemeine Theorie des Wirtschaftsablaufs. Er erkannte den Einfluss von Gefühlen und subjektiven Erwartungen auf die Konjunktur. Entscheidend ist danach der Umschlag von optimistischen in pessimistische Wirtschaftsprognosen seitens der Unternehmen und Investoren. Deren Einschätzungen beruhen zwar auch auf realen Ursachen, hängen aber zum großen Teil von subjektiven Erwartungen ab, die zur gleichen Zeit bei dem einen Unternehmer optimistischer, beim anderen pessimistischer sein können. Das Umschlagen von Gefühlslagen deutete Mitchell als einen kumulativ verstärkenden Prozess, der in einem Teil der Wirtschaft beginnt und nach und nach ansteckend wirkt.

Als Grund für diese »Infektionsherde« führte er die große Komplexität der modernen Geldwirtschaft an. Um eine dauerhafte Prosperität herzustellen, müssten sich die verschiedenen Wirtschaftseinheiten untereinander abstimmen. Die normalen Geschäftsverbindungen gewährleisten dies jedoch nicht. Aus diesem Grund ist, so Mitchell, die Laisser-faire-Wirtschaft in ihren einzelnen Branchen zwar äußerst effizient, wegen unzureichender Koordination und eines fehlenden gemeinsamen Ziels insgesamt aber in ihrer Leistungsfähigkeit eingeschränkt.

Hätten die Unternehmer dagegen Vertrauen in die Handlungsbereitschaft und die finanziellen Möglichkeiten einer Regierung und würde man sie mit fundierten Informationen über die Wirtschaftslage versorgen, könnte in manchen Fällen die Konjunktur gewendet werden. Laisser-faire verstärke dagegen die Tendenz, dass die Glieder der Wirtschaft gegeneinander statt miteinander arbeiten.

Mitchell setzte sich daher für staatliche Regulierungen im Fall unbefriedigender Marktergebnisse ein – eben dann, wenn der Markt nicht der allgemeinen Wohlfahrt dient. Gezielte Vorgaben sollten Unsicherheiten über die Wirtschaftsentwicklung im Voraus ausräumen. Mit seiner Forderung nach »intelligenter Wirtschaftsplanung« verfocht Mitchell einen Mittelweg zwischen der freien Marktwirtschaft und der autoritären Planwirtschaft. Auch die Bürger sollten ein Mitspracherecht über die Wirtschaftsziele eines Landes haben. Eine gesamtwirtschaftliche Rahmenplanung – umgesetzt von einer »Nationalen Planungsbehörde« – betrachtete Mitchell als eine notwendige Ergänzung des Marktsystems. Planvolle Eingriffe in den Wirtschaftsprozess seien allemal besser als bloßes Warten auf automatisch einsetzende Marktkräfte.

Mitchells wissenschaftliches Vorgehen – eine Theorie des Konjunkturzyklus auf der Grundlage empirischer Untersuchungen zu entwickeln – führte den Nobelpreisträger → Milton Friedman zur Einschätzung, dass Mitchell eher ein empirischer Wissenschaftler denn ein Theoretiker sei. Auf Grund des Einflusses, den Thorstein Veblen auf ihn ausübte, wurde Mitchell auch dem amerikanischen Institutionalismus zugerechnet – einer Wirtschaftstheorie, die in den ersten Dekaden des 20. Jahrhunderts die vorherrschende Denkschule in den USA war und deren Hauptanliegen darin bestand, eine interdisziplinäre Analyse von sozialen, politischen und ökonomischen Institutionen vorzunehmen. Der Fokus liegt auf schwer zu quantifizierenden Faktoren wie Gewohnheiten und Machtbeziehungen. Der Einfluss der Institutionenökonomik auf die Politik war nicht unerheblich. So verdankt sich etwa der »New Deal« unter anderem den theoretischen Vorarbeiten des Institutionalismus.

Mitchell war als Wissenschaftler aktiv bis zu seinem Tod. Er starb 1948 in New York City.

37. GUNNAR KARL MYRDAL
(* Gustafs 6.12.1898, † Stockholm 17.5.1987)

Der schwedische Ökonom war einer der bedeutenden Theoretiker des Staatsinterventionismus. Um Wohlstand für möglichst viele schaffen zu können, forderte er staatliche Eingriffe in die Wirtschaft. Dem freien Spiel des Marktes stand er skeptisch gegenüber, denn dies hat aus seiner Sicht zur Folge, dass die Unterschiede zwischen Arm und Reich immer weiter auseinanderklaffen. Myrdal war der wichtigste Vertreter der Stockholmer Schule der Nationalökonomie, welche die wissenschaftlichen Grundlagen für die Entwicklung des schwedischen Wohlfahrtsstaates lieferte.

Er kam in einer Bauernfamilie zur Welt. Nach dem Abitur studierte er in Stockholm Jura und begann 1923 als Rechtsanwalt zu arbeiten. Ein Jahr später heiratete er Alva Reimer, die später als Schwedens große Sozialreformerin weit über die Landesgrenzen hinaus bekannt wurde und 1982 den Friedensnobelpreis erhielt. Auf Anregung seiner Frau nahm Myrdal neben seiner Anwaltstätigkeit ein Studium der Volkswirtschaftslehre, Soziologie und Finanzwirtschaft auf.

1927 erschien seine Dissertation – eine Kritik an der Arbeitswertlehre von → Karl Marx, mit der er sich international einen Namen machen konnte. Darin belegt Myrdal die These, dass ökonomische Wissenschaft nie wertfrei sein kann. Den Nachweis, dass jede Gesellschaftstheorie ein politisches, auf einem Werturteil fußendes Element enthält, liefert er am Beispiel der englischen Klassik und der nachfolgenden Neoklassik. Seine Schlussfolgerung ist bis heute gültig: Sozialwissenschaftler müssten immer ihre eigene soziale Bezogenheit im Blick haben und die axiomatischen Voraussetzungen, mit denen sie arbeiten, kenntlich machen. Derartige Überlegungen zur Methodologie der Sozialwissenschaft streute Myrdal im Laufe immer wieder in seine Werke ein und lieferte damit einen bedeutenden Beitrag zum Verhältnis von Ethik und Wissenschaft. Immer wieder setzte er sich dafür ein, der Volkswirtschaftslehre den Status einer »moralischen Wissenschaft« zurückzugeben.

Ab 1927 war Myrdal als Dozent tätig. Bis 1929 forschte er zwischenzeitlich in Deutschland und Großbritannien und reiste anschließend als Rockefeller-Stipendiat zum ersten Mal in die USA. Nach seiner Rückkehr in Europa war er von 1930 bis 1931 außerordentlicher Professor am Institut für Internationale Studien in Genf. Von 1933 bis 1950 hatte er eine Professur für Wirtschaftspolitik und Finanzwissenschaften an der Stockholmer Handelshochschule inne.

Die Stockholmer Schule der Nationalökonomie, der er angehörte, machte sich schon vor → John Maynard Keynes für ein staatliches Eingreifen in der Rezession stark und verhalf dem Keynesianismus in Schweden zum Durchbruch. Die keynesianischen Modelle wurden so in den 1930er Jahren zu einem wichtigen Instrument der Wirtschaftspolitik. Erforscht wurde vor allem der Einfluss von Erwartungen auf den Markt.

Der »Vater« der Stockholmer Schule, Knut Wicksell, war der Begründer der modernen Konjunkturtheorie. Danach rühren die Schwankungen in der Ökonomie von dem Gefälle zwischen »natürlichem« und »tatsächlichem« Zinssatz her. Ist letzterer niedriger, führt dies zu Investitionen und einer Belebung der Wirtschaft. Umgekehrt sinken mit den Investitionen Beschäftigung und Einkommen. Beide Tendenzen haben die Neigung, sich bis zur »Wende« zu verstärken.

Myrdal präzisierte diese Theorie mit seinem Konzept des geplanten und des tatsächlichen Handelns und dessen Ergebnisses. Daraus schuf er sein Modell der »zirkulären Verursachung mit kumulativen Effekten«: Wenn die realisierte Investitionsentscheidung größer ist als die geplante, so befördert dies weitere Investitionen und damit den Aufschwung. Fällt die tatsächliche niedriger aus als die geplante Investition, so löst dies eine Umkehr mit nachfolgendem Abschwung aus. Für diese »bahnbrechenden Arbeiten auf dem Gebiet der Geld- und Konjunkturtheorie und... [die] tiefgründigen Analysen der wechselseitigen Abhängigkeit von wirtschaftlichen, sozialen und institutionellen Verhältnissen« erhielt Myrdal 1974 den Nobelpreis, gemeinsam mit dem Österreicher → Friedrich August von Hayek.

1934 veröffentlichte Myrdal gemeinsam mit seiner Frau das Buch »Krise und Bevölkerungsfrage«. Es lieferte die Theorie des Volksheims – einer Verteilungspolitik, die zur Grundlage des schwedischen Wohlfahrtsmodells wurde. Damit avancierte Myrdal zu einem der Architekten des Wohlfahrtsstaates.

Neben seiner Lehrtätigkeit betätigte er sich auch in der Politik. Obwohl er den Marxismus ablehnte, war er ein überzeugter Sozialist und von 1932 an Mitglied der Sozialdemokratischen Arbeiterpartei. 1934 und 1942 wurde er als Vertreter seiner Partei in den schwedischen Senat gewählt. Von 1945 bis 1947 gehörte er der schwedischen Regierung als Handelsminister an. Insgesamt jedoch agierte Myrdal als Politiker weniger glücklich als in der Wissenschaft. 1947 musste er von seinem Amt zurücktreten, weil der von ihm vorgeschlagene Kredit Schwedens an die Sowjetunion im Kalten Krieg nicht mehr zeitgemäß war.

Zwischen 1947 und 1957 war Myrdal Generalsekretär der Europäischen Wirtschaftskommission der UNO. In dieser Funktion konnte er die Entwicklungsunterschiede in Europa, aber auch die Armut in Afrika und Asien oft aus eigener Anschauung erleben. Daraus entstand sein Buch »Economic Theory and

Underdeveloped Regions«, mit dem Myrdal in der öffentlichen Wahrnehmung zu einem Vorreiter der Entwicklungspolitik wurde. Es erschien 1957, zu einer Zeit, als viele ehemalige Kolonien unabhängig wurden und nach Konzepten für ihre Wirtschaftpolitik suchten.

In seinem Buch kommt Myrdal zu dem Schluss, dass die damals gängigen Lehrmeinungen den armen Nationen nicht weiterhelfen könnten. Den klassischen Ansatz vom freien Spiel der Kräfte, der zu einem Gleichgewicht führen würde, sah er in der Wirklichkeit widerlegt. Myrdal diagnostizierte wachsende Unterschiede zwischen Industrie- und Entwicklungsländern. Immer größerem Reichtum stehe ein zunehmender Verfall gegenüber – ein Teufelskreislauf, aus dem sich ohne staatliche Eingriffe niemand entziehen könne. Denn Wirtschaftszentren lockten Kapital und Know How an, während in anderen Gebieten Kapitalmangel die Chancen auf Entwicklung minimierte.

Myrdals von Wicksell übernommene und weiterentwickelte Theorie der kumulativen Effekte mit zirkulärer Verursachung eignete sich auch zur Kritik der traditionellen Theorie des Freihandels, wonach der uneingeschränkte Freihandel zwischen entwickelten und unterentwickelten Regionen und Ländern deren Faktorpreise für Kapital und Arbeit bei einheitlichen Weltmarktpreisen angleiche und für alle Beteiligten zu mehr Wohlstand führe. Myrdal vertrat hingegen die These, dass unregulierter Freihandel die Ungleichheit nur verstärke. Den Entwicklungsländern empfahl er, in die Marktprozesse regulierend einzugreifen. Zunächst sollten sie im Innern die Ungleichgewichte zwischen Arm und Reich beseitigen. Darüber hinaus riet er zu Protektionismus und regionaler Kooperation. Das Laisserfaire-Prinzip, so sein Fazit, diene dem Schutz der Privilegien der Reichen und bremse die Entwicklung.

Allerdings war Myrdal kein uneingeschränkter Befürworter etatistischer Politik. Wie er 1960 in seinem Buch »Beyond the Welfare State: Economic Planning and Its International Implications« schrieb, sollte in Zukunft die Rolle des Zentralstaates begrenzt werden und der Bürger Mitwirkungsmöglichkeiten haben.

1957 gab Myrdal seinen UNO-Posten auf, um eine Studie zu ökonomischen und politischen Entwicklungen in südasiatischen Ländern zu leiten. Im Ergebnis erschien 1968 sein Buch »Asian Drama: An Inquiry into the Poverty of Nations«.

1960 ging Myrdal zurück an die Universität Stockholm. Dort hatte er den Lehrstuhl für Internationale Wirtschaftspolitik bis zu seiner Emeritierung 1967 inne. 1966 war er Mitbegründer des Internationalen Friedensforschungsinstituts SIPRI. Es folgten Stipendien und Gastprofessuren in den USA. Myrdal erhielt insgesamt über dreißig Ehrendoktorgrade und eine Vielzahl an Auszeichnungen, darunter 1970 den Friedenspreis des Deutschen Buchhandels gemeinsam mit seiner Frau und 1981 den Nehru-Preis für internationale Verständigung.

Sein Engagement gegen Ungleichheit zieht sich wie ein roter Faden durch seine Biografie. International war er anerkannt als eine »Vaterfigur« der Sozialpolitik. Zeit seines Lebens setzte er sich für eine Nivellierung des Wohlstandsgefälles zwischen Industrie- und Entwicklungsländern ein. Er war einer der Initiatoren der heute praktizierten Form der Entwicklungshilfe. Allerdings warb er seit 1980 unter dem Eindruck zunehmenden Missbrauchs der Entwicklungshilfe durch die Eliten der Empfängerländer dafür, Gelder möglichst direkt an die armen Bevölkerungsschichten zu verteilen und ihre Verwendung streng zu kontrollieren.

Auch seine Forschung stellte Myrdal in den Dienst der Praxis: Immer vertrat er die Allgegenwart des politischen Elements in den Wissenschaften und engagierte sich als wissenschaftlicher Wegbereiter von Reformen. Er starb 1987 in Stockholm.

38. MICHAL KALECKI
(* Lodz 22.6.1899, † Warschau 17.4.1970)

Michal Kalecki war ein polnischer Ökonom und Sozialist. In seinen Arbeiten zur Konjunkturtheorie nahm er – weitgehend unbeachtet von einer größeren Öffentlichkeit – wesentliche Aussagen vorweg, mit denen der Brite → John Maynard Keynes Weltruhm erlangte.

Kalecki wurde 1899 in der polnischen Industriestadt Lodz als Kind einer verarmten jüdischen Familie geboren. Sein Ingenieurstudium in Warschau und Danzig musste er 1923 kurz vor dem Abschluss aus Geldmangel abbrechen. Anschließend arbeitete er als Wirtschaftsjournalist bei einer Zeitung und eignete sich währenddessen autodidaktisch Kenntnisse der Nationalökonomie an – überwiegend durch die Sammlung und Beobachtung von Fakten und die Analyse von Statistiken im Rahmen seiner journalistischen Aufgabe.

Von 1929 an war er Mitarbeiter am Institut für Konjunktur- und Preisforschung in Warschau. Kaleckis wissenschaftliches Denken war stark geprägt durch seine Erfahrungen in der Weltwirtschaftskrise. Um die Massenarbeitslosigkeit zu erklären, nutzte er das volkswirtschaftliche Kontensystem, in dem sich alle Ausgaben auch als Einkommen darstellten und umgekehrt. Entgegen der klassischen Wirtschaftstheorie, in der Sparsamkeit als eine Tugend angesehen wurde und einen hohen Stellenwert einnahm, stellte Kalecki fest, dass Sparen einer Volkswirtschaft auch schaden kann. Seine Theorie lautete: Wenn alle weniger ausgeben, fällt die Nachfrage. Die Produktion wird heruntergefahren und Arbeiter verlieren ihre Jobs. Was für den Einzelnen sinnvoll ist, nutzt also nicht zwangsläufig der Gesellschaft.

Derselben Logik bediente sich Kalecki auch für ein anderes Argument: Senkt ein einzelnes Unternehmen die Löhne, so steigt sein Gewinn. Eine *allgemeine* Lohnsenkung hingegen senkt die gesamtwirtschaftliche Nachfrage und damit die Gewinne. Die Höhe der Produktion hängt also – so Kalecki – in einer Marktwirtschaft entscheidend von der Gesamtnachfrage ab.

Diesen »keynesianischen« Ansatz veröffentlichte der Wissenschaftler 1933 in Polen, drei Jahre bevor Keynes' »Allgemeine Theorie« erschien. In seinem dünnen Buch »Umrisse einer Theorie des Konjunkturzyklus« formulierte Kalecki die Theorie der aggregierten Nachfrage und beschrieb die Investitionen als entscheidend für die Gesamtnachfrage. Darauf aufbauend erklärte er Konjunkturschwankungen und entwickelte so ein Modell vom Kapitalismus, dessen Prosperität von der Nachfrage bestimmt ist.

Die »Keynesianische Revolution« von Kalecki wurde allerdings kaum von einem größeren Kreis wahrgenommen und blieb somit weitgehend unbekannt. Ein Grund dafür ist, dass seine ersten Arbeiten nur auf Polnisch erschienen. Eine englische Ausgabe seines Buches »Umrisse einer Theorie des Konjunkturzyklus« gab es erst 1966.

In seinen Frühschriften entwickelte Kalecki auch seine Profittheorie. Danach entscheiden die Investitionen und der Konsum der Kapitalisten über den Umfang der im Privatsektor anfallenden Gewinne. Wird mehr investiert, steigt die effektive Nachfrage noch stärker als die Investitionssumme, weil die Arbeiter in der Investitionsgüterproduktion ebenfalls mehr verdienen und mehr für Konsumgüter ausgeben. Damit erhöht sich auch das Einkommen der Arbeiter in der Konsumgüterindustrie. Der Prozess setzt sich so lange fort, bis die Gewinne so hoch wie die Summe aus Investitionen und Kapitalistenkonsum sind. Mit dieser Theorie kehrte sich Kalecki sowohl von der Marxschen Erklärung der Profite über den Mehrwert ab als auch von der klassischen Interpretation der Gewinne als Lohn der Kapitalisten für Konsumverzicht.

Kalecki zeigte, dass schuldenfinanzierte Staatsausgaben genauso auf die Gewinne wirken wie Investitionen. In einer Depression würden höhere Staatsschulden etwa für staatliche Investitionen nicht nur die Arbeitslosigkeit verhindern, sondern auch zu höheren Einkommen und Ersparnissen im Unternehmenssektor führen, und zwar in Höhe des Budgetdefizits. In diesem Sinne tendiert das Budgetdefizit dazu, sich selbst zu finanzieren.

1936 stellte Kalecki seinen Posten am Institut für Konjunktur- und Preisforschung in Warschau zur Verfügung – aus Protest gegen den politisch motivierten Hinauswurf von Kollegen. Nach einem kurzen Aufenthalt in Schweden verbrachte er die Zeit von 1936 bis 1945 in Großbritannien. Am Oxford Institute of Statistics war er der führende Theoretiker des dortigen Forschungsteams. Nach dem Zweiten Weltkrieg wechselte er zu den Vereinten Nationen in New York, wo er unter anderem für den World Economic Report verantwortlich war. Da er als überzeugter Sozialist durch den Antikommunismus der McCarthy-Ära immer mehr in seiner Aktionsfreiheit eingeschränkt wurde, gab er erneut unter Protest seine Stellung auf. 1955 verließ er die USA und kehrte in das inzwischen kommunistische Polen zurück.

Hier arbeitete er zunächst als Regierungsberater und konzentrierte sich später ganz auf die Forschung. Kaleckis spätere

Arbeiten wurden auch auf Englisch publiziert, aber die Tatsache, dass die Übersetzungen mit großer Verzögerung erschienen, kostete ihn einen beträchtlichen Teil seines wissenschaftlichen Ruhmes. In seinen Schriften wandte er sowohl Konzepte der ökonomischen Klassiker als auch Theorien (Konzepte, Erklärungsmodelle) von → Karl Marx an. Er forschte insbesondere zu Klassenwidersprüchen, zur Einkommensverteilung und zur unvollständigen Konkurrenz. Seine Konzepte erlangten hohe Popularität an der Cambridge-Schule und fanden Eingang in die postkeynesianische Wirtschaftswissenschaft, insbesondere durch Ökonomen wie → Joan Violet Robinson, → Nicholas Kaldor und Richard M. Goodwin.

An der Warschauer Hochschule für Planung und Statistik begründete er eine ökonomische Schule, die sich mit Fragen der Planung, des Wachstums und der Wirtschaftsentwicklung beschäftigte. Kalecki stellte aufgrund seiner wissenschaftlichen Autorität und seiner Integrität die zentrale Figur dieser Schule dar. Auch wenn er sich bewusst war, dass ökonomische Analysen und Schlussfolgerungen ihre Grenzen haben, verlangte er doch innerhalb dieser Grenzen Präzision und Konsequenz. Politische Zugeständnisse ließ er nicht zu. Dies machte ihm das Leben in der autoritären Volksdemokratie schwer. Kalecki und seine Schule wurden 1968 zur Zielscheibe einer antisemitischen und antiintellektuellen Kampagne. Ein weiteres Mal protestierte er gegen den Hinauswurf seiner Kollegen und Mitarbeiter, diesmal durch eine vorzeitige Emeritierung. Tief enttäuscht starb er zwei Jahre später.

In der ersten Hälfte der 1990er Jahre publizierte die Oxford University Press sieben Bände gesammelter Arbeiten Michal Kaleckis. Viele seiner Schriften wurden für diese Sammlung erstmals ins Englische übersetzt – mit dem Verweis, dass Kalecki zu den herausragendsten Ökonomen des 20. Jahrhunderts zählt.

39. Piero Sraffa

(* Turin 5.8.1898, † Cambridge 3.9.1983)

Der italienische Wirtschaftswissenschaftler Piero Sraffa gilt als der Begründer der neo-ricardianischen Schule der Volkswirtschaft und wirkte an der keynesianischen Revolution mit. Er war einer der bedeutendsten Kritiker seiner Zeit.

Geboren wurde er 1898 in Turin als Sohn von Angelo Sraffa, der ein angesehener Professor für Handelsrecht an der dortigen Universität war. Von 1916 an studierte Sraffa in seiner Heimatstadt Ökonomie und promovierte mit einer Arbeit zur Inflation in Italien während und nach dem 1. Weltkrieg. Sein Tutor war Luigi Einaudi, einer der bedeutendsten Ökonomen des Landes und nach dem Krieg Staatspräsident Italiens.

1919 begann sich Sraffa der Arbeiterbewegung anzunähern. Er schloss sich einer Gruppe sozialistischer Studenten an und befreundete sich mit Antonio Gramsci, dem Arbeiterführer der Kommunistischen Partei Italiens – eine enge Verbindung, die bis zu dessen Tod 1937 bestand. Beide teilten ihre ideologischen Standpunkte. Sraffa war zum Zeitpunkt des Kennenlernens ein radikaler Marxist. Während der Inhaftierung Gramscis durch die Faschisten wurde der Ökonom für den Arbeiterführer zu einem wichtigen Bindeglied mit der Außenwelt. Das ihm von Sraffa eingeräumte Konto bei einer Buchhandlung machte es Gramsci möglich, seine Arbeit fortzusetzen.

In den Jahren 1921/22 studierte Sraffa an der London School of Economics. Während eines Besuches in Cambridge lernte er → John Maynard Keynes kennen, der am dortigen King's College lehrte und zu dieser Zeit bereits zu den bedeutendsten Wirtschaftswissenschaftlern weit über England hinaus zählte. Auf dessen Anregung hin schrieb Sraffa für den »Manchester Guardian« einen Artikel über die Lage des Bankensystems im Nachkriegsitalien. Im Mittelpunkt stand der finanzielle Ruin der Banca Italiana di Sconto. Sraffa deckte auf, wie diese – und auch andere Banken – die italienischen Faschisten unterstützt hatten. Auf die Publikation, die auf Italienisch erschienen war, folgten heftige Angriffe des gerade an die Regierung gelangten

Mussolini auf Sraffa und dessen Familie. Mussolini verlangte die Zurücknahme der Beschuldigungen, was Sraffa verweigerte.

1923 wurde Sraffa Dozent für Politische Ökonomie an der Universität Perugia. 1925 veröffentlichte er in Italien seine Abhandlung »Über die Beziehungen zwischen Kosten und produzierten Mengen«. Ein Jahr später erschien eine überarbeitete Version dieses Aufsatzes unter dem Titel »The Laws of returns under competitive conditions« im »Economic Journal«, der führenden Wirtschaftspublikation Großbritanniens. Darin erschütterte Sraffa die Theorie der repräsentativen Firma von → Alfred Marshall und griff die vorherrschende Methode des partiellen Gleichgewichts in der Preistheorie an. Diese untersucht die Verhältnisse auf einem Markt weitgehend isoliert von den Wechselbeziehungen mit anderen Märkten. Sraffa wies nach, dass Marshalls Theorie mit den ihr zugrunde liegenden Voraussetzungen unvereinbar sei. Gleichzeitig forderte er als Konsequenz, den gesamten Bereich der Wettbewerbsverhältnisse, die zwischen den beiden Extremen des absoluten Monopols und der vollständigen Konkurrenz liegen, zu erforschen. Keynes stufte Sraffas Kritik als »vernichtend« ein.

1927 erhielt Sraffa einen Lehrstuhl für Politische Ökonomie im sardinischen Cagliari. Diese Professur trat er jedoch nicht an. Die Lage hatte sich für Sraffa bereits zu sehr zugespitzt und mit der Verhaftung Gramscis 1927 ihren Höhepunkt gefunden, als Sraffa den Freund nicht nur unterstützte, sondern sich öffentlich für dessen Freilassung einsetzte. Sraffa konnte – einer Einladung Keynes' folgend – nach England einreisen, was keine Selbstverständlichkeit war und erst nach Keynes' wiederholtem Einschreiten zustande kam. Das englische Außenministerium hatte, aufgrund einer Kooperation mit der Regierung Mussolinis, die Einreise zunächst verweigert.

Von 1927 bis 1930 hielt Sraffa Vorlesungen an der Universität Cambridge über die Wert- und Verteilungstheorie und das italienische und deutsche Bankensystem. Er setzte sich weiter kritisch mit der traditionellen marshallianischen Theorie auseinander, die den damaligen Lehrbetrieb in England beherrschte. Um dazu in Ruhe eine Alternative entwickeln zu können, ließ er sich schließlich von seiner Lehrverpflichtung befreien – eine

Aufgabe, die dem schüchternen Sraffa ohnehin nicht lag. Mit Hilfe von Keynes erhielt er die scheinbar unbedeutende Stelle als Bibliothekar der Marshall-Library.

Einfluss nahm Sraffa jedoch weiterhin, sowohl bei Fragen der Berufungen an die Universität als auch auf die Arbeit von Keynes. Zusammen mit dem österreichischen Philosophen Ludwig Wittgenstein und Wissenschaftlern wie Austin und → Joan Robinson wurde er Mitglied des legendären »Cambridge Circus«, einem informellen Club, der es sich zunächst zur Aufgabe gemacht hatte, Keynes' Buch »Vom Gelde« durchzuarbeiten und sich später mit dem im Entstehen begriffenen Manuskript von Keynes' »Allgemeiner Theorie« befasste. Die Kritik daran trug maßgeblich zur Verbesserung von Keynes' Werk bei.

1930 erhielt Sraffa von der Royal Economic Society den Auftrag, die gesammelten Werke und den Briefwechsel → David Ricardos zu editieren. Daraus wurde eine Aufgabe, die sich über 20 Jahre hinziehen sollte. Die ersten zehn Bände erschienen 1951 bis 1955, der elfte Band mit dem Sach- und Personenregister 1973. Die Edition wurde ein Meisterwerk und gibt bis heute den Maßstab für vergleichbare Unternehmungen vor. Straffas Spürsinn, wenn es galt, Querverbindungen und Quellen aufzuspüren und zu bewerten, hat Berühmtheit erlangt. Für seine Arbeit wurde er 1961 mit der Söderström-Gold-Medaille von der Königlichen Schwedischen Akademie der Wissenschaften ausgezeichnet, eine Ehrung, die vergleichbar ist mit der Verleihung des Nobelpreises.

Die Beschäftigung mit Ricardo befruchtete Sraffas theoretisches Schaffen. 1960 erschien sein Werk »The Production of Commodities by Means of Commodities« (»Warenproduktion mittels Waren«). Hier führt er die von Ricardo entwickelte klassische Arbeitswerttheorie fort und entwickelt auf deren Grundlage eine vollständige relative Preistheorie. Sraffa hatte seinem schmalen Band von weniger als hundert Seiten den Untertitel »Vorspiel zu einer Kritik der Wirtschaftstheorie« gegeben. Dem kurzen Vorspiel folgte ein längeres Nachspiel – die kapitaltheoretische Kontroverse der 1960er und 1970er Jahre. Dabei ging es um die Frage, wodurch relative Preise und Kapitalverzinsung bestimmt sind. Laut Sraffa sind dies nicht »Angebot« und »Nachfrage« oder subjektivistische Konzepte wie Grenznutzen, sondern die geltende Produktionstechnik und der Reallohn. Widerspruchsfrei formuliert er in seinem Buch den klassischen Ansatz in der Wert- und Verteilungstheorie. Damit legte er die Grundlagen einer Kritik sowohl der traditionellen neoklassischen als auch der Marxschen Wert- und Verteilungstheorie. Sein Werk gilt als Beginn der neoricardianischen Schule der Volkswirtschaft.

Wenngleich Sraffa nicht zu den Theoretikern zählte, die einer breiteren Öffentlichkeit ein Begriff waren, so gilt doch sein Einfluss und Wissen als grundlegend für die Wissenschaft. Gleichwohl war er enorm sparsam – gemessen am Umfang seines publizierten Werkes. Einer seiner Schüler meinte, Sraffa habe es unmoralisch gefunden, mehr als eine Seite pro Monat zu schreiben. Sein veröffentlichtes Werk umfasst gerade mal ein paar Hundert Seiten – neben seinem Hauptwerk einige wenige Aufsätze aus den 1920er Jahren. Sraffa war ein Perfektionist, der monate-, ja jahrelang an seinen Texten feilte. Kein Wort überließ er dem Zufall, kein Satz ist überflüssig. Präzise und knapp formuliert er seine Theorien. Umgekehrt ist nur wenigen anderen Ökonomen ähnlich viel Aufmerksamkeit zuteilgeworden wie Sraffa.

Sein Wirken hat nicht nur die Nationalökonomie geprägt. Zwar lebte er zurückgezogen und verbrachte einen großen Teil seines Lebens als Junggeselle am Trinity College in Cambridge. Dennoch zählte er berühmte Philosophen, Mathematiker, Ökonomen und Politiker zu seinen Bekannten. So konnte Sraffa durch seine Freundschaft zu Ludwig Wittgenstein Interessantes zu dessen Werk beitragen. Der Philosoph hielt Sraffa für einen der Intellektuellen mit dem schärfsten Verstand. In der Einleitung zu seinen »Philosophischen Untersuchungen« schreibt Wittgenstein, dass die »folgenreichsten Ideen« darin auf Anregungen Sraffas zurückgehen.

Berühmt waren auch dessen analytische Fähigkeiten, wenn es um Transaktionen an der Börse ging. Nicht nur Keynes und Ricardo erwarben so ein Vermögen, auch die Hinterlassenschaft Sraffas – seine wertvolle Bibliothek mit über 8000 Büchern und Gold im Wert von mehreren Millionen englischen Pfund – zeugt von seinen Erfolgen.

40. Joan Violet Robinson

(* Camberley 31.10.1903, † Cambridge 5.8.1983)

Die Britin Joan Violet Robinson begründete den Linkskeynesianismus. Sie ist eine der wenigen bekannten Ökonominnen und gehört zu den prominentesten Wirtschaftswissenschaftlern des 20. Jahrhunderts. Robinson gilt als Querdenkerin. Schon früh dachte sie über den Umbau der Industriegesellschaft nach. Ihre wichtigsten Beiträge lieferte sie auf dem Gebiet der Finanzökonomie.

Sie wurde geboren als Joan Violet Maurice. Ihr Vater war ein hoher Militär. 1922 kam sie ans Girton College in Cambridge, wo sie Ökonomie studierte. Unmittelbar nach ihrem Hochschulabschluss 1925 heiratete sie den Wirtschaftswissenschaftler Austin Robinson. Aus der Ehe gingen zwei Töchter hervor.

Nach einem mehrjährigen Aufenthalt in Indien kehrten die Robinsons 1929 nach Cambridge zurück, wo Joan an der dortigen Universität zu unterrichten begann. 1933 veröffentlichte sie ihr Buch »The Economics of Imperfect Competition« und startete damit ihre publizistische Karriere gleich mit einem Paukenschlag. In ihrem Werk legt sie die engen Grenzen der herrschenden neoklassischen Theorie offen. Damit brach sie die schon seit Jahren andauernde Stagnation in den Wirtschaftswissenschaften auf. Den maßgeblichen Grund für diesen Stillstand hatte sie als Studentin selbst noch im Hörsaal erlebt: → Alfred Marshall. Der Brite hatte eine neoklassische Modellwelt der vollständigen Konkurrenz geschaffen, in welcher der Einzelne den Preis eines Gutes nicht beeinflussen kann. Danach ist der Markt vollkommen transparent, denn alle Marktteilnehmer kennen alle Produkte und deren jeweiligen Preise. Robinson konnte diese wenig realistische Annahme mit ihrem Buch widerlegen.

Darin entwickelt sie eine neue Theorie der Unternehmen auf monopolistischen Märkten. Sie beschreibt das Bestreben der Firmen, ständig zu wachsen, ihre Stellung am Markt auszubauen und Preise strategisch zu nutzen. In der Folge kommt es zu einer ökonomischen Machtbildung: zu einer Verquickung von Politik und unternehmerischen Strategien. Während somit viele Anbieter einen monopolistischen Spielraum haben, ist es auf dem Arbeitsmarkt genau umgekehrt. Hier stehen die meisten Anbieter der Ware Arbeitskraft einem Quasimonopol relativ weniger Nachfrager gegenüber. Das führt dazu, dass die Arbeitnehmer von den wenigen Arbeitgebern ausgebeutet werden. Diese Ausbeutung tritt dann ein, wenn der Lohn unter dem Marktwert der geleisteten Arbeit liegt, den Robinson mit dem Grenzertragswert der Arbeit beschreibt. Je größer die Unternehmen sind, desto wahrscheinlicher ist aus ihrer Sicht eine solche Ausbeutung. Robinsons Skepsis gegenüber dem Marktmechanismus stieß auf dem Höhepunkt der Weltwirtschaftskrise auf offene Ohren.

Danach konzentrierte sie sich auf die Weiterentwicklung einer Gesamtwirtschaftslehre, wie sie auch → John Maynard Keynes konzipierte. Robinson gehörte zum »Cambridge Circus«, einem legendären Gesprächskreis um dessen zentrale Figur Keynes. Hier wurden die Vorarbeiten zu seiner epochalen »Allgemeinen Theorie« diskutiert, die 1936 erschien. Robinson war intensiv an diesem Diskurs beteiligt und damit stark in die Keynessche Theorierevolution eingebunden. Sie schrieb verschiedene Bücher und Artikel in gemeinverständlicher Sprache, um die Ideen Keynes auch Nichtspezialisten zugänglich zu machen. Gleichwohl beteiligte sie sich maßgeblich an der Erforschung der Zusammenhänge von Sozialprodukt, Investitionen und Ersparnissen. Mehrfach beschrieb sie das marktwirtschaftliche Dilemma, dass einzelwirtschaftlich sinnvolles Verhalten gesamtwirtschaftlich betrachtet falsch sein kann – eine Tatsache, die sich etwa durch Arbeitslosigkeit ausdrückt und der die Märkte aus sich heraus nicht entgehen können. Die optimal mögliche Produktion und damit Vollbeschäftigung käme ohne effektive Nachfrage nicht zustande.

1937 erhielt sie den Status eines Lecturers an der Universität Cambridge.

Auf Anregung von → Michal Kalecki beschäftigte sich Robinson auch mit → Karl Marx. 1942 erschien »An Essay on Marxian Economics« – eine der ersten Studien, die Marx als Ökonom ernst nahm. Zwar kritisierte Robinson darin die zu starke Ideologisierung bei Marx, zeigte dann allerdings auf glänzende Weise dessen wissenschaftliche Substanz.

Während des Zweiten Weltkrieges arbeitete sie für verschiedene Wirtschaftsausschüsse der Labour Partei und der Regierung. In dieser Position reiste sie mehrfach in die Sowjetunion, nach China und Ceylon. Sie begann sich für unterentwickelte und Entwicklungsländer zu interessieren und befruchtete die Wirtschaftswissenschaften auch in diesem Bereich. Gleichwohl lobte sie in späteren Jahren die chinesische Kulturrevolution so stark, dass viele ihrer Freunde und Kollegen peinlich berührt waren – angesichts der Schattenseiten der chinesischen Politik.

1956 erschien ihr Hauptwerk »The Accumulation of Capital«, das als ein Meilenstein in der Theorie gilt. Hier versucht Robinson, die Kurzfristanalyse von Keynes in einen langfristigen Rahmen zu integrieren und auf diese Weise zu verallgemeinern. Sie interpretiert die Zeitdimension historisch und macht somit ökonomische Prozesse beschreibbar. Damit überwand Robinson auch in diesem Punkt die Neoklassik, die nur die logische Zeit kennt und deshalb die Veränderungen der Wirklichkeit nicht erklären kann.

Wichtigste Neuerung ist die Einbeziehung unterschiedlicher Techniken bei der Kapitalakkumulation. Robinson definiert die notwendigen Bedingungen, unter denen eine Wirtschaft über lange Zeit stetig wachsen kann. Dies ist genau dann der Fall, wenn sich die Produktion, das Arbeitskräftepotential und der technische Fortschritt im Gleichschritt befinden. Diesen Gleichgewichtspfad nennt sie 1962 in ihren »Essays on the Theory of Economic Growth« »Goldenes Zeitalter« – ein Gleichnis für eine modellhaft konstruierte Entwicklung, die sich in der Wirklichkeit höchstens zufällig und kurzfristig einstellen wird. Nichtsdestoweniger gab Robinsons Theorie der Kapitalakkumulation den Wirtschaftswissenschaften wichtige Impulse.

Gemeinsam mit → Nicolas Kaldor entwickelte sie ihre Gedanken zum Wachstum in der kapitalistischen Wirtschaft weiter. Die Ergebnisse dieser Zusammenarbeit sind bekannt geworden als »Cambridge growth theory«.

1958 wurde Robinson Mitglied der British Academy, der nationalen britischen Akademie für Geisteswissenschaften. 1962 wurde sie zum Fellow des Newnham College und 1965 zum Fellow des Girton College gewählt. Im selben Jahr erhielt sie eine Professur am Girton College. Inzwischen war sie 62 Jahre alt. Diese späte Berufung war der Preis für ihre Ehe. Erst nach der Emeritierung ihres Mannes durfte sie Professorin in Cambridge werden. Ihre Antrittsvorlesung zum Thema »Neuer Merkantilismus« hielt sie 1966.

1972 umriss Robinson in einer berühmten Vorlesung die Grundzüge ihres Linkskeynesianismus. Danach sollten konjunkturpolitische Eingriffe mit gesellschaftlich nützlicher Produktion verbunden werden. Aus Sicht Robinsons war es wichtig, das Bemühen um Vollbeschäftigung mit der Frage zu verbinden, was produziert werden soll. Schließlich sei es nicht erstrebenswert, Prosperität durch Aufrüstung zu erzielen – wie etwa zu Zeiten des Kalten Krieges.

In ihren letzten Lebensjahren konzentrierte sich Robinson auf methodologische Fragen in der Ökonomie und darauf, den originären Aussagen von Keynes' »Allgemeiner Theorie« Geltung zu verschaffen. 1979 wurde sie der erste weibliche Fellow am King's College. Die Verleihung des Nobelpreises blieb ihr allerdings versagt. Ob es daran lag, dass sie eine Frau war, oder ob sie den Preis – wie Kritiker sagen – wegen ihrer eklektischen Studien nicht verdient hat – darüber konnte nur spekuliert werden.

Dennoch hat ihre umfangreiche Arbeit die Wirtschaftswissenschaften nachhaltig geprägt. Anders als die meisten Ökonomen war sie kein »Ein-Ideen-Mensch«, sondern leistete viele fundamentale Beiträge in vielen verschiedenen Bereichen der Ökonomie. Als Frau war sie nicht nur eine absolute Ausnahme im idyllisch-patriarchalischen Cambridge. Zugleich war sie mutig genug, Widersprüche bei den Päpsten der Lehre zu attackieren. Selbst Freunde, vor allem Keynes, blieben von ihrer Kritik nicht verschont.

Ihr Ziel war es, die ökonomische Theorie näher an die Wirklichkeit heranzuführen, denn sie wusste um die begrenzte Brauchbarkeit wirtschaftstheoretischer Erklärungsmuster. Von einer Flucht in mathematische Modelle, um die Funktionsfähigkeit von Marktwirtschaften nachzuweisen, hielt sie nichts. Nicht zuletzt durch sie wurde die Universität Cambridge zu einem Zentrum des theoretischen Neubeginns jenseits der Marktorthodoxie. Niemals sah sie die Wirtschaftswissenschaft als »neutral« an. In ihren theoretischen Überlegungen berücksichtigte sie Interessen und Macht in der Ökonomie als reale Größen. Robinson starb 1983 in Cambridge.

41. JOHN RICHARD HICKS
(* Warwick 8.4.1904, † Blockley 20.5.1989)

Der Brite John Richard Hicks machte sich einen Namen mit seinen Arbeiten zum ökonomischen Gleichgewicht und zur Wohlfahrtsökonomie. Er trug wesentlich dazu bei, die Theorien von → John Maynard Keynes zu popularisieren.

Geboren 1904 in Warwick, erhielt er seine Ausbildung zunächst im Clifton College und anschließend im Balliol College in Oxford, das er von 1922 bis 1926 besuchte. Den teuren Unterricht finanzierte er mit einem Mathematik-Stipendium. Während seiner Schulzeit und auch während des ersten Jahres in Oxford galt Hicks als Mathematikspezialist. Allerdings gingen seine Interessen weit über die Mathematik hinaus, so dass er sich im Laufe seines Ökonomiestudiums auch mit Literatur und Geschichte beschäftigte.

Im Anschluss wurde Hicks Dozent an der London School of Economics and Political Science. Hier wirkte er zunächst als Arbeitsmarkttheoretiker. 1932 erschien sein Buch »The Theory of Wages« (»Theorie der Löhne«). Es gilt noch immer als Standardwerk auf dem Gebiet. Von 1935 bis 1938 war er Dozent an der Universität Cambridge. 1936 trat Hicks mit einer Besprechung der im selben Jahr erschienenen »Allgemeinen Theorie« von Keynes hervor. 1937 stellte er im Rahmen seines Buches »Mr Keynes and the Classics: A suggested simplification« seinen wohl einflussreichsten Beitrag zur Volkswirtschaftslehre vor – das Hicks-Hansen IS-LM Modell, das den Keynes'schen Blick auf die Ökonomie verdichtet und in mathematischer Form zusammenfasst. Es wirkte wie eine Startrampe für neokeynesianische Ideen. Das Modell beschreibt das gesamtwirtschaftliche Gleichgewicht als eine Balance zwischen Geld, Konsum und Investition.

1939 veröffentlichte Hicks sein Hauptwerk »Value and Capital. An Inquiry into some Fundamental Principles of Economic

Theory«. Darin entwickelte er ein Modell marktwirtschaftlich gesteuerter Gleichgewichtsbedingungen für die Produktionsfaktoren und ihre ständige Erneuerung durch eine effektive Konjunkturpolitik. Unter den »dynamischen« Modellen der Volkswirtschaft zählt das von Hicks zu den prominentesten. Sein Buch wurde als meisterhaft anerkannt. Seine Pionierleistung eröffnete der Forschung und damit der Erneuerung der Theorie neue fruchtbare Felder.

Dasselbe Jahr markierte Hicks' ernsthafte Hinwendung zur Wohlfahrtsökonomie. Gemeinsam mit → Nicholas Kaldor publizierte er das berühmte Kaldor-Hicks-Kriterium, mit dem die Effizienz von Kompensationszahlungen bei Wohlfahrtsvergleichen beschrieben wird.

Von 1938 bis 1946 war Hicks Professor an der Victoria Universität von Manchester. Hier führte er den Großteil seiner Forschungen zur Wohlfahrtsökonomie durch. 1946 kehrte er nach Oxford zurück, wo er bis 1971 tätig war. Hicks lehrte bis 1952 am Nuffield College und dann am All Souls College – bis 1965 als Drummond-Professor für Politische Ökonomie und anschließend als Research Fellow.

1964 wurde Hicks geadelt. 1972 folgte eine weitere hohe Ehrung, als er gemeinsam mit → Kenneth Joseph Arrow den Nobelpreis erhielt – für »bahnbrechende Arbeiten zur allgemeinen Theorie des ökonomischen Gleichgewichts und zur Wohlfahrtstheorie«.

Hicks nahm für sich nicht in Anspruch, eine eigene Ökonomie entwickelt zu haben. Er verstand seine wissenschaftliche Arbeit als ein Verstehen, Formulieren und Verbreiten der Ideen der keynesianischen Schule – in Verbindung mit eigenen historischen, philosophischen und praktischen Reflektionen. Tatsächlich jedoch erweiterte er die Theorie auch und trug damit zu ihrer Entwicklung bei. Sein Zugang zur Ökonomie war beeinflusst von verschiedenen Seiten, die er in sich trug – dem Wissenschaftler, Dichter, Philosophen und dem Praktiker, wobei er akribisch darauf achtete, dass keine der Seiten überhand nahm. In diesem Sinne kann kein Ökonom vor oder nach Hicks ein derart »olympisches« Schaffen vorweisen. Er starb 1989 in Blockley, einem kleinen Ort in Gloucestershire, Großbritannien.

42. NICHOLAS KALDOR

(* Budapest 12.3.1908, † Papworth Everard 30.9.1986)

Der gebürtige Ungar Nicholas Kaldor zählt zu den Ökonomen, die im 20. Jahrhundert am stärksten die Wirtschaftspolitik beeinflusst haben. Sein wirtschaftspolitisches Engagement verband er mit theoretisch innovativer Arbeit, wobei er einer der herausragendsten Cambridge-Ökonomen der Nachkriegszeit war. Er führte die keynesianische Revolution fort.

Kaldor wurde 1908 in Budapest als Sohn eines Rechtsanwaltes geboren. Nach dem Gymnasium zog er nach Berlin und begann 1925 ein Studium der Wirtschaftswissenschaften. Bereits 18 Monate später verließ er die Friedrich-Wilhelms-Universität – unbeeindruckt von seinen Lehrern, zu denen auch der bedeutende Ökonom → Werner Sombart gehörte.

Ab 1927 studierte Kaldor an der London School of Economics and Political Science. Seine wissenschaftliche Karriere startete er in der Tradition von Lionel Robbins, der ihn förderte und seine ersten Schritte bestimmte. Zu Kaldors ersten Aktivitäten zählte die Übersetzung einiger Schriften von → Friedrich August von Hayek, der 1931 an die London School geholt wurde – als intellektuelles Gegengewicht zu → John Maynard Keynes.

Kaldors erster Aufsatz erschien 1932. Er beinhaltete eine kritische Auseinandersetzung mit → Emil Lederers Buch »Technischer Fortschritt und Arbeitslosigkeit«. Kaldor argumentiert hier ausgehend vom neoklassischen Standpunkt. Im selben Jahr wurde er Assistent Lecturer an der London School. In weiteren Arbeiten befasste er sich mit der Theorie des Gleichgewichts sowie mit der Theorie der Firma, mit Fragen der monopolistischen Konkurrenz, mit Überlegungen zu Lohnsubventionen als Mittel gegen Arbeitslosigkeit und mit der Kapital- und Konjunkturtheorie.

Während einige Schriften noch ganz der Neoklassik verhaftet waren, wurde in anderen Arbeiten bereits der Einfluss von Keynes auf Kaldor sichtbar. Seine Offenheit gegenüber den Ideen des Briten machte Kaldor im antikeynesianischen Bollwerk der London School mehr und mehr zu einem Außenseiter. Als 1936 Keynes' »Allgemeine Theorie« erschien, gab der Ungar seine wissenschaftlichen Wurzeln auf und konvertierte zur keynesianischen Revolution. Im Gegensatz zu vielen anderen Wissenschaftlern, die in der neoklassischen Lehre beheimatet waren, erkannte Kaldor schnell den von Keynes erzielten Durchbruch im ökonomischen Denken. Sogar den Cambridge-Professor → Arthur Cecil Pigou – der als Inkarnation der neoklassischen Lehre galt – versuchte Kaldor zu überzeugen, als dieser sich gegen Keynes zu Wort meldete. Kaldors Argumente beeindruckten Pigou stärker als die von Keynes.

1939 veröffentlichte Kaldor zusammen mit → John Richard Hicks das berühmte »Kompensationskriterium«, nach ihren Erfindern auch Kaldor-Hicks-Kriterium benannt. Es beschreibt die Effizienz von Kompensationszahlungen bei Wohlfahrtsvergleichen. Danach ist eine Politikmaßnahme sinnvoll, wenn sie für mindestens ein Individuum eine Verbesserung bringt und die Verlierer durch die Gewinner entschädigt werden könnten. Wenn zum Beispiel durch Handel die Gesamtproduktion in jedem der beteiligten Länder steigt, kann die überproportionale Produktionssteigerung im jeweiligen Exportsektor einhergehen mit einer Produktionsverringerung im jeweiligen Importsektor. Durch Umverteilung der zusätzlich produzierten Güter könnten dennoch theoretisch alle Beteiligten besser gestellt werden. Mit diesem Vorschlag übte Kaldor nachhaltigen Einfluss auf dem Gebiet der Wohlfahrtsökonomie aus.

Während und nach dem 2. Weltkrieg brachte er sich mehr und mehr in die Wirtschafts- und Entwicklungspolitik ein. Kaldor beteiligte sich an der Studie über »Vollbeschäftigung in einer freien Gesellschaft« des Ökonomen William Beveridge, die 1944 erschien. Von 1947 bis 1949 war er Planungschef der UNO-Wirtschaftskommission für Europa in Genf. Auch gehörte er einer Expertengruppe der Vereinten Nationen an. 1951 wurde Kaldor in die Royal Commission berufen, die sich mit Fragen der Besteuerung befasste. Zwischen 1964 und 1976 war er Sonderberater von drei Schatzkanzlern. Viele Regierungen zogen ihn bei der Reform der Steuersysteme zu Rate.

Kaldors Beratertätigkeit beeinträchtigte jedoch nicht seine wissenschaftliche Produktivität. 1949 wurde er Fellow am King's College in Cambridge. Gemeinsam mit Wissenschaftlern wie → Joan Robinson, → Piero Sraffa und Richard Kahn übte er auf all jene eine große Anziehung aus, die mit der herrschenden Lehre unzufrieden waren. 1955 erschien sein Buch »An Expenditure Tax« über die von ihm propagierte Ausgabensteuer, die er in Indien und Sri Lanka eingeführt hatte, als er in beiden Ländern beratend tätig war. In seinem Buch versucht er, die Überlegenheit dieser Steuerreform gegenüber der Einkommenssteuer nachzuweisen.

Mit seinem Aufsatz »Alternative Theories of Distribution«, den er 1956 veröffentlichte, und mit verschiedenen Versionen eines Wachstumsmodells wurde Kaldor zum Mitbegründer eines neokeynesianischen Forschungsprogramms. In seinem Aufsatz hielt er an der Aussage Keynes' fest, wonach die Ausgaben bestimmend für die Einkommen sind. Diese Kausalität wandte Kaldor auf eine Situation der Vollbeschäftigung an. Danach bewirkt eine Erhöhung der Investitionen nicht, wie im Keynes'schen Unterbeschäftigungsfall, eine Realeinkommenserhöhung, sondern eine Erhöhung der Gewinnquote. Der Ökonom fasste diese Aussage in der »Kaldor-Formel« zusammen, die in viele Lehrbücher Eingang fand. Das führte dazu, dass auch eine breitere Öffentlichkeit seinen Namen wahrnahm.

Kaldors Gedanken zum Wachstum, die er mit seiner Mitstreiterin Joan Robinson entwickelte, wurden bekannt als »Cambridge growth theory«, in die auch verschiedene Konzepte → David Ricardos eingearbeitet waren und die ein zentrales Element der neoricardianischen und der neokeynesianischen Theorie darstellen. Obgleich Kaldor zahlreiche Beiträge zur Ökonomie geleistet hat, dürfte er sich mit der Wachstumstheorie wohl am stärksten im Gedächtnis nachfolgender Generationen verankert haben.

Eine Berufung zum Professor an der Universität Cambridge erhielt Kaldor erst 1966, als er bereits längst einer der international bekanntesten und renommiertesten Ökonomen seiner Zeit war. Ein Leben lang blieb er ein Kritiker der neoklassischen Ökonomie insgesamt und des Monetarismus insbesondere – sowohl aus theoretischer Sicht als auch was dessen praktische Auswirkungen betrifft. 1974 wurde er als Baron Kaldor of Newnham geadelt. Seine Mitgliedschaft im Oberhaus nutzte er, um in seinen Reden seine Ablehnung gegen die monetaristische

Politik der Thatcher-Regierung unmissverständlich deutlich zu machen. Kaldor starb im Alter von 78 Jahren in Cambridge.

43. JOHN KENNETH GALBRAITH
(* Iona Station 15.10.1908, † Cambridge, Mass. 29.4.2006)

John Kenneth Galbraith war der Nestor der linken Keynesianer in den USA. Der große Widerpart der Neoliberalen setzte sich für eine solidarische Ökonomie ein, die allen Menschen gleiche Chancen bietet. Er entwickelte eine Theorie zur Preiskontrolle und wurde mit seiner Kritik an der Konsumgesellschaft bekannt. Galbraith gilt als einer der großen Analytiker und Reformer des modernen Kapitalismus. Vor allem aber war er ein Kritiker der Macht.

Er kam als Sohn schottischer Einwanderer in Iona Station in der kanadischen Provinz Ontario zur Welt. Sein Vater arbeitete als Landwirt und als Lehrer. Galbraith studierte Agrar- und Viehwirtschaft an der Landwirtschaftshochschule von Ontario. 1931 ging er nach Kalifornien an die Universität in Berkeley, die zu dieser Zeit ein Zentrum für innovative Gedanken war. Hier lernte er die klassische Markttheorie von → Alfred Marshall kennen und studierte die Ideen des Querdenkers → Thorstein Bunde Veblen sowie die Schriften von → Karl Marx. Am meisten jedoch faszinierte die Berkeleyaner der britische Jahrhundertökonom → John Maynard Keynes. Als früher Keynesianer engagierte sich Galbraith auch für Präsident Roosevelts Wirtschaftsprogramm des New Deal zur Wiederbelebung der amerikanischen Wirtschaft.

Angetreten als Stipendiat für Agrarwirtschaft, promovierte Galbraith 1934 in Berkeley in landwirtschaftlicher Ökonomie. Anschließend lehrte er an der Harvard-Universität. Schnell ließ der Professor den engen Rahmen der Agrarökonomie hinter sich. Die Weltwirtschaftskrise der 1930er Jahre brachte ihn auf sein Thema: das Versagen des Marktes und der Wirtschaftswissenschaftler, die dem Markt kritiklos gegenüberstanden. Galbraith beobachtete, dass wenige große Unternehmen die Märkte für Industriegüter dominierten, während die Bauern in der Landwirtschaft mit allen Schwankungen mitgehen mussten. Damit fand Galbraith eine Erklärung dafür, weshalb die Preise für Industriegüter während der Weltwirtschaftskrise nicht sanken: Marktbeherrschende Unternehmen reduzierten als Reaktion auf die sinkende Nachfrage eher ihre Produktion, als dass sie Preisnachlässe geben würden.

1937 nahm Galbraith die US-amerikanische Staatsbürgerschaft an. Im selben Jahr ging er für ein Jahr als Research Fellow für Sozialwissenschaften an die britische Cambridge-Universität. Hier vertiefte er seine Analysen des Marktes und dachte über mögliche Staatseingriffe nach. Zurück in Harvard gehörte er zu denjenigen, die die Ideen → John Maynard Keynes' verbreiteten.

1939 lehrte Galbraith kurzzeitig an der Princeton-Universität als Assistenzprofessor für Ökonomie, nachdem seine Ernennung zur Assistenzprofessur in Harvard aus politischen Gründen abgelehnt worden war. Die Mehrheit des Lehrkörpers stand damals noch seinem Engagement für den New Deal kritisch gegenüber. Als der Ruf aus Washington kam, verließ Galbraith Princeton: Gerade 33-jährig, wurde er Leiter der Preisabteilung im Büro für Preispolitik und öffentliche Versorgung. In seiner Funktion hatte er die Preise zu kontrollieren, damit die kriegsbedingte Inflation in Grenzen gehalten werden konnte. Unter seiner Ägide blieben zwar die Preise konstant, doch gleichzeitig wurde er zu einem der bestgehassten Männer in der Hauptstadt. Infolge zunehmender Proteste aus der Industrie musste er 1943 zurücktreten.

Nach Zwischenstationen beim Wirtschaftsmagazin »Fortune magazine« und im Luftfahrt- und Außenministerium wurde er schließlich doch Professor für Wirtschaftswissenschaften in Harvard.

1952 erschien seine »Theory of Price Control«. Darin unterstrich er die Rolle von Preiskontrollen bei der Inflationsbekämpfung. Mit diesem Buch fiel Galbraith, der sich nie großartig für die mathematischen Modelle der Volkswirte interessiert hatte, in der Fachwelt durch. Er nahm dies zum Anlass, zukünftig für einen populären Leserkreis zu schreiben. Seine folgenden Bestseller machten ihn endgültig zum Außenseiter der Zunft.

Noch im selben Jahr veröffentlichte er 1952 auch »American Capitalism: The Concept of Countervailing Power«. Galbraith zeigt hier auf, wie Monopole wirken und dass die Existenz mächtiger Konzerne wenig mit der Theorie vollkommener Märkte zu tun hat. Er kritisiert, dass der Nachkriegsboom in den USA auf einer Preis- und Lohnpolitik beruht, die zu Lasten der Armen ging. Eine Zerschlagung der Monopole fordert er jedoch nicht. Er setzt auf das Modell des »organisierten Kapitalismus«, in dem die Industriegiganten durch die Gegenmacht von Gewerkschaften und des intervenierenden Staates in Schach gehalten werden.

1958 erschien sein Werk »The Affluent Society«. Es zählt zu seinen bekanntesten Veröffentlichungen. Es enthält eine Kritik an der modernen Industriegesellschaft, die zwar echte Bedürfnisse ohne weiteres befriedigen könne, jedoch, um Wachstum zu sichern, permanent neue Bedürfnisse schaffe. Während aufwendiges Marketing den privaten Konsum ankurbele, verarmten mangels Einkommen nicht nur die zahlungsunfähigen Konsumenten. Auch der öffentliche Sektor sei unterversorgt, weil ein Mechanismus fehle, der die öffentlichen Güter – vor allem die Sozialausgaben – sicherstelle. So stünde dem Überfluss an privaten Gütern ein Mangel an öffentlichen Dienstleistungen gegenüber. Dieses Ungleichgewicht zeige sich in verwahrlosten Städten, defizitärer Infrastruktur und andauernder Armut im reichen Amerika.

Für Galbraith war das wirtschaftliche Handeln seiner Zeit vom Geist des 19. Jahrhunderts geprägt. Obwohl der Grenznutzen eines Zweitautos gering ist, muss die Produktion weiter gesteigert werden, um den sozialen Frieden nicht zu gefährden. Schon 1958 warnt er vor den unkontrollierten Folgen des Wirtschaftswachstums für die Umwelt und fordert den Ausbau des Sozialstaats. Keine Frage, dass ihm seine Vorschläge die Kritik der monetaristischen Ökonomie einbrachten.

Die Chance, seine Ideen in der Praxis zu verwerten, bekam Galbraith 1960, als er den Präsidentschaftskandidaten John F. Kennedy beriet. Nachdem dieser 1961 die Wahl gewonnen hatte, machte er Galbraith zum Botschafter in Indien.

1963 kehrte er nach Harvard zurück und arbeitete weiter an seiner Analyse der »Überflussgesellschaft«. Als im selben Jahr Lyndon B. Johnson Präsident wurde, beriet er diesen bei seinem sozialdemokratischen Programm der »Great Society«. Er befürwortete Lohn- und Preiskontrollen für die Armen und setzte sich dafür ein, Steuerpolitik als ein Lenkungsmittel anzusehen, das alle Firmen gleichermaßen trifft, um die Inflation zu mindern. Er sprach sich dafür aus, hohe Einkommen für Arbeitslose zu garantieren und soziale Sicherheit von der Produktion zu entkoppeln. Seine Differenzen mit Johnson über den Vietnamkrieg führten allerdings dazu, dass Galbraith 1965 als Berater ausschied.

Anfang der 1970er Jahre trat er mit der Forderung nach einem neuen Sozialismus hervor und stellte sich damit gegen die konservative Politik der Nixon-Regierung. Anstelle eines ungezügelten Wettbewerbs forderte er staatliche Planung, um die Geldentwertung, soziale Ungleichheit und Umweltschäden in den Griff zu bekommen. In seinem Essay »Die solidarische Gesellschaft«, den er 1998 vorlegte, formulierte er die Ziele seiner »modernen sozialen Marktwirtschaft«. Beschäftigung, Aufstiegschancen für alle Menschen, Bildung, Freiheit von sozialen Unruhen, ein stabiles soziales Netz, Abbau der Bürokratie sowie eine partnerschaftliche und sozial orientierte Außenpolitik waren die Eckpfeiler dieses Konzepts.

Über 33 Bücher und zahlreiche Aufsätze hat Galbraith, der 1975 emeritiert wurde, geschrieben. 2004 veröffentlichte er – bereits 95-jährig – sein Buch »The Economics of Innocent Fraud« – eine »Einlassung über die Mythen, Lügen und falschen Wahrnehmungen des heutigen Kapitalismus«, wie es in der Einführung heißt. Er stellt dar, wie der Gebrauch von Begriffen Realitäten verschleiern kann. So suggeriere der Begriff »Marktsystem« anstelle von Kapitalismus, dass es nur um die Koordinierung von Angebot und Nachfrage ginge und nicht auch um Machtverhältnisse. Er kritisiert die starke Dominanz der Privatwirtschaft gegenüber dem Staat. Besonders deutlich zeige sich dies im Einfluss der Militärindustrie, die neue Waffensysteme entwickelt und sie dann beim Gesetzgeber durchdrückt.

Auch das Geschäft der Banken und ihrer Berater betrachtete Galbraith als einen der Mythen des Kapitalismus. Während die Branche Vorhersagen über die Zukunft verkaufe, seien in der Realität die Prognosen wertlos, weil sich die Entwicklung des Marktes oder eines Unternehmens nicht vorhersagen ließe. Auch die Macht der amerikanischen Zentralbank und ihres damaligen Chefs Alan Greenspan hält Galbraith für eine fixe Idee. Denn Zinsraten spielen in der Rezession so gut wie keine Rolle, schreibt er, weil kaum jemand investiert. Im Boom investierten dafür alle, mit der Aussicht, etwas verkaufen zu können.

Galbraith starb 2006 im Alter von 97 Jahren. Nahezu fünfzig Ehrendoktorwürden wurden ihm verliehen, zweimal erhielt er die Medal of Freedom, die höchste zivile Auszeichnung der USA. Während unter den demokratischen Präsidenten Carter und Clinton sein Einfluss zurückging, fanden in seinen letzten Lebensjahren seine Analysen wieder mehr Beachtung – angesichts der jahrelangen wirtschaftlichen Stagnation in den westlichen Industriestaaten und der weltweit zunehmenden Staatsverschuldung.

Galbraith gilt als profiliertester Kritiker des Neoliberalismus dem es gelang, komplexe Themen einfach darzustellen. Sein Werk wurde kontrovers diskutiert. Für die einen war er ein Visionär in der Tradition von → Thorsten Veblen, → Joseph Schumpeter und John Maynard Keynes. Die anderen kritisierten ihn als marxistisch verblendeten Sozialisten und Populisten. Dass ihm sein großer Kollege → Paul Samuelson einmal vorwarf, er sei gar kein richtiger Ökonom, ließ ihn kalt. Galbraith bezog eben die Politik in seine Analysen ein und zog auch die Institutionen in Betracht, die den Bürger leiten. Dabei führte er nicht nur verschiedene Fachdisziplinen zusammen, sondern bereitete auch den Weg für eine evolutorische Institutionenökonomik, eine Theorie, wonach es institutionelle Veränderungen und große Strukturen sind, die einzelwirtschaftliches Handeln prägen. Ihm ist es auch zu verdanken, dass sich fortan mehr Ökonomen um Disziplinen wie die Wohlfahrtsökonomik kümmerten.

44. James Tobin

(* Champaign 5.3.1918, † New Haven 11.3.2002)

James Tobin entwickelte die Portfoliotheorie, die beschreibt, nach welchen Kriterien Firmen und Haushalte ihr Vermögen auf verschiedene Anlagemöglichkeiten verteilen. Daneben zeigte er, dass Staatsverschuldung private Investitionen nicht verdrängt. Tobin entwickelte die Ideen von → John Maynard Keynes weiter. Er gilt als Begründer der neokeynesianischen Konjunkturtheorie. Weltweite Berühmtheit erlangte er mit seinem Vorschlag, eine Abgabe auf Devisengeschäfte zu erheben, die als »Tobin-Steuer« in die Geschichte eingegangen ist.

Er kam in Champaign im amerikanischen Bundesstaat Illinois zur Welt. Der Vater machte Öffentlichkeitsarbeit an der Universität von Illinois. Die Mutter war Sozialarbeiterin. Von ihr erfuhr der junge Tobin aus erster Hand, was Armut und Arbeitslosigkeit bedeuteten. Ohnehin herrschte in der Familie ein liberaler Geist, was für die Stadt, in der Tobin aufwuchs, ungewöhnlich war. Im elterlichen Hause hatte Tobin Zugang zu einer Vielfalt an Publikationen, die täglich hineinflatterten. Die Mehrheit der Bürger dagegen las die Chicago Tribune – ein erzkonservatives Blatt, dessen politische Ausrichtung die allgemeine Stimmung in Champaign widerspiegelte. Die Tobins waren dafür bekannt, dass sie abweichende, aber doch immer gut begründete politische Ansichten vertraten. In seiner Schulklasse war Tobin 1932 der Einzige, der mit dem demokratischen Präsidentschaftskandidaten Roosevelt sympathisierte.

Nach seinem Schulabschluss wollte Tobin an einer lokalen Universität Rechtswissenschaften studieren. Dem Rat seines Vaters folgend, bewarb er sich jedoch erfolgreich um ein Stipendium an der Harvard-Universität und begann dort sein Studium im September 1935. Noch im ersten Studienjahr wurde er auf Keynes' »Allgemeine Theorie« aufmerksam gemacht. Damit war Tobins Begeisterung für Ökonomie geweckt. 1939 legte er sein Examen ab und da er wegen des Zweiten Weltkrieges das ihm verliehene Reisestipendium nicht antreten konnte, studierte er weitere zwei Jahre in Harvard. Zu seinen Lehrern zählten Größen wie → Joseph Schumpeter und → Wassily Leontief; unter seinen Kommilitonen waren → Paul Samuelson und → John Galbraith, die später die führenden Köpfe ihrer Zunft werden sollten.

1941 verließ Tobin die Universität und arbeitete in Washington im Office of Price Administration. Nachdem die USA im darauffolgenden Jahr in den Krieg eingetreten waren, absolvierte er die Akademie für Marine-Reservisten und diente vier Jahre lang als Offizier in der Navy, zuletzt als Leitender Offizier eines Zerstörers im Mittelmeer und Atlantik. Nach dem Krieg vollendete er seine Ausbildung in Harvard und promovierte 1947 mit einer Arbeit über Theorie und Statistik der Konsumfunktion. Im selben Jahr wurde er von der Society of Fellows in Harvard zum Junior Fellow gewählt, was ihm ermöglichte, drei Jahre lang ungestört zu forschen und zu schreiben.

1950 ging Tobin an die Yale-Universität, wo er bis zu seiner Emeritierung 1988 lehrte. Vor allem wollte er die Lehren von Keynes weiterentwickeln und auf eine festere Grundlage stellen. Zuerst arbeitete er mit ökonometrischen Methoden und begründete und erweiterte die »Liquiditätspräferenztheorie«. Diese thematisiert, wie Wirtschaftssubjekte ihr Geld in verschiedenen Bereichen unter Berücksichtigung der zu erwartenden Zinsen anlegen.

Daneben entwickelte er den Portfolio-Ansatz. Das Portfolio enthält das Vermögen und die Verbindlichkeiten eines Unternehmens oder eines Haushaltes: Geld, Wertpapiere, Aktien, Grundstücke und Maschinen. Im Mittelpunkt steht nun die Frage, nach welchen Kriterien Firmen und Haushalte ihr Vermögen auf welche Anlagemöglichkeiten verteilen und wie diese Entscheidungen die Volkswirtschaft beeinflussen. Tobin untersucht gemäß der »Risiko-Ertrags-Abschätzung« verschiedene Anlagemöglichkeiten und stellt fest, dass Aktien und Grundstücke andere Risiken bergen als Geld und staatliche Wertpapiere. Er schloss daraus, dass rationale Marktteilnehmer das Risiko stets streuen – und damit verringern – und die Portfolio-Balance bevorzugen.

Tobin erweitert dies zu einem umfassenden neokeynesianischen Modell der Konjunkturtheorie. Wenn sich der Staat, um die Wirtschaft anzukurbeln, stärker verschuldet und im Zuge dessen mehr Wertpapiere anbietet, so ist das optimale Portfolio eines Unternehmens gestört: Es besitzt zu viele Schatzbriefe. Um seine Risikostruktur wieder auszugleichen, wird der Unternehmer zusätzlich Aktien oder anderes Sachkapital kaufen. Demzufolge verdrängt staatliche Verschuldung – so Tobin – nicht unbedingt private Investitionen, sondern regt sie sogar an. Damit lieferte er eine wissenschaftliche Begründung für die wachstumsfördernde Wirkung öffentlicher Investitionen. Allerdings hat diese Politik Grenzen, und zwar dann, wenn die Staatsschulden und Zinsen schneller wachsen als die Wirtschaft. Mit seiner Theorie stellte sich Tobin in Gegensatz zu den Monetaristen um → Milton Friedman, die davon ausgingen, dass eine höhere Staatsverschuldung private Investitionen verteuert.

Tobin wirkte nicht nur als Wissenschaftler an der Universität, sondern er griff auch in wirtschaftspolitische Debatten ein. 1961 bis 1962 war er Politikberater im Stab von Präsident John F. Kennedy und konzipierte zusammen mit Ökonomen wie → Robert Solow und → Kenneth Arrow die »New Economics« – eine keynesianisch ausgerichtete Wirtschaftspolitik. Diese sah eine antizyklische Fiskalpolitik, in diesem Fall Steuersenkungen, und eine Globalsteuerung mittels öffentlicher Investitionen vor, um die Entwicklung zu beruhigen und die Konjunktur zu glätten. Die Akzeptanz darauf war groß und die Maßnahmen lösten einen bis dahin nie gesehenen Boom aus. In den folgenden Jahren arbeitete Tobin weiter als Berater und 1965 waren die grundlegenden makroökonomischen Ziele erreicht, wie er selbst sagte. Diese »Gewinne« gingen jedoch durch den Vietnamkrieg und die Stagflation der 1970er Jahren wieder verloren.

Von 1967 bis 1970 leitete Tobin in New Haven die Stadtplanung. 1972 schlug er eine Abgabe auf kurzfristige Devisentransaktionen – die so genannte »Tobin-Steuer« – vor, um Spekulanten auszubremsen und übermäßige Schwankungen zwischen den Weltwährungen zu begrenzen. Hintergrund war die von ihm kritisierte internationale Devisenspekulation, die eine unabhängige Geldpolitik einzelner Länder erschwert – nachdem 1972 das System flexibler Wechselkurse die festen Wechselkurs-Paritäten ersetzt hatte. Nach Tobin wirken die Spekulanten extrem destabilisierend. Von den Summen, die an den Welt-Devisenmärkten täglich den Besitzer wechseln, dient rund ein Prozent dem Handel mit Gütern und Dienstleistungen. Der Rest sei Spekulation – realwirtschaftlich ohne Funktion. Gleichzeitig schlug Tobin vor, die Einnahmen aus der Steuer für die Dritte Welt oder die Vereinten Nationen einzusetzen.

Ende der 1970er Jahre geriet Tobins Vorschlag allerdings in Vergessenheit. Als zu dieser Zeit die Kritik an dem Konzept der Globalsteuerung zunahm und der Einfluss der Monetaristen um

Milton Friedman wuchs, wurde Tobin zu einem der wichtigsten intellektuellen Gegenspieler der herrschenden Ökonomie. In den 1980er Jahren bekämpfte er öffentlich die Wirtschaftspolitik von Präsident Ronald Reagan, der mit einem Abbau des Sozialstaats und kräftigen Steuersenkungen die private Wirtschaftskraft stärken wollte und gleichzeitig zu einem der größten Schuldenmacher in der Geschichte wurde. Pikant war, dass Tobin ausgerechnet zu dieser Zeit – 1981 – den Nobelpreis erhielt für »seine Analyse der Finanzmärkte und deren Auswirkungen auf Ausgabenbeschlüsse und damit auf Beschäftigung, Produktion und Preisentwicklung«.

Für Schlagzeilen sorgte der Ökonom auch, als 2001 die von ihm 1972 konzipierte Devisensteuer von Globalisierungskritikern in veränderter Form aufgegriffen wurde. Sie forderten Besteuerungen des von den Industriestaaten dominierten Welthandels. Als Freihandelsanhänger distanzierte sich Tobin von der Vereinnahmung durch die Globalisierungskritiker, denn Armut sei die Folge unzureichenden Handels und Marktabschottungen. »Ich befürworte ... den Internationalen Währungsfonds, die Weltbank, die Welthandelsorganisation – all das, wogegen diese Bewegung anrennt.« Während er seine Steuer erdacht habe, um Spekulanten abzuschrecken, gehe es den Globalisierungsgegnern »hauptsächlich um die Einnahmen aus der Steuer, mit denen sie ihre Projekte zur Weltverbesserung finanzieren wollen.« An die Idee seines Instrumentes glaubte Tobin zwar zu diesem Zeitpunkt noch immer, bezweifelte aber, dass es jemals eingeführt würde, weil die internationale Finanzszene dagegen sei, wie auch die wichtigsten Finanzminister der Welt.

Der Ökonom starb 2002, kurz nach seinem 84. Geburtstag. Zeit seines Lebens blieb er ein kritischer, linker Liberaler. Geprägt durch die Große Depression der 1930er Jahre, bot ihm die Beschäftigung mit Ökonomie »die Hoffnung, durch größeres Verstehen das Los der Menschheit zu verbessern.« Er war anerkannt bei Freund und Feind. Paul Samuelson bezeichnete ihn als den führenden Makroökonomen seiner Zeit.

45. Nicholas Gregory Mankiw

(* Trenton 3.2.1958)

Gregory Mankiw ist einer der einflussreichsten Makroökonomen der USA. Zu seinen Forschungsgebieten zählen die Geld- und Finanzpolitik, das Konsumentenverhalten und das Wirtschaftswachstum. Zusammen mit David Romer und David N. Weil erweiterte er das von → Robert Solow entwickelte Wachstumsmodell um dem Faktor Humankapital. In einem weiteren Modell berechnete Mankiw den Einfluss von Haushaltsdefiziten auf die langfristigen Zinsen. Von 2003 bis 2005 war er Chef-Wirtschaftsberater von US-Präsident George Bush.

Mankiw kam in Trenton im Bundesstaat New Jersey zur Welt, wo er die renommierte Pingry School besuchte. Sein anschließendes Ökonomiestudium an der Princeton-Universität schloss er 1980 mit Auszeichnung ab. Von 1982 bis 1983 arbeitete er im Council of Economic Advisors, der den amerikanischen Präsidenten in volkswirtschaftlichen Fragen berät. 1984 erwarb Mankiw seinen Doktortitel am Massachusetts Institute of Technology, MIT, und lehrte dort für ein Jahr. Mankiw gilt als Wunderkind der amerikanischen Nachwuchs-Ökonomie: Bereits 1985 wurde er Assistenzprofessor an der Harvard-Universität und mit 29 Jahren erhielt er eine Professur – auch in den Vereinigten Staaten kein gewöhnlicher Vorgang.

Im Frühjahr 2003 kehrte der Ökonom noch einmal in die Politik zurück, diesmal als Chef des Wirtschaftsberatungsstabes von Präsident Bush. Seitdem er das Amt zwei Jahre später niedergelegt hat, lehrt er wieder als Professor für Volkswirtschaftslehre in Harvard.

Berühmtheit erlangte Mankiw auch als Autor populärer Lehrbücher, die zu Bestsellern wurden und ihm ein Millionenvermögen einbrachten. Zu seinen Thesen, die ihn bekannt machten, zählen Aussagen wie: alle Menschen stehen vor abzuwägenden Entscheidungen; die Kosten eines Gutes bestehen aus dem, was man für den Erwerb eines Gutes aufgibt; rational entscheidende Leute denken in Grenzbegriffen; Menschen reagieren auf Anreize; durch Handel kann es jedem besser gehen;

Märkte sind gewöhnlich gut für die Organisation des Wirtschaftslebens; Regierungen können manchmal die Marktergebnisse verbessern; der Lebensstandard eines Landes hängt von der Fähigkeit ab, Waren und Dienstleistungen herzustellen; die Preise steigen, wenn zuviel Geld in Umlauf gesetzt wird sowie: die Gesellschaft hat kurzfristig zwischen Inflation und Arbeitslosigkeit zu wählen.

Mankiw steht dafür, dass er selbst komplizierte Zusammenhänge in einer klaren Sprache erklären kann. Seine – immer wieder aktualisierten – »Principles of Economics« (»Grundzüge der Volkswirtschaftslehre«) wurden über eine Million Mal verkauft und in 20 Sprachen übersetzt. Auch in Deutschland gehören sie zur Standard-Literatur für Studenten, ebenso wie sein Lehrbuch »Macroeconomics« (»Makroökonomik«). Daneben wandte sich der Ökonom, der nie nur als reiner Spezialist auftrat, jahrelang in einer Kolumne für das Wirtschaftsmagazin Fortune an interessierte Laien.

Im Mai 1992 veröffentlichte Mankiw gemeinsam mit David Romer und David Weil den Aufsatz »A Contribution to the Empirics of Economic Growth«. Darin entwickeln die Ökonomen das sogenannte Solow-Modell weiter, das langfristiges Wirtschaftswachstum nur durch technischen Fortschritt erklärt. Die Wissenschaftler bringen nun den Faktor Humankapital mit ins Spiel und bieten damit einen Erklärungsansatz dafür, weshalb Wirtschaftswachstum in manchen Entwicklungsländern stagniert und woraus die realen internationalen Unterschiede im Lebensstandard resultieren.

1999 erschien sein Artikel »Government Debt«, den er gemeinsam mit dem Ökonomen Douglas Elmendorf verfasst hatte. Darin entwickeln beide ein Modell, mit dem die Auswirkungen von Haushaltsdefiziten auf die langfristigen Zinsen berechnet werden. Es macht deutlich, dass Staaten möglicherweise mit Schulden leben müssen, die sie niemals werden zurückzahlen können. Eine Konsequenz daraus ist die Feststellung, dass die gegenwärtige Finanzpolitik so gestaltet werden muss, dass sie auch in Zukunft fortgeführt werden kann. Die Regierung unter Präsident George Bush nutzte allerdings das Modell dazu, die Harmlosigkeit der gegenwärtigen Verschuldung zu demonstrieren.

Mankiw versteht sich als Neu-Keynesianer – als Vertreter eines aufgeklärten Keynesianismus, der davon ausgeht, der Wohlstand einer Gesellschaft hänge entscheidend vom institutionellen Rahmen ab, in dem Güter und Dienstleistungen produziert werden. Er vertraut nicht den Selbstheilungskräften des Marktes allein und befürwortet die Einmischung des Staates in die Wirtschaft. Allerdings müsse dieser die Hausaufgaben in der Strukturpolitik erledigt haben, bevor er in konjunkturellen Schwächephasen regulierend eingreifen dürfe.

Scharf kritisierte er die Wirtschaftspolitik von Ronald Reagan in den 1980er Jahren. Dessen Steuerreform bezeichnete Mankiw als törichte Ökonomie, die sich Scharlatane und Spinner ausgedacht hätten. Entgegen allen Versprechungen hatte sich die Reform nicht selbst finanziert, sondern ein riesiges Loch in den amerikanischen Staatshaushalt gerissen. Haushaltsdefizite lehnt Mankiw ab, weil sie langfristig die Zinsen nach oben trieben und der Konjunktur schadeten.

Mankiw ist kein Ideologe – weder ein neoliberaler Angebotstheoretiker, noch ein bekennender Nachfragepolitiker. Da er zudem über die Gabe verfügt, sich erfolgreich zu vermarkten, ist es nicht verwunderlich, dass George Bush ihn 2003 zum obersten Wirtschaftsberater berief. Mankiw sollte – neben der Beratung – dessen wirtschaftspolitischen Weichenstellungen, die bereits beschlossen waren, verkaufen. Der Ökonom sagte zu, entschied sich aber – als Vollblutwissenschaftler – für ein zeitlich begrenztes politisches Intermezzo. Allerdings sah sich Bush zu dieser Zeit ähnlichen ökonomischen Herausforderungen gegenüber, wie 20 Jahre zuvor der von Mankiw kritisierte Ronald Reagan. Bushs Steuersenkungen, mit denen die Konjunktur angekurbelt werden sollte – bei gleichzeitigem Anstieg des Haushaltsdefizits –, standen in der Öffentlichkeit und selbst bei den Republikanern schwer unter Beschuss. Mankiw verteidigte jedoch – wie in seiner Position von ihm erwartet – die Steuerpläne des Präsidenten und sagte der amerikanischen Wirtschaft einen kraftvollen Aufschwung voraus.

In seiner zweijährigen Amtszeit trat er – wie kaum anders denkbar – vor allem als Lobredner von Bushs Wirtschaftspolitik auf, stolperte aber auch mehrfach über die Doppelrolle als neutraler Volkswirt und loyaler Bush-Mitarbeiter. Im Februar des Wahljahres 2004, als es der Wirtschaft zwar insgesamt besser ging, der Arbeitsmarkt dem Präsidenten jedoch zunehmend Sorge bereitete, bezeichnete Mankiw die Verlagerung von Jobs ins Ausland als ein normales Phänomen, das der US-Wirtschaft langfristig nutze. Diese Äußerung sorgte für große öffentliche Aufregung und war wahltaktisch so brisant, dass Mankiw zurückrudern musste.

Gleichzeitig aber hatte er mit der von ihm losgetretenen sogenannten Outsourcing-Debatte eine intensive Fachdiskussion unter Ökonomen darüber angeregt, ob die enorme Produktivitätssteigerung bei Gütern und Dienstleistungen und die innerhalb immer kürzerer Zeiträume zu beobachtende Übertragbarkeit technischen und wirtschaftlichen Wissens von Hoch- zu Niedrigeinkommensländern zu Lasten der Hocheinkommensländern gehe, da sie deren Wettbewerbsvorteil zunichtemache. Mankiw war der Ansicht, das Outsourcing von Dienstleistungsjobs bringe mehr und größere Gewinner als Verlierer hervor – nicht nur in den armen Ländern, sondern auch in den USA. Dort würden die Verluste der Verlierer durch die Gewinne der Gewinner mehr als aufgewogen. Mankiw begründete dies damit, dass die Arbeitnehmer in bestimmten Branchen mehr nachgefragt würden, da die Ausländer ihre Dollar-Mehreinnahmen ausgeben wollten. Zudem würden die Verbraucher von niedrigeren Preisen profitieren und Aktionäre und Manager die Gewinne ihrer Unternehmen steigen sehen. Bei allen Sorgen über die Folgen des Outsourcings in Bezug auf die Verteilung, unübersehbar sei, dass es den volkswirtschaftlichen Kuchen insgesamt vergrößere.

Zu Beginn des Jahres 2005 trat Mankiw als Chefwirtschaftsberater zurück. Ob freiwillig, da die avisierten zwei Amtsjahre vorüber waren, oder unfreiwillig, ist unklar.

Inzwischen ist er auch zu seinem einflussreichen Mitglied der Bloggersphäre geworden. Eingeführt im Frühjahr 2006, um – so hieß es – seine Studenten zu unterstützen, erreicht Mankiws Blog zu ökonomischen Themen eine Leserschaft, die weit über die studentische Klientel hinausgeht. Und auch in der Politik spielt Mankiw wieder mit. Ende 2006 wurde er offizieller Berater des politischen Aktionskomitees von Williard Mitt Romney, der sich um die republikanische Präsidentschaftskandidatur bewirbt.

VIII. NEOLIBERALE

Chicagoer Schule

46. FRANK HYNEMAN KNIGHT
(* McLean County 7.11.1885, † Chicago 15.4.1972)

Frank Hyneman Knight begründete gemeinsam mit → Jacob Viner die Chicagoer Schule der Ökonomie. Er ist einer der Väter der modernen Risikotheorie. Daneben hat er der Wissenschaft ein vielschichtiges Werk hinterlassen, in dem er sich überwiegend sozialphilosophischen Themen wie Gerechtigkeit, Freiheit und sozialen Reformen widmet.

Knight stammt aus McLean County, einer Stadt im US-amerikanischen Staat Illinois. An der Cornell-Universität in Ithaka, New York, absolvierte er ein Studium der Wirtschaftswissenschaft. Anerkennung erwarb er sich mit seinem 1921 veröffentlichten Buch »Risk, Uncertainty and Profit« (»Risiko, Unsicherheit und Profit«), das auf seiner Doktorarbeit basiert. Es ist eine der interessantesten Schriften in der Ökonomie überhaupt. Darin entwickelt Knight eine Theorie des Unternehmergewinns. Sie enthält seine berühmte – bis heute gültige – Unterscheidung zwischen »Risiko« und »Unsicherheit«. Risiken sind Situationen, die Zufälligkeiten mit absehbaren Wahrscheinlichkeiten enthalten – sie lassen sich berechnen und der Unternehmergewinn kann am Ende eingefahren werden. Unsicherheiten dagegen enthalten unbekannte Wahrscheinlichkeiten – unter den Bedingungen der Unsicherheit lässt sich kein Erfahrungswert angeben. Es ist offen, ob ein Gewinn entsteht. Laut Knight die volkswirtschaftliche Funktion des Unternehmers besteht darin, nicht berechenbare Unsicherheiten einzugehen. Knight legt damit den Grundstein zur modernen Entscheidungstheorie und stellt die neoklassische Wettbewerbstheorie in ihrer verbindlichen Form dar.

Nach einer kurzen Zwischenstation in Iowa wirkte Knight von 1928 bis zu seinem Tod an der Universität von Chicago. Gemeinsam mit Jacob Viner stand er bis in die späten 1940er Jahre der wirtschaftswissenschaftlichen Fakultät vor und entwickelte sich zur prägenden Persönlichkeit innerhalb des Fachbereiches, so dass er fortan neben Viner als Vater der sogenannten Chicagoer Schule galt.

Hinter dem Begriff »Chicagoer Schule« steht ein in den 30er Jahren des 20. Jahrhunderts entstandenes ökonomisches Programm an der Universität von Chicago, deren volkswirtschaftliche Fakultät seit der Gründung zu den herausragendsten Forschungsstätten in den USA gehört und die für Meinungsvielfalt und Methodenpluralismus bekannt ist. Drei Gruppen lassen sich innerhalb der Wirtschaftsfakultät unterscheiden: der »harte Kern«, bestehend aus dem Trio Knight, Viner und Henry Simons, die Gruppe der Institutionalisten sowie eine dritte heterogene Gruppe von quantitativ orientierten Ökonomen. Aus dem Wechselspiel zwischen Knight und Viner entwickelte sich ein Zirkel, zu dessen wichtigsten Mitgliedern auch → Milton Friedman und seine spätere Frau Rose Director gehörten, die später zur Keimzelle einer eigenen Richtung innerhalb der Fakultät erstarkten.

Ökonom aus Profession und Philosoph und Historiker aus Neigung, verbrachte Frank Hyneman Knight seine Karriere damit, andere Denkrichtungen anzufechten – ob Keynesianer, Institutionalisten oder Christen. Seine Kritik galt deren Bemühungen, im Namen der Wissenschaft oder der Moral die Gemeinschaft beeinflussen zu wollen. Eine liberale Gesellschaft, glaubte er, ist immer von jenen bedroht, die zu wissen meinen, was am besten für die Gesellschaft ist. Erforderlich sei dagegen ständige Wachsamkeit, die sicherstellt, dass die Diskussion um das Selbstverständnis der liberalen Gesellschaft *intelligent* geführt wird. Und da das Wissen um den Kern ökonomischer Theorien wesentlicher Bestandteil einer intelligenten Debatte ist, spielten in Knights Verständnis Ökonomen eine untergeordnete Rolle in einer gut funktionierenden liberalen Gesellschaft.

Er war ein mürrischer, alter Skeptiker, der über keine besonderen pädagogischen Fähigkeiten verfügte. Dennoch schaffte er es, alles in Frage zu stellen, was seine Studenten und Gastsprecher an der Chicagoer Universität für sich in Anspruch zu nehmen glaubten. Sein Engagement für den freien Markt war nicht gebunden an eine utopische Ideologie, die etwa danach strebte, gesellschaftliche Institutionen zu perfektionieren, im Gegenteil: Die Menschheit ist nicht klug genug, um die ökonomischen Entscheidungen anderer kontrollieren zu können, meinte Knight. Wie → Adam Smith hatte er wenig Vertrauen in die Fähigkeit der Menschen, menschliche Bedingungen zu *schaffen*. Er setzte darauf, dass gesellschaftlicher Wohlstand ein Ergebnis der freien ökonomischen Interaktion der Einzelnen ist.

Knight war ein Eklektiker und gleichzeitig einer der tiefsinnigsten Denker und Lehrer, welche die amerikanische Wirtschaftswissenschaft hervorgebracht hat. Er war notorisch streitlustig und auch wenn er andere Schulen kritisierte, übernahm er dennoch einige ihrer Ideen: von den Anhängern → Léon Walras' die theoretische Exaktheit und den Ansatz, die Ökonomie aus einer Vielzahl von Märkten bestehend zu betrachten – während er den Hang zur Mathematik ablehnte; von den Marshallianern den literarischen Ton, wobei er hier den Mangel an Genauigkeit kritisierte; von den Marxisten übernahm er viele Ideen bezüglich ihrer Kapitalismuskritik, verabscheute allerdings die Marxsche Mehrwerttheorie, und von den Institutionalisten »stahl« er deren Gedanken zum sozialen Einfluss von Gewohnheiten und der Evolution, hielt allerdings deren empirische Techniken und die Art, Schlüsse zu ziehen, für wenig brauchbar. Um seiner Meinung Ausdruck zu verleihen, nutzte er eine Vielzahl von Buchkritiken, die er im »Chicago's Journal of Political Economy« veröffentlichte. Infolgedessen wurde er in viele Debatten mit prominenten Ökonomen verwickelt.

Knight verschmolz das gesamte Spektrum an ökonomischen Theorien – ohne den skeptischen, sezierenden Blick dabei zu verlieren. Weil er mit dem Auftreten und dem Wissen eines Philosophen, Soziologen, Historikers wie auch eines Ökonomen ausgestattet war, gelang es ihm, gleichzeitig als Gesinnungsgenosse wie auch als Gegner all dieser Schulen zu erscheinen. Wie → Joseph Schumpeter war Knight ein eifriger Befürworter des Laisser-faire – allerdings gründete diese Sicht auf anderen Wurzeln. Wie er in seinem Buch »Ethics of Competition« (»Die Ethik des Wettbewerbs«), das 1923 erschien, aber auch in anderen

Schriften deutlich machte, hielt Knight das kapitalistische System für ethisch nicht vertretbar. Der Kapitalismus, beklagte er, produziert nicht, was die Menschen möchten, sondern schafft die Bedürfnisse für das, was er produziert. Darüber hinaus hat der Markt, so Knight, die Tendenz zum Monopolismus, und diese »Effizienz des Marktes« täuscht darüber hinweg, dass sie etwas produziert, was für die Gesellschaft nicht nützlich ist.

Dennoch konnte diese kritische Sicht auf die kapitalistische Marktwirtschaft Knights Vorliebe für eine Politik des Laisserfaire nicht beeinträchtigen. Ökonomie, argumentierte er, ist komplex, während politische Eingriffe meistens sehr simpel sind und die Komplexität des Marktes nicht in Betracht ziehen. Deshalb sind solche Eingriffe eher gefährlich. Laisser-faire ist empfehlenswert, nicht, weil es funktioniert, sondern weil es die Freiheit des Individuums als ein absolutes Gut sicherstellt. Dazu gibt es keine besseren Alternativen. Mit seinen Argumenten befand sich Knight im Gegensatz zur Argumentation der sogenannten Zweiten Chicagoer Schule, zu deren Vertretern Ökonomen wie Milton Friedman gehörten, die ebenfalls das Laisser-faire befürworteten.

Knights Beiträge zur Kapitaltheorie hingegen, in denen er sich mit den Ideen → Eugen Böhm-Bawerks auseinandersetzt, hatten auch in der modernen Chicagoer Schule der Ökonomie Bestand. Auch führte er den englischsprachigen Leser in die »Grundsätze der Volkswirtschaftslehre« → Carl Mengers ein, obwohl er Menger einen »naiven Ökonomismus« entgegenhielt, und legte mit seiner Übertragung von Max Webers »Wirtschaftsgeschichte« die erste Übersetzung eines Werks des deutschen Sozialwissenschaftlers vor.

So beschritt Knight einen einzigartigen Pfad in der Ökonomie. Er wurde von vielen Schulen für sich beansprucht, ohne wirklich je dazu zu gehören. Und obwohl er viele Studenten ausgebildet und beeinflusst hat, ist es ihm – wie Schumpeter – nie gelungen, eine eigene »Denkschule« um sich herum aufzubauen. Dennoch zählt er zu den einflussreichsten Ökonomen – und Lehrern – der Geschichte.

47. Jacob Viner
(* Montreal 3.5.1892, † Princeton 12.9.1970)

Der US-amerikanische Ökonom war neben → Frank Knight der Begründer der Chicagoer Schule der Nationalökonomie. Darüber hinaus war er anerkannt für seine Publikationen zum internationalen Handel. Wichtige Beiträge lieferte er auch zur Theorie der Kosten und der Produktion sowie zur Geschichte der Ökonomie. Er galt als *der* herausragende Allrounder in der Wirtschaftswissenschaft seiner Zeit.

Als Kind von Eltern rumänischer Herkunft wurde er im kanadischen Montreal geboren. Sein Studium der Wirtschaftswissenschaften absolvierte er in seiner Heimatstadt an der McGill-Universität. Später nahm er die US-amerikanische Staatsbürgerschaft an. In seiner ersten Publikation, die 1917 erschien, widmete sich Viner der Methodenlehre. Die Arbeit enthielt eine umfassende Verteidigung der induktiven Herangehensweise in der Ökonomie. 1922 promovierte er an der Harvard-Universität unter Frank Taussig, dessen Name für die Grundlagen der modernen Internationalen Handelstheorie steht. Viners folgende Veröffentlichungen widmeten sich denn auch Problemen des Handels – ein Thema, das ihn seine gesamte Karriere begleiten sollte.

Auf der Grundlage handelstheoretischer Überlegungen → David Ricardos entwickelte er das Modell spezifischer Faktoren, das sogenannte Ricardo-Viner-Modell. Darin geht er davon aus, dass die Faktoren der Produktion eines Gutes in einer bestimmten Industrie für diese Industrie spezifisch und an eine bestimmte Art der Produktion gebunden sind. Das heißt auch, dass bei einer Drosselung der Produktion die in einem Industriezweig freigesetzten Faktoren nicht ohne weiteres in einer anderen Industrie zum Einsatz kommen können. Der Grad der Spezifität spiegelt die Höhe der Kosten eines Ausstiegs – die sogenannten Exit Costs – aus der Industrie wider.

Insbesondere für den Faktor Arbeit bedeutet das, dass beim Wegbrechen eines Industriezweiges freigesetzte Arbeitskräfte aufgrund ihrer Spezialisierung nicht einfach in einem anderen

Industriezweig unterkommen werden. Ebenso ist der Faktor Kapital oftmals an eine bestimmte Produktion gebunden: Mit einer Druckerpresse kann eben kein Computer hergestellt werden. Anzunehmen ist, dass mit fortschreitender Spezialisierung innerhalb verschiedener Industrien die Spezifität der bei der Produktion eingesetzten Faktoren steigt.

1950 führte Viner in seinem Buch »The Customs Union Issue« (»Die Frage der Zollunion«) die Unterscheidung zwischen Handel erzeugenden und Handel störenden Effekten einer Zollunion ein.

Parallel zu seinen Erörterungen zum internationalen Handel veröffentlichte Viner Artikel zur Preistheorie, zur Theorie der unvollständigen Konkurrenz und zur Theorie der Firma.

Viner war ein heftiger Gegner der Keynesianischen Revolution. Allerdings nicht wegen der politischen Rezepte → John Maynard Keynes', die auch Viner befürwortete. Seine berühmte vernichtende Kritik, die er 1936 unter dem Titel »Mr. Keynes and the Causes of Unemployment« (»Mr Keynes und die Ursachen der Arbeitslosigkeit«) veröffentlichte, war eine Folge von Differenzen in theoretischen Fragen – bezüglich der Liquiditätspräferenz und der Theorie der effektiven Nachfrage, die Viner für zu vereinfacht hielt. Viner bewertete die Keynes'sche Theorie als ein Instrument der kurzfristigen Analyse, während er den neoklassischen Ansatz auf *lange Sicht* betrachtet für gültig hielt.

Bekanntheit erlangte der Ökonom auch mit seinen Arbeiten zur Geschichte der Wirtschaftswissenschaft – angefangen mit seinem 1926 erschienenen Essay zu → Adam Smith bis hin zu seinem großen Werk »Studies in the Theory of International Trade« (»Studien zur Theorie des internationalen Handels«), das er 1937 veröffentlichte. Dieses Buch ist nicht nur eine Geschichte der Handelstheorien. Es enthält auch Einschätzungen darüber, wo die frühen Handelstheoretiker geirrt und wo sie in ihren Aussagen richtig gelegen haben.

Von 1925 bis 1946 lehrte Viner als Professor an der Universität von Chicago, wo er gemeinsam mit Frank Knight die erste Chicagoer Schule der Ökonomie prägte. Zusammen gaben sie das »Journal of Political Economy« heraus. Beide hatten oft gegensätzliche Ansichten zu theoretischen Fragen. Das Verhältnis Viners zu Knight war kühl, aber respektvoll. Während seiner

Chicagoer Zeit arbeitete Viner auch für einige Jahre unter Präsident Roosevelt als Berater im Finanzministerium. Zwischenzeitlich unterrichtete er in Stanford und Yale sowie zweimal an der École de Hautes Etudes in Genf.

Trotz seiner führenden Position an der Universität von Chicago wechselte Viner 1946 nach Princeton – vermutlich zur Erleichterung vieler seiner Studenten. Viners Seminare zur Preistheorie waren berüchtigt für die Furcht einflößende Art, mit welcher der Ökonom Diskussionen leitete. Er hatte den Ruf, einer der schwierigsten Lehrer zu sein, während er sich Freunden und seiner Familie gegenüber als weise, witzig und gütig gab. Viner blieb in Princeton bis zu seiner Pensionierung 1960. Zwei Jahre später würdigte die American Economic Association seine wissenschaftlichen Leistungen mit der Verleihung der prestigeträchtigen Francis-A.-Walker-Medaille – zur damaligen Zeit eine Ehrung, die vergleichbar ist mit dem erst seit 1969 ausgelobten Wirtschaftsnobelpreis.

48. Friedrich August von Hayek

(* Wien 8.5.1899, † Freiburg im Breisgau 23.3.1992)

Der Österreicher gilt als der größte Philosoph der freien Gesellschaft im 20. Jahrhundert. Nach → Ludwig von Mieses führte er sechs Jahrzehnte lang die Österreichische Schule der Nationalökonomie an. Er war ein Verfechter einer liberalen Wirtschafts- und Gesellschaftsordnung. Jegliche Eingriffe in den Markt lehnte er ab. Der Wirtschaftsnobelpreisträger polarisierte Zeit seines Lebens und darüber hinaus Gegner und Anhänger. Sein Werk erstreckt sich von der Geld- und Konjunkturtheorie bis zur Sozialphilosophie.

Hayek wuchs in großbürgerlichem Milieu auf. Der Vater arbeitete als Arzt und war gleichzeitig Professor für Botanik an der Universität Wien. Mütterlicherseits war Hayek entfernt mit dem Philosophen Ludwig Wittgenstein verwandt. Im elterlichen Haus verkehrten die späteren Nobelpreisträger Erwin Schrödinger, Karl von Frisch und Konrad Lorenz. Auch der Ökonom → Eugen Böhm-Bawerk war häufig zu Gast.

1918 nahm Hayek in Wien ein Studium der Rechts- und Staatswissenschaften auf. 1921 promovierte er zum Doktor der Rechte. Daneben studierte er Psychologie und vertiefte seine ökonomischen Kenntnisse bei seinem Lehrer Friedrich von Wieser, der auch der Doktorvater für Hayeks zweite Promotion 1923 war.

1921 lernte er → Ludwig von Mises kennen. Bis dahin war Hayek ein gemäßigter Sozialist gewesen, doch die Begegnung mit dem Sozialismuskritiker machte ihn zu einem überzeugten Liberalen. Auf Empfehlung von Mises' erhielt Hayek 1923 ein Stipendium der Rockefeller-Stiftung, das ihm ermöglichte, Vorlesungen an der New York University und der Columbia University zu besuchen. Dabei lernte er den Ökonomen → Wesley Clair Mitchell und die empirischen Untersuchungen des National Bureau of Economic Research kennen. Im deutschen Sprachraum gab es keine gleichwertige ökonomische Forschung und Prognostik. Nach seiner Rückkehr in Wien konnte Hayek Mises davon überzeugen, eine ähnliche Institution zu gründen. Im Januar 1927 entstand das Österreichische Institut für Konjunkturforschung, dessen Direktor Hayek bis 1931 war. Gleichzeitig arbeitete er von 1929 bis 1931 als Privatdozent an der Universität Wien.

1929 erschienen sein Buch »Monetary Theory and the Trade Cycle« (»Geldtheorie und der Konjunkturzyklus«) und der Artikel »The Paradox of Savings« (»Das Paradox des Sparens«), der auf seiner Habilitationsschrift basierte. Hier entwickelt Hayek seine Konjunkturtheorie, nach der wirtschaftliche Abschwünge auf Überinvestition und Überkonsumtion zurückzuführen sind. Die Ursache sieht er – wie auch Mises – darin, dass die Politik die Kreditzinsen künstlich unter das Niveau gesenkt hätte, welches sich auf unbeeinflussten Kapitalmärkten eingestellt hätte. Die staatlichen Programme zur Konjunkturbelebung verführten zu Investitionen, die Überkapazitäten schaffen, welche bald zu Absatzkrisen führen. Daraus schlussfolgert Hayek, dass jedes Regierungsprogramm, das die Wirtschaft beleben soll, tatsächlich genau das Gegenteil erreicht.

Seine Ansichten wurden bald international beachtet. Mit Beginn der Weltwirtschaftskrise 1929 bemerkten viele Ökonomen, dass das von Hayek geleitete Konjunkturforschungsinstitut die

Rezession genauer vorausgesagt hatte und ihre Ursachen besser erklären konnte als konkurrierende Einrichtungen. Lionel Robbins, der Leiter der wirtschaftswissenschaftlichen Abteilung der London School of Economics, lud Hayek ein, an seiner Einrichtung eine Vorlesungsreihe über die »österreichische« Erklärung der Konjunkturzyklen zu geben.

Diese Vorlesungen hielt Hayek im Mai 1931, noch im selben Jahr wurden sie in Buchform veröffentlicht. Seine Theorie fand in der Fachwelt viel Zustimmung – unter anderem bei den Ökonomen → John Hicks und → Joseph Schumpeter. Noch 1931 erhielt Hayek den Lehrstuhl für Politische Ökonomie und Statistik an der London School of Economics, den er bis 1948 innehatte.

Sein Erfolg war allerdings nicht unumstritten. In Cambridge hatte sich eine Denkschule gebildet, die staatliche Interventionen befürwortete. Deren Wortführer war → John Maynard Keynes. Während seine Mitstreiter an der London School zu Beginn der 1930er Jahre auf der Seite von Hayeks standen, vertrat der »Cambridge Circus« eine antiliberale Politik. Die Kluft zwischen beiden Lagern war tief.

Auch in der Erklärung der Weltwirtschaftskrise der 1930er Jahre waren die Auffassungen gegensätzlich: Anders als Hayek sah Keynes eine Unterinvestition und Unterkonsumtion als Ursache der Depression an. Er wollte mit staatlichen Eingriffen für ausreichend Nachfrage sorgen und beschäftigte sich dementsprechend vor allem mit makroökonomischen Fragen – der Zusammenfassung von Wirtschaftsdaten auf volkswirtschaftlicher Ebene. Hayek hingegen vertrat einen mikroökonomischen Ansatz, bei dem es darum geht, auf betrieblicher Ebene den optimalen Einsatz der Produktionsfaktoren zu bestimmen.

1936 veränderte sich das intellektuelle Klima schlagartig, als Keynes seine »General Theory« veröffentlichte. Nach nur kurzer Zeit übernahmen nahezu alle Ökonomen die Position von Keynes – auch die Kollegen der London School liefen zu ihm über. Hayek war innerhalb eines Jahrzehnts zum akademischen Außenseiter geworden, publizierte damals jedoch keine Kritik zu Keynes' Werk.

Im März 1944 veröffentlichte Hayek, der inzwischen die britische Staatsbürgerschaft angenommen hatte, sein Buch »The Road to Serfdom« (»Der Weg zur Knechtschaft«) – eine Kampfschrift gegen jegliche staatliche Einmischung in den Wettbewerb. Hayek weist nach, dass alle Arten von Sozialismus, Kollektivismus und Planwirtschaft unweigerlich zum Verlust der bürgerlichen Rechte führen müssen. Egal, ob Nationalsozialismus, Faschismus oder Kommunismus: Für ihn endet dies alles in der Diktatur, auch wenn er einräumt, dass gerade linke Politiker das nicht unbedingt beabsichtigen. Nationalsozialismus und Faschismus sind für Hayek »Weiterentwicklungen des Sozialismus«. Diese Ansicht brachte ihm für viele Jahre die Feindschaft der Linken ein.

Hayek erweitert seine These sogar dahingehend, dass selbst staatliche Interventionen, die zunächst die Marktwirtschaft nicht prinzipiell in Frage stellen, langfristig zur Abschaffung der Freiheit führen würden. Er wendet sich gegen ein Nebeneinander von staatlichem Interventionismus und Markt und verspottet dieses als »the muddle of the middle«. Ausdrücklich warnt er vor den totalitären Tendenzen jeglicher Form von Wohlfahrtsstaat, der um soziale Gerechtigkeit bemüht ist: Aus seiner Sicht soll der Staat nur Rahmenbedingungen schaffen – Rechtsnormen als Minimalkonsens zwischen den Marktteilnehmern.

In Vortragsreisen stellte Hayek sein neues Buch vor. Dabei traf er auf viele, die seiner Argumentation zustimmten, sich aber gleichzeitig mit ihren Ansichten isoliert fühlten. Diese Erfahrung brachte ihn dazu, einen Ort des Austausches zu schaffen. Auf Einladung von Hayeks trafen sich im April 1947 sechsunddreißig Wissenschaftler, darunter Ludwig von Mises, Karl Popper und → Milton Friedman, in Mont Pèlerin am Genfer See, um eine liberale Studien- und Diskussionsgesellschaft zu gründen. Die Teilnehmer wollten weitere »kollektivistische« Bestrebungen – ihrer Ansicht nach der Hauptgrund für die Katastrophe des Krieges – verhindern und gleichzeitig die Menschen und Staaten für einen neuen Liberalismus gewinnen. Die Gesellschaft erhielt nach ihrem ersten Tagungsort den Namen Mont Pèlerin Society. Sie gilt bis heute als führende liberale Denkfabrik und wird auch als Ausgangspunkt des Neoliberalismus gesehen.

Nach dem Zweiten Weltkrieg wurde Hayek zwar gehört. Die Politik ging jedoch in eine andere Richtung. Die Thesen John Maynard Keynes' schienen die überzeugenderen Antworten auf die Frage nach dem richtigen Weg zu allgemeinem Wohlstand zu geben. In den 1960ern kam es fast überall zu einer weiteren Ausdehnung staatlicher Wirtschaftstätigkeit.

1950 wechselte Hayek an die Universität Chicago und begründete unter anderem mit Milton Friedman, → Frank Hyneman Knight und → George Stigler die Chicagoer Schule. 1960 veröffentlichte er sein Buch »The Constitution of Liberty« (»Die Verfassung der Freiheit«), das er als sein Hauptwerk ansah. Hier wendet er sich gegen jeden Versuch, eine Gesellschaft bewusst konstruieren zu wollen. Die Gesamtheit der Marktteilnehmer weiß immer mehr als eine Kommandobehörde. Geleitet durch das »Entdeckungsverfahren« des Wettbewerbs entsteht in einem evolutionären Prozess eine »spontane Ordnung« oder »Katallaxie«, die nicht das Ergebnis eines menschlichen Entwurfs ist und keinen allgemeinen Zweck hat. Auch soziale Gerechtigkeit ist dabei nicht definierbar, da in einer Katallaxie ein Zielsystem nicht existiert. Marktprozesse sorgen dafür, dass vorhandenes Wissen genutzt und neues Wissen produziert werden kann. Ausführlich begründet Hayek das Wirken der »unsichtbaren Hand« von → Adam Smith.

1962 folgte er einem Ruf an die Universität Freiburg, wo er bis zu seiner Emeritierung 1967 Professor für angewandte Nationalökonomie war, anschließend aber noch zwei Jahre weiter lehrte.

1974 erhielt Hayek gemeinsam mit dem Schweden → Gunnar Karl Myrdal den Nobelpreis für Wirtschaftswissenschaften »für ihre bahnbrechenden Arbeiten auf dem Gebiet der Geld- und Konjunkturtheorie und ihre tiefgründigen Analysen der wechselseitigen Abhängigkeit von wirtschaftlichen, sozialen und institutionellen Verhältnissen«. Die überraschende Würdigung stellte Hayek schlagartig ins Rampenlicht. Er nutzte die Ehrung für eine Brandrede gegen die »Anmaßung von Wissen« durch die ökonomischen Wissenschaften. Darin wandte er sich gegen den »Konstruktivismus« der »Sozialingenieure«, die eine Gesellschaft auf dem Reißbrett planen wollen und davon ausgehen, dass der Mensch alle gesellschaftlichen Institutionen bewusst geschaffen hat.

In dieser Zeit wendete sich die öffentliche Meinung zu Gunsten Hayeks gegen die keynesianische Schule. Deren durch Staatsausgaben künstlich erzeugte Nachfrage führte zu hoher

Staatsverschuldung, ohne die gewünschten wirtschaftsbelebenden Effekte zu haben. So wuchs das Interesse an der Konjunkturtheorie Hayeks. Andere Wissenschaftler schlossen sich in den späten 1970er Jahren seiner Kritik an den seiner Ansicht nach ausufernden Aktivitäten des Staates an. Auch die wirtschaftsliberalen Theorien Milton Friedmans, die sich in Teilen auf Hayek beriefen, wurden populär.

In den 1970er Jahren vollendete Hayek seine Trilogie »Law, Legislation and Liberty« (»Recht, Gesetzgebung und Freiheit«). Darin deckt er die Widersprüchlichkeit des Begriffs »Soziale Gerechtigkeit« auf. Er fordert, dass für alle Menschen die gleichen Regeln gelten. Eine Ergebnisgerechtigkeit, wie sie die »soziale Gerechtigkeit« verlangt, lehnt Hayek ab, da sie bei ungleichen Menschen nur erreicht werden kann, wenn man einige Menschen bevorzugt und andere benachteiligt. Damit verstoße man aber gegen den Grundsatz, dass alle Menschen vor dem Gesetz gleich sein sollen. Außerdem kritisiert Hayek den Missbrauch der Demokratie. Die Macht einer jeden Regierung sei stark zu beschränken, denn es sei mit der Selbstbestimmung der Bürger unvereinbar, wenn die jeweilige Parlamentsmehrheit tun darf, was ihr gefällt.

Immer wieder überraschte Hayek mit seinen radikalen ordnungspolitischen Vorschlägen. So setzte er sich für eine Elastizität der Löhne ein, die mit der Nachfrage nach Arbeit steigen oder sinken sollen. Er empfahl eine »Entnationalisierung des Geldes« durch ungehinderte Konvertibilität der Währungen und Aufhebung der nationalen Notenbankmonopole. Aufsehen erregte sein Vorschlag, die reinen Gesetzgebungsaufgaben in den westlichen Demokratien einer demokratisch gewählten, aber parteiunabhängigen Institution zu übertragen, um die Regierungen daran zu hindern, ihre parlamentarischen Mehrheiten zur Schaffung von parteipolitisch bestimmten Gesetzen zu missbrauchen. Daneben wandte er sich gegen Entwicklungshilfe, die er als ökonomisch schädlich ansah.

In den 1980er Jahren fanden seine Erkenntnisse Eingang in die Politik: Für Ronald Reagan und Margret Thatcher war Hayek »geistige Orientierung«. 1991 erhielt er die Presidental Medal of Freedom, die höchste zivile Auszeichnung der USA, dafür, dass er sein Leben lang »über den Horizont hinaus« geblickt habe.

Die deutlichste Bestätigung seines Werks war für Hayek der Zusammenbruch des sozialistischen Ostblocks 1989/90.

Die Impulse seines Denkens haben bis heute nachhaltige politische Folgen. Der Umschwung in mehreren westlichen Wohlfahrtsstaaten führte zu einem sozialpolitischen Paradigmenwechsel: zur Vorherrschaft der Idee, dass die wirtschaftliche Lage nur zu bessern sei durch den »schlanken« Staat, durch Deregulierung, mehr Markt und weniger Gesetze, durch Flexibilität, Wettbewerb und Freihandel.

Auch wenn nach wie vor über eine »richtige« Wirtschaftspolitik debattiert wird, ist doch unumstritten, dass Hayek zu den wichtigsten Denkern des Liberalismus im 20. Jahrhundert gehört. Die thematische Spannbreite seiner Ideen umfasste Ökonomie und Psychologie, Biologie und Soziologie, Rechtswissenschaft, Geschichte, Politische Wissenschaft, Erkenntnisphilosophie und Methodologie. Dabei sah er sich der Tradition des klassischen Liberalismus der angelsächsischen Philosophie der Aufklärung und deren Protagonisten David Hume und Adam Smith verpflichtet. »Kaum ein anderer Denker des 20. Jahrhunderts hat mehr zur ideengeschichtlichen Erforschung und systematischen Weiterentwicklung dieser Tradition beigetragen. Von diesem Ausgangspunkt aus entwickelte er eine liberale Sozialphilosophie, die die Freiheit des Einzelnen als archimedischen Punkt begreift«, würdigte ihn die Wiener Zeitung anlässlich seines 10. Todestages im März 2002. Hayek starb 1992 in Freiburg.

49. MILTON FRIEDMAN
(* New York City 31.7.1912, † San Francisco 16.11.2006)

Der Amerikaner gilt neben → John Maynard Keynes als der einflussreichste Ökonom des 20. Jahrhunderts. Er begründete den Monetarismus, der in den 1980er Jahren für die Wirtschaftspolitik vieler Regierungen zum Leitfaden wurde. Bei Friedman stand die Freiheit des Einzelnen im Zentrum der Argumentation. Er war gegen staatliche Eingriffe in die Ökonomie und forderte, der Staat solle lediglich Rahmenbedingungen schaffen, unter denen sich die Wirtschaft frei entfalten kann. Unter Friedmans

Ägide wurde in den 1980er Jahren der Keynesianismus als führende ökonomische Schule in Wissenschaft und Politik abgelöst.

Er kam als Sohn ungarischer jüdischer Einwanderer zur Welt. Bereits als 15jähriger musste er, da der Vater früh starb, für die Familie mitverdienen. Dank eines Stipendiums konnte der hochbegabte junge Mann bereits im Alter von 16 Jahren Mathematik und Ökonomie an der nahe gelegenen Rutgers-Universität in New Jersey studieren. Er spezialisierte sich zunächst auf Mathematik, wandte sich jedoch später den Wirtschaftswissenschaften zu und machte seinen Abschluss 1932 in Mathematik und Ökonomie.

Anschließend führte er das Studium der Wirtschaftswissenschaften an der Universität von Chicago weiter, wo er stark von den Ökonomen → Jakob Viner, → Frank Knight und Henry Simons beeinflusst wurde. Hier auch lernte er seine zukünftige Frau Rose Director kennen. Es folgte ein Statistikstudium an der Columbia University in New York City. Zurück in Chicago, arbeitete er als Forschungsassistent. Dabei kam er in Kontakt mit → George Joseph Stigler und Wilson Allen Wallis, mit denen ihn eine lebenslange Freundschaft verband.

Da er keine akademische Anstellung finden konnte, zog Friedman nach Washington D.C. und war dort von 1935 bis 1937 als Wirtschaftsexperte im National Resources Committee tätig. Anschließend arbeitete er im Nationalen Büro für Wirtschaftsforschung in New York. Daneben las er als Dozent an der New Yorker Columbia-Universität und als Gastprofessor an der Universität von Wisconsin. Von 1941 bis 1943 war er als führender Wirtschaftsexperte in der Steuerforschung im US-Schatzamt tätig. Danach war er bis 1945 stellvertretender Direktor der Abteilung für statistische Kriegsforschung an der Columbia-Universität und promovierte dort 1946.

Im selben Jahr begann Friedman seine Lehrtätigkeit als Professor an der Universität Chicago. Er blieb dort für die folgenden dreißig Jahre und wurde zum Mitbegründer der Chicagoer Schule der Wirtschaftswissenschaften, einer engen intellektuellen Gemeinschaft, die einige Nobelpreisträger hervorgebracht hat.

Schon zu Beginn seiner Professur in Chicago kritisierte Friedman die damals herrschende Lehre des britischen Ökonomen John Maynard Keynes. Anders als dieser lehnte er es ab, dass der Staat – um die Nachfrage und damit die Konjunktur zu stärken – seine Ausgaben erhöhen sollte. Denn das dafür nötige Geld müssten sich die Politiker entweder vom Steuerzahler oder von den Kapitalmärkten holen. Höhere Steuern jedoch würden den positiven Konjunktureffekt zerstören. Und höhere Staatsschulden verdrängten private Kreditnehmer vom Kapitalmarkt und behinderten so Investitionen. Außerdem würden auf die Schulden Zinsen anfallen, was Friedman zufolge nichts anderes als zukünftige Steuern seien.

Sein Gegenvorschlag lautete, der Staat solle die Geldmenge ausweiten, um das Wirtschaftswachstum anzukurbeln. Denn Geldpolitik wirke eindeutig expansiv. Einen Beleg dafür sah er darin, dass es vor jedem Aufschwung in Amerika eine Ausweitung der Geldmenge gegeben hätte. Er erklärte dies damit, dass – monetär gesehen – das Sozialprodukt die Geldmenge multipliziert mit der Umlaufgeschwindigkeit repräsentiert; der gedachten Häufigkeit also, mit der die bestehende Geldmenge im Jahr verwendet wird. Diese bleibt aus seiner Sicht über die Zeit stabil, denn Haushalte und Unternehmen ändern ihr Verhalten nicht plötzlich. Unter dieser Voraussetzung jedoch müsse eine Ausweitung der Geldmenge das in Geld ausgedrückte Sozialprodukt erhöhen.

Keynes befürchtete dagegen, dass Marktwirtschaften selbst bei wachsender Geldmenge dauerhaft in ein »Gleichgewicht bei Unterbeschäftigung« geraten könnten. Daher müsse der Staat mit Konjunkturprogrammen gegensteuern. Aus Friedmans Überzeugung sorgt aber gerade dies für die Störungen des wirtschaftlichen Ablaufs. Zudem würde eine kräftig und überraschend ausgeweitete Geldmenge die Konjunktur nur kurzfristig ankurbeln. Langfristig forciere sie die Inflation, da die Menschen merken, dass ein Mehr an Geld nicht ihren realen Wohlstand erhöht hat. Deswegen fordern sie höhere Löhne und Preise, der vermeintliche Konjunkturschub verpufft in der Geldentwertung. Als Alternative schlug Friedman vor, die Geldmenge gleichmäßig wachsen zu lassen, so dass Unternehmen und private Haushalte relative Planungssicherheit hätten und die Wirtschaft Raum für Expansion hätte.

Die zentrale Rolle des Geldes brachte der neuen Denkrichtung aus Chicago 1968 den Namen Monetarismus ein. Seine

Theorie skizzierte Friedman in zwei zentralen Aufsätzen. 1956 erschien »The Quantity Theory of Money: A Restatement« (»Die quantitative Theorie des Geldes: Eine Neuformulierung«), 1968 »The Role of Monetary Policy« (»Die Rolle der Geldpolitik«).

Obwohl er die Geldmenge als primäre Steuerungsvariable betont, will Friedman aber auf eine aktive Steuerungspolitik nicht verzichten. In seinem 1962 erschienenen Bestseller »Capitalism and Freedom« (»Kapitalismus und Freiheit«) plädiert er für eine vom Staat unabhängige Notenbank, deren Handlungen durch strenge Regelungen vorgezeichnet und nachvollziehbar sein sollen. Er schlägt eine jährliche Zuwachsrate der Geldmenge zwischen drei und fünf Prozent vor.

»Capitalism and Freedom«, wohl sein populärstes Buch, ist eine Verteidigung des kapitalistischen Systems und eine Kritik an der Politik des New Deal und am im Entstehen begriffenen Wohlfahrtsstaat. Der Ökonom fordert eine umfassende Deregulierung – als Voraussetzung für politische und gesellschaftliche Freiheit. Vierzehn Punkte listet er auf – von der Streichung der Subventionen für Landwirtschaft und Wohnungsbau bis zur Privatisierung der Rentenversicherung und der staatlichen Hochschulen. Staatliche Genehmigungen, die Bürger oder Unternehmen benötigen, um ihren Beruf ausüben zu können, sollen ersatzlos entfallen. Auch die Schulpflicht will er abschaffen.

Daneben schlägt er als sozialpolitisches Element die negative Einkommensteuer vor. Das heißt, nimmt der Bürger weniger als das Existenzminimum ein, erhält er Geld vom Finanzamt. Umgekehrt soll für Besserverdienende eine Einheitssteuer von 23,5 Prozent gelten. Die bringe dem Staat ebenso viele Einnahmen, wie die übliche progressive Einkommenssteuer. Denn diese begünstige große Unternehmen, hemme den Kapitalmarkt und entmutige Existenzgründer. Die Körperschaftsteuer und Sonderregelungen wie eine Steuerbefreiung von Zinsen auf bundesstaatliche und kommunale Schuldverschreibungen oder die Sonderbehandlung von Wertpapiergewinnen will der Ökonom gleich ganz abschaffen. Der Mann aus Chicago provozierte und schockierte nicht nur mit seinen Forderungen. Kritiker warfen ihm vor, dass er teilweise ökonomische Argumente durch seinen Glauben an den Individualismus ersetze und das Werk ideologisch verbrämt sei.

Doch Freiheit war für Friedman nicht nur eine ökonomische Frage. Das Prinzip der Zurückweisung des bevormundenden Staates galt in allen Lebensbereichen: Der Amerikaner focht gegen das Verbot der Prostitution und für die Legalisierung von Drogen, gegen die Wehrpflicht und für die Freiwilligenarmee. Als Berater brachte er US–Präsident Richard Nixon nach dem Vietnamkrieg dazu, die Wehrpflicht abzuschaffen.

In der Folgezeit wurde Friedman durch populärwissenschaftliche Abhandlungen einem breiten Publikum bekannt. In den 1960er und 1970er Jahren war er Kolumnist für das bekannte Magazin Newsweek. 1976 erhielt er den Nobelpreis für seine Beiträge zur Konsumanalyse, Geldgeschichte und Geldtheorie und für seine Demonstrationen über die Komplexität staatlicher Eingriffe. In den 1980er Jahren gestaltete er zusammen mit seiner Frau unter dem Titel »Free to Choose« (»Chancen, die ich meine«) eine zehnteilige Fernsehserie, in der er seine ökonomische und soziale Philosophie präsentierte. Das Buch, auf dem die Serie basierte, war 1980 das bestverkaufte Sachbuch und wurde seitdem in vierzehn Sprachen übersetzt.

Bis in die 1970er Jahre hatten die westlichen Regierungen kein Ohr für Friedmans Ideen. Sie standen im krassen Gegensatz zum ökonomischen Mainstream, der vom Keynesianismus bestimmt war. Dafür beriet Friedman den chilenischen Diktator Pinochet, was ihm scharfe Proteste einbrachte.

Ein Jahrzehnt später jedoch, nach Jahren der Inflation und Rezession, gegen die die Keynesianer endgültig machtlos zu sein schienen, kam Friedman zum Zuge. Weltweit beeinflussten seine Ansichten die Politik. Immer mehr westliche Zentralbanken – allen voran die japanische und die deutsche – versuchten, entsprechend der monetaristischen Idee die Geldmenge zu steuern, um die Inflation in den Griff zu bekommen. Besonders die Regierungen Reagan und Thatcher übernahmen wesentliche Elemente der Chicagoer Lehre in ihre Wirtschaftspolitik. Der Abbau des Sozialstaats und kräftige Steuersenkungen sollten die private Wirtschaftskraft stärken. Reihenweise wurden Regulierungen abgeschafft und Staatsbetriebe privatisiert. Auch beim Umbau der chinesischen Ökonomie half Friedman mit seinen Ideen.

Nach seiner Emeritierung in Chicago 1977 wechselte er zur Hoover Institution der Universität Stanford, für die er bis zu seinem Tod im November 2006 tätig war.

Schon zu Lebzeiten wurde Friedman mit großen Attributen bedacht. So ehrte man ihn zu seinem 90. Geburtstag in den USA als bedeutendsten Volkswirt der vergangenen 100 Jahre. 1988 erhielt er die Presidental Medal of Freedom, die höchste zivile Auszeichnung des Landes. Auch die Wissenschaft veränderte sich durch die reine Lehre aus Chicago. Stärker als früher betonen die Ökonomen inzwischen die Verzerrungen, die staatliche Regulierungen hervorrufen.

Andererseits forderte die Laisser-faire-Politik in Amerika ihre Opfer. Die Warnungen der politischen Gegner bewahrheiteten sich: In den 1980er Jahren ging die Kluft zwischen Arm und Reich weit auseinander. Reagan strich Sozialleistungen, wo es nur ging, und deregulierte auch dort, wo es schaden musste – zum Beispiel im Umweltschutz. Aber auch in einem anderen Punkt versagten die Politiker. Reagan senkte nicht nur die Steuern, sondern wurde neben seinem Nachfolger George Bush auch zum größten Schuldenmacher der Weltgeschichte. Von seinen zahlreichen Gegnern wurde Friedman deshalb wiederholt vorgeworfen, er propagiere einen Laisser-faire-Liberalismus, der soziale Ungleichgewichte verharmlose und zu stark an die Selbstregulierung des privaten Sektors glaube.

Nichtsdestoweniger hielt der Wiedererwecker eines marktwirtschaftlichen Liberalismus an seinen Ideen fest und argumentierte – wie viele enttäuschte Theoretiker vor ihm –, seine Vorschläge seien nie konsequent umgesetzt worden. Doch auch wenn seine Vorschläge nicht immer überzeugende Lösungen gebracht haben und Kritiker vom Scheitern seiner Theorie sprechen, so ist doch auch auf allen Seiten unbestritten, dass seine wirtschaftstheoretischen Untersuchungen zu einem tieferen Verständnis der Finanzmärkte und der Geldpolitik, aber auch des Konsumverhaltens und der Rolle von Erwartungen im Wirtschaftsprozess beigetragen haben.

50. GEORGE JOSEPH STIGLER

(* Renton 17.1.1911, † Chicago 1.12.1991)

George Joseph Stigler war einer der renommiertesten Köpfe der Chicagoer Schule. Er untersuchte empirisch, wie staatliche Regulierungen die Wirtschaft beeinflussen und welche Kräfte wirken, um eine bestimmte Gesetzgebung herbeizuführen. Er war überzeugt davon, dass staatliche Eingriffe in den Markt schädlich sind.

Geboren wurde Stigler in Renton, einer Vorstadt Seattles im Bundesstaat Washington. Seine Eltern waren Einwanderer: Der Vater kam aus Bayern, die Mutter aus Österreich-Ungarn. Sein wirtschaftswissenschaftliches Studium an der Universität Washington schloss Stigler 1931 ab, ein Jahr später folgte ein weiterer Abschluss an der Northwestern University in Illinois. Seine Promotionsschrift »History of Production and Distribution Theories from 1870 to 1915«, die er 1938 fertigstellte, schrieb Stigler an der Universität Chicago unter → Frank Knight. Stark beeinflusst haben ihn daneben auch die in Chicago lehrenden Ökonomen → Jacob Viner und Henry Simons, sowie seine Studienkollegen Wilson Allen Wallis und → Milton Friedman.

Seine Hochschullaufbahn begann Stigler in Iowa, Minnesota, und an der Brown University in Rhode Island. 1946 veröffentlichte er einen Essay über die »Ökonomie der Mindestlohngesetze«. Sie zählt zu seinen einflussreichsten Arbeiten. Darin kritisiert er die Mindestlohnpolitik, die meist als soziale Errungenschaft gepriesen wird. Er verweist darauf, wie kontraproduktiv diese auf die Verteilung von Ressourcen und das Einkommen der Haushalte ist und legt dar, dass es zwischen veränderlichen relativen Löhnen und abnehmender Armut keine Verbindung gibt. Auch auf die Arbeitslosigkeit würden sich die Mindestlöhne kaum auswirken.

1946 erschien auch sein Werk »The Theory of Price«, das sehr erfolgreich war. Seine Preistheorie zählte bald zum Standardwissen fast einer ganzen Studentengeneration.

In seinen Studien war Stigler auf das Phänomen gestoßen, dass selbst bei nahezu homogenen Gütern unterschiedliche

Preise bestehen. Das brachte ihn zu der Erkenntnis, dass es nur die »Kosten der Information« sein können, die solche Preisdifferenzen verursachen. Diese repräsentieren für ihn den Grad der jeweiligen »Marktinformation«. Information wird somit zum Kostenfaktor und ist nur so lange von Bedeutung, als der erwartete marginale Vorteil den marginalen Kosten der zusätzlichen Preisinformation gleich ist. Die Suche nach dem besten Angebot macht sich demzufolge nur für die Menschen bezahlt, deren Zeit relativ billig ist. Stiglers Arbeit spielte auch für die Entwicklung der Public Choice Theory eine große Rolle und sicherte ihm einen Platz in der Geschichte der Volkswirtschaftslehre.

1947 folgte er einem Ruf an die Columbia University, der er bis 1958 als ordentlicher Professor angehörte. Während des Zweiten Weltkrieges war er Mitglied der dortigen Statistical Research Group. Von 1958 bis zu seiner Emeritierung 1981 hatte er den renommierten Charles-Rudolph-Walgreen-Lehrstuhl für Amerikanische Institutionen an der University of Chicago inne. Gemeinsam mit seinen Studienfreunden Friedman und Wallis begründete er in den späteren 1950er Jahren die Chicago School of Economics. Nach seiner Emeritierung lehrte Stigler bis zu seinem Tod an der dortigen Graduate School of Business.

Wichtigstes Bestreben Stiglers war es, Daten über die Funktionsweise der Wirtschaft zusammenzutragen. Als hervorragender Analytiker wirtschaftswissenschaftlicher Theorien und aus seiner Kenntnis der Geschichte der Nationalökonomie hatte er erkannt, dass Eingriffe des Staates in die Wirtschaft fast ausschließlich auf Bestreben und zum Nutzen einflussreicher Gruppen erlassen oder empfohlen werden, ohne dass dies auf theoretisch oder empirisch fundierten Grundlagen basiert. Doch auch jene Klassiker des 18. und 19. Jahrhunderts, die staatliche Eingriffe überwiegend ablehnten, konnten ihre Position nicht empirisch oder theoretisch stringent begründen.

Mit der Sammlung von Daten wollte Stigler sein Wissen um die Vorgänge in der Ökonomie erhöhen, mit dem Ziel, die Funktionsweise und die makroökonomischen Wirkungen von Interventionen aller Art aufzuzeigen und durch die Verwertung empirischer Daten auch die Theorien zu verfeinern. Dabei ging es ihm weniger um komplizierte Modelle oder um Werturteile. Vielmehr sollte eine Theorie praktisch verwertbar sein.

1965 wurde Stigler zu einem der jüngsten Präsidenten der American Economic Association gewählt. 1971 veröffentlichte er mit seiner »Theory of Economic Regulation« (»Die Theorie der ökonomischen Regulierung«) sein wichtigstes Buch sowie – gemeinsam mit Manuel F. Cohen – die Schrift »Can Regulatory Agencies Protect the Consumer?«. Mit diesen Veröffentlichungen legte er die Grundlagen für eine ganz neue empirische Forschungsrichtung. Stigler ging der Frage nach – unterlegt mit vielen Daten –, wie und womit die Industrie Zugriff auf politische Macht erlangt. In der »Theory of Economic Regulation« stellt er fest, dass sich die Wirtschaft die Unterstützung durch die Politik auf zweierlei Wegen erkauft: durch Ressourcen, etwa über Spenden an eine Partei, und mit Wählerstimmen, welche die Wirtschaft durch ihre Macht bündelt.

Ähnliches beschreibt er für die Lobby der Berufsgruppen. Deren Einflussmöglichkeiten sind unterschiedlich. Wer spezialisiert ist, kann sich schwerer durchsetzen als etwa Ärzte, die allen dienen. Außerdem – so die Beobachtung Stiglers – sind Berufsgruppen daran interessiert, die Zahl ihrer Standesvertreter zu begrenzen. Je mehr Krankengymnasten oder Schauspieler es gibt, umso kleiner wird ihr Stück vom Kuchen. So fand er heraus, dass Berufsgruppen in denjenigen US-Bundesstaaten, die den Berufszugang lizenziert hatten, mehr verdienten und häufiger freiberuflich arbeiteten.

Weiter stellt Stigler fest, dass Besonderheiten des politischen Prozesses ungezügelten Kartellbestrebungen der Unternehmen Barrieren setzen können. Zum einen können kleine Player unverhältnismäßig viel Einfluss gewinnen, weil die Politik sie stärker berücksichtigt. Zum anderen kann auch der Widerstand derjenigen, die benachteiligt werden, politische Entscheidungen korrigieren. Der Ökonom demonstriert dies am Beispiel der Gütertransporte in den USA von 1925 bis 1930. Aufgrund des fortschreitenden Straßenbaus und der Herstellung starker Trucks steigerte der Lastwagenverkehr seine Transportleistung – was von der Eisenbahn über die staatliche Regulierung bekämpft wurde. Anfang der 1930er Jahre begrenzten alle Bundesstaaten die zulässigen Maße und Gewichte von Lastkraftwagen. Es zeigte sich, dass die Beschränkungen dort am stärksten waren, wo die Trucks direkt in Konkurrenz zur Bahn standen. In landwirtschaftlich geprägten Staaten bildeten die Bauern indessen ein Gegengewicht zum Einfluss der Eisenbahn, da die meisten eigene Lastwagen besaßen und eine starke Lobby bildeten.

Auch wenn Regulierung nicht grundsätzlich dem Bürger schade: Stigler vertraut mehr dem freien Markt. Wettbewerb und individuelle Anstrengungen der Bürger genügten, um Anpassungen an neue ökonomische oder politische Umfelder zu bewirken. Eigeninteresse des Individuums und Wettbewerb seien öffentlicher Reglementierung überlegen. Die Macht der freien Kaufentscheidung, sagt Stigler, steht jedem zur Verfügung. Dieser Wettbewerb verfehle niemals sein Ziel. Die Zunahme der Staatstätigkeit in fast allen Demokratien sah er als das Ergebnis des Missbrauchs des Staates durch mächtige Koalitionen organisierter Interessen an.

1982 erhielt Stigler den Nobelpreis »für seine bahnbrechenden Studien der Funktionsweise und der Strukturen von Märkten sowie der Ursachen und Wirkungen von Regelungen der öffentlichen Hand«. Unter den vier Nobelpreisträgern, die aus der Chicago School of Economics hervorgegangen sind, zählt Stigler zu den am wenigsten bekannten. Nichtsdestoweniger gehört sein Werk zu den am häufigsten zitierten. Neben seinen Beiträgen zur Funktionsweise der Märkte und zur Analyse der Struktur und Entwicklung der Industrie- und Erwerbszweige galt er auch als einer der Pioniere innerhalb der Forschung im Grenzbereich zwischen Wirtschafts- und Rechtswissenschaft und als Schöpfer der »Economics of Information« und »Economics of Regulation«. Obwohl er selbst ein Gegner staatlicher Eingriffe in den Markt war, hat er sich nie vor den Karren der Politik spannen lassen – auch nicht von der Reagan-Administration und ihrer propagierten angebotsorientierten Wirtschaftspolitik. Bei einem Besuch im Weißen Haus 1982 überraschte er seine Gastgeber mit dem Bekenntnis, er sei »kein Reaganomics-Mann« und hielte die Angebotspolitik für »faulen Zauber«.

Stigler starb 1991 in Chicago.

51. Ronald Harry Coase

(* Willesden 29.12.1910)

Der Brite entwickelte die neoklassische Theorie weiter, indem er die Frage beantwortete, warum Unternehmen existieren. Seine Antwort darauf – das Transaktionsmodell – brachte ihm den Nobelpreis ein. Mit Hilfe seiner Theorie erklärte er auch die Wachstumsbeschränkung von Unternehmen und das Entstehen und die Bedeutung von Institutionen. Seine Arbeiten gelten als Grundstein der Neuen Institutionenökonomik. Bekannt wurde er auch mit seinem Vorschlag, Umweltprobleme durch die Kräfte des Marktes, anstatt durch staatliche Interventionen einzudämmen.

Er wurde in Willesden bei London geboren. Sein Vater arbeitete als Telegrafist bei der Post. Beide Eltern waren in ihrer Freizeit passionierte Sportler. Anders der Sohn. Von Anfang an hatte er akademische Interessen. Er spielte allein Schach und las viel, wobei er aus dem Fundus der öffentlichen Bibliothek schöpfte. Nach dem Abschluss weiterführender Schulen begann Coase 1927 an der Universität von London zu studieren. Im Oktober 1929 wechselte er nach dem Zwischenexamen zur renommierten London School of Economics, wo er sein wirtschaftswissenschaftliches Studium 1931 abschloss. Speziell die Lehren des → Adam Smith hatten seine Begeisterung für die Ökonomie geweckt.

Dank eines Reisestipendiums der Universität London verbrachte Coase anschließend ein Jahr in den USA, um die Struktur der amerikanischen Wirtschaft zu studieren. Er besichtigte hauptsächlich Fabriken und Unternehmen. Sein Ziel war es herauszufinden, in welcher Weise verschiedene Industriezweige organisiert waren und warum. Aus seinen Beobachtungen konnte er im Sommer 1932 die Grundzüge für ein neues Konzept der ökonomischen Analyse, das Transaktionskostenmodell, formulieren. Diese Ideen waren die Basis für seinen berühmten Artikel »The Nature of the Firm«, den er – mangels Zeit – erst 1937 veröffentlichte und für den er über 50 Jahre später den Nobelpreis erhielt.

In seinem Aufsatz geht Coase der Überlegung nach, weshalb es überhaupt Unternehmen gibt. Diese Frage war bislang von den neoklassischen Ökonomen nicht einmal gestellt worden – sie hatten es bei der Feststellung belassen, dass Märkte und Preise dafür sorgen, die Verbraucher mit Gütern zu beliefern. Coase wollte jedoch wissen, warum sich – wo das Marktsystem doch alles regelt – planende Unternehmen mittels langfristiger Verträge und hierarchischer Strukturen als »Firma« etablieren, anstatt sich etwa ihr Personal bei Bedarf direkt vom Markt zu holen.

Eine Erklärung dafür fand Coase in den sogenannten »Transaktionskosten«, wie die auf dem Markt auftretenden »Reibungsverluste« genannt werden. Jede Aktion im Wirtschaftsprozess – das Zusammentragen von Informationen, die Entwicklung von Modellen, der Einkauf von Material, die Einstellung von Arbeitnehmern – kostet Zeit und Geld. Darum ist es effektiver, Transaktionen, die ständig wiederholt werden und mit minimalen Reibungsverlusten ablaufen sollen, aus dem Markt herauszunehmen. Dies geschieht, indem sie in einem hierarchischen Organisationsablauf mittels langfristiger Verträge innerhalb einer Firma organisiert werden. Anderenfalls müsste ein Manager, wenn er eine Sekretärin sucht, jedes Mal zum Branchenbuch greifen und Preise vergleichen.

Coases Transaktionsmodell erklärt auch, weshalb Unternehmen nicht unbegrenzt wachsen können. Je größer eine Firma wird, desto komplizierter ist die Organisation und die Ausgaben dafür steigen. Kostet die innerbetriebliche Bürokratie mehr, als würde sich ein Unternehmen direkt auf den Märkten bedienen, hat es seine optimale Größe überschritten.

Coase entwickelte diese Gedanken während seiner Dozentenzeit an der Dundee School of Economics and Commerce, wo er von 1932 bis 1934 lehrte. Anschließend ging er an die Universität von Liverpool und kehrte 1935 an die London School of Economics zurück. Als er bald darauf sein »The Nature of the Firm« veröffentlichte, wurde dies zunächst kaum zur Kenntnis genommen. Erst in den 1970er Jahren, als die sogenannte Neue Institutionenökonomik entstand, erhielt Coase seine Anerkennung: Sein Aufsatz wurde zum Herzstück der neuen ökonomischen Disziplin, welche die Rolle und Entstehung von Institutionen – Firmen, Konglomeraten, Vereinen oder strategischen Allianzen – analysiert. Versucht wird, diese gesellschaftlichen, politischen und rechtlichen Institutionen mit Hilfe der neoklassischen Annahme eines individuellen und rationalen Verhaltens mit gegebenen Präferenzen zu erklären. Die Neue Institutionenökonomik stellte damit die Sicht der Institutionalisten wie → Thorstein Veblen oder → Wesley Mitchell auf den Kopf, die umgekehrt davon ausgingen, dass das Individuum in ein kulturelles Umfeld eingebunden ist, welches sein Verhalten prägt.

Ein Jahr nach Ausbruch des Zweiten Weltkrieges begann Coase für die britische Regierung zu arbeiten, zunächst in der Forstverwaltung, dann im Statistischen Amt. Von 1946 an lehrte er wieder an der London School of Economics, wo er seine Forschungen über öffentliche Institutionen, insbesondere die Post und den Rundfunk, fortsetzte. Während eines neunmonatigen Aufenthaltes in den USA untersuchte er auch die amerikanische Medienindustrie.

1951 siedelte er in die Vereinigten Staaten über. Zunächst wurde er Professor an der Universität von Buffalo im Bundesstaat New York. 1959 wechselte er an die Universität Virginia. Anfang 1961 führten seine Untersuchungen öffentlicher Institutionen zu seinem zweiten bahnbrechenden Artikel »The Problem of Social Cost« (»Das Problem der sozialen Kosten«). Anders als »The Nature of the Firm« wurde dieser Aufsatz sofort von der Fachwelt als bahnbrechend wahrgenommen und äußerst kontrovers diskutiert. Er enthält das berühmte »Coase-Theorem«, das großen wirtschaftspolitischen Sprengstoff birgt. Danach können Probleme der Umweltverschmutzung, sogenannte »externe Effekte« der Produktion, unter bestimmten Voraussetzungen besser ohne den Staat gelöst werden.

Hintergrund ist Coases Feststellung, dass volkswirtschaftliche Kosten – auch eben jene externen Effekte – immer von mindestens zwei Beteiligten verursacht werden. Diese bezeichnet er als »Anspruchskonkurrenten«. Damit distanziert er sich von dem populären Verursacherprinzip. Wenn also eine Dampfeisenbahn durch ihren Funkenflug angrenzende Weizenfelder in Flammen setzt, müsste der Bahnbetreiber – nach dem Verursacherprinzip – für die Kompensation des Schadens aufkommen.

Die Schäden werden aber in symmetrischer Weise von beiden Beteiligten verursacht, da sich erst durch beider Existenz und Anspruch die Schadensfrage überhaupt stellt. Denn würde der Farmer nicht auf dem Gebiet Weizen anpflanzen, könnte auch kein Schaden auftreten. Ökonomisch betrachtet seien demnach beide Verursacher.

So könnte – in Folge einer Verhandlungslösung – die Eisenbahngesellschaft den Farmer für die zerstörten Felder entschädigen oder aber der Farmer könnte dafür bezahlen, dass die Loks mit einer Technologie ausgestattet werden, die den Funkenflug verhindert. Für Coase ist es unerheblich, welche Seite zahlt.

In jedem Fall hält er einen solchen privatwirtschaftlichen Ausgleich für sinnvoller, als – wie von einem der führenden britischen Neoklassiker → Arthur Cecil Pigou in der ersten Hälfte des 20. Jahrhunderts vorgeschlagen – Steuern zu erheben, um die Umweltzerstörung einzudämmen. Eine Verhandlungslösung hat aus seiner Sicht den Vorteil, dass sie den Nutzen beider berücksichtigt. Voraussetzung für eine effiziente Regelung sei allerdings, dass der Staat möglichst umfassend die Eigentumsrechte der Wirtschaftssubjekte definiere und dass keine Transaktionskosten vorlägen.

Coases Vorschlag stieß auf große Kritik. Zum einen rüttelte sein Infragestellen des Verursacherprinzips am tief verwurzelten Rechtsempfinden der Gesellschaft. Zum anderen ist die Idee Coases kaum praktikabel. So setzt der Ökonom voraus, dass die Akteure ohne größeren Aufwand eine Übereinkunft über die Ressourcenallokation erzielen können – eine realitätsferne Annahme. Tatsächlich dürften die Transaktions-, also die Verhandlungskosten, sehr hoch sein, vor allem dann, wenn sich viele Beteiligte einigen müssen. Auch ist die Macht der Kontrahenten ungleich verteilt. So stehen etwa der finanzstarken Eisenbahngesellschaft viele einkommensschwache Farmer gegenüber, die kaum wissen dürften, wie teuer es ist, Loks gegen Funkenflug auszurüsten. Schließlich kann das Coase-Theorem nur im Falle vollständiger Information gelten: jeder muss wissen, welchen Effekt die Externalität auf den anderen hat. Zudem dürften Verhandlungslösungen bei komplizierten Umweltproblemen nur schwer erzielbar sein. Verunreinigungen des Wassers oder der Luft werden oft von vielen verursacht und lassen sich schwerlich auf einen Einzelnen zurückführen. Diese Schäden zu beheben ist oft aufwendig und kostspielig. Somit erscheint es sinnvoller, dass der Staat einspringt, weshalb das Coase-Theorem nur wenig Bedeutung für die praktische Umweltpolitik erlangte.

1964 wurde Coase Professor für Recht und Wirtschaft an der Universität von Chicago, wo er bis zu seiner Emeritierung 1982 lehrte. Anschließend musste er immer noch neun Jahre warten, bis er 1991 den Nobelpreis erhielt für »seine Entdeckung und Klärung der Bedeutung der sogenannten Transaktionskosten und der Verfügungsrechte für die institutionelle Struktur und das Funktionieren der Wirtschaft«. Er selbst fand es merkwürdig, »mit achtzig für etwas geehrt zu werden, was ich mit zwanzig geleistet habe«, wie er in seiner Dankesrede sagte. Es dürfte kaum einen weiteren Ökonomen geben, der mit so wenigen Veröffentlichungen eine so große Wirkung erzielt hat, wie Coase.

52. Robert Emerson Lucas

(* Yakima 15.9.1937)

Robert Lucas hat nachgewiesen, wie sich rationale, mit vollständigen Informationen unterlegte Erwartungen an die Zukunft auf individuelle Entscheidungen und auf die Strategien von Gruppen auswirken, und wie dadurch ökonomische Entwicklungen beeinflusst werden. Als Konsequenz aus seinen Forschungsergebnissen betrachtet er staatliche Konjunkturprogramme als wirkungslos. Er fordert einen schlanken Staat, der sich nur auf kleine Eingriffe in den Markt beschränken sollte. Lucas ist einer der Begründer der neoliberalen Wirtschaftstheorie.

Er kam als ältester von drei Kindern in Yakima im amerikanischen Bundesstaat Washington zu Welt. Seine Eltern hatten dort gerade ein kleines Restaurant eröffnet, das jedoch bereits ein Jahr später der Großen Depression zum Opfer fiel. Während des Zweiten Weltkrieges zog die Familie nach Seattle, wo der Vater eine Anstellung als Heizungsinstallateur in einer Schiffswerft fand und die Mutter ihre frühere Karriere als Modedesignerin wieder aufnahm. Nach dem Krieg erhielt der Vater einen

Job als Schweißer in einem Tiefkühlunternehmen und arbeitete sich nach und nach zum Chef der Firma hoch. Die dafür nötigen Kenntnisse hatte er sich autodidaktisch und durch die tägliche Praxis erworben. Viele technische, unternehmerische und politische Fragen diskutierte er mit dem Sohn, der schon als Kind gern über gesellschaftliche Probleme nachdachte. Gleichzeitig kam der junge Lucas – zu seiner Freude – auf diese Weise erstmals in Kontakt mit angewandter Mathematik, denn er half dem Vater auch bei dessen technischen Kalkulationen.

Nach seiner Schulausbildung plante Lucas denn auch, ein Ingenieurstudium aufzunehmen, studierte dann aber an der Universität Chicago Geschichte und machte 1959 seinen Abschluss, um anschließend erneut die Richtung zu ändern. Sein Interesse galt nun den der Geschichte zugrunde liegenden ökonomischen Prozessen. Es folgte ein kurzer Ausflug nach Berkeley, wo sich Lucas mit der Historie der Ökonomie beschäftigte. Schließlich kehrte er nach Chicago zurück und promovierte dort 1964 mit einem wirtschaftswissenschaftlichen Thema.

Bereits ein Jahr zuvor hatte Lucas seine akademische Laufbahn als Assistenzprofessor für Ökonomie an der Carnegie-Mellon-Universität in Pittsburgh gestartet. 1967 wurde er zum Associate Professor, 1970 zum Professor berufen. In Pittsburgh begann Lucas mit seiner theoretischen Arbeit zur Entscheidungsfindung von Unternehmen bezüglich ihrer Investitionen in Kapital und Technologie. Zu dieser Zeit beschäftigte sich an der Universität eine Gruppe von Wissenschaftlern mit der Dynamik und der Entstehung von Erwartungen, allen voran der Ökonom John Muth. Dieser hatte schon Anfang der 1960er Jahre die Hypothese der rationalen Erwartungen entwickelt, auf die Lucas später zurückgreifen sollte. Obwohl bekannt, wurden die Ideen Muth' zum Zeitpunkt ihres Entstehens nicht für wichtig erachtet. »Man kannte sie, begriff aber damals nicht ... [den] fundamentalen Unterschied«, erklärte Lucas später im Rückblick.

1969 veröffentlichte er gemeinsam mit Leonard Rappling seinen ersten einflussreichen Artikel »Real Wages, Employment and Inflation« – eine neoklassische Interpretation der Entwicklung der Reallöhne und der Beschäftigung in den USA von 1929 bis 1958. In dem Papier arbeiten die Ökonomen noch mit dem

Konzept der adaptiven Erwartungen – einem Modell, wonach Trendwenden in der Wirtschaftspolitik nicht prognostiziert werden können und es infolgedessen zu systematischen Erwartungsfehlern kommen kann.

In den 1970er Jahren dann entwickelte Lucas ein wirtschaftstheoretisches Konzept, in dem er ökonomische Verhaltensweisen mit der Theorie der rationalen Erwartungen erklärt. 1971 erschien sein Aufsatz »Investment Under Uncertainty«, den er zusammen mit Edward Prescott geschrieben hatte. Darin formulieren beide John Muth' Ansatz der rationalen Erwartungen neu. Im 1972 publizierten Aufsatz »Expectations and the Neutrality of Money« stellte Lucas sein mit Rappling entwickeltes Modell sowie die zusammen mit Prescott erarbeiteten Forschungsergebnisse in den Kontext eines allgemeinen Gleichgewichts. Das Papier wurde zur einflussreichsten seiner gesamten Veröffentlichungen.

Mit seinem Konzept der rationalen Erwartungen, das auch als Lucas-Kritik bekannt wurde, hatte der Ökonom das wirtschaftspolitische Denken seiner Zeit revolutioniert. Er kritisiert darin, dass die existierenden makroökonomischen Modelle auf statischen Erwartungen beruhen und empfiehlt – um die Aussagekraft zu optimieren – rationale Erwartungen einzubeziehen. Vernünftige Menschen, so seine Begründung, verarbeiten alle Informationen, die sie über die Wirtschaft erhalten, rational. Das heißt, sie bilden ihre Erwartungen für die Zukunft nicht, indem sie die Vergangenheit einfach linear »hochrechnen«. Vielmehr formulieren sie aus allen verfügbaren Informationen und Theorien eine Prognose.

Ordnet die Politik beispielsweise eine Erhöhung der Geldmenge an, um die Konjunktur zu befördern und Arbeitsplätze zu schaffen, so hofft sie gleichzeitig, die Arbeitnehmer würden einer Geldillusion erliegen und bei ihren Lohnforderungen die künftige Preissteigerung ignorieren. Tatsächlich jedoch wissen Unternehmen und Haushalte von vorneherein, dass eine Geldmengenerhöhung eine Inflation nach sich ziehen wird. Aus dieser Einsicht heraus verhalten sie sich nicht wie gewünscht passiv, sondern fordern als Kompensation für den abzusehenden Kaufkraftverlust höhere Löhne. Unternehmen werden dagegen ihr Kapital zunehmend in Ländern mit härterer Währung investieren. Deshalb – so die mit aufwändigen mathematischen Modellen unterlegte These – ist es für Wirtschaftspolitiker unmöglich, die Konjunktur zu beeinflussen. Das durch rationale Erwartungen gesteuerte Verhalten von Unternehmen und Individuen führt dazu, dass eine ökonomische Gesetzmäßigkeit dann außer Kraft gesetzt wird, wenn die Wirtschaftspolitik versucht, diese auszunutzen.

Mit seiner Theorie rationaler Erwartungen leitete Lucas die Ablösung des damals herrschenden keynesianischen Paradigmas ein, wonach durch geschickten Einsatz von Geld- und Fiskalpolitik das Wirtschaftsgeschehen steuerbar ist. Gleichzeitig begründete er eine neue Ära der Makroökonomie, aufbauend auf dem neoklassischen Konzept des angebotsorientierten Gleichgewichts. Die Konsequenzen für die Wirtschaftspolitik waren einschneidend.

Nach dieser Theorie lassen sich Konjunkturflauten nicht mehr durch höhere Staatsausgaben oder Geldmengenerhöhung bekämpfen; jede antizipierte Politik ist wirkungslos. Folgerichtig plädiert Lucas für einen »schlanken Staat«, der so wenig wie möglich intervenieren sollte. Der Ökonom gilt daher als theoretischer Hauptbegründer der neoliberalen Wirtschaftspolitik, die seit den 1970er Jahren immer wieder weltweit die öffentliche Diskussion bestimmt hat.

Seit 1975 lehrt Lucas als Professor für Ökonomie an der Universität Chicago. Neben seinen Leistungen in der Makroökonomie forschte er zur Investitionstheorie, zur Geldtheorie, zur dynamischen Theorie der öffentlichen Finanzen sowie zur Theorie der internationalen Finanzwirtschaft. Zu seinen wichtigsten Arbeiten in den 1980er Jahren zählt die neue Wachstumstheorie. Während bis dahin die neoklassischen Wachstumsmodelle davon ausgingen, dass Wohlstandsdifferenzen zwischen Ländern mit der Zeit verschwinden, brachte Lucas das Argument des Humankapitals neu in die Debatte ein. Danach ist für das Wachstum einer Wirtschaft auch von Bedeutung, welche Qualität die Ausbildung der Arbeitnehmer hat. Das bedeutet, dass Länder mit hohem Wohlstand ihren Vorsprung durch gute Ausbildung auch auf Dauer wahren können.

Außerdem etablierte Lucas neue Methoden in der Makroökonomie, wie Gleichgewichtsmodelle und die mikroökono-

mische Optimierung. Seine Modelle erklären gesamtwirtschaftliche Wirkungen nicht nur konsequent mit dem Verhalten der
einzelnen Wirtschaftssubjekte, die für sie optimale Entscheidungen treffen, sondern Lucas beschreibt Märkte auch strikt als
Gleichgewichtsphänomen. Danach werden Märkte im Modell
geräumt, Arbeitslosigkeit wird als freiwillig gewählte Freizeit
im Rahmen eines individuellen Optimierungskalküls definiert.
Wirtschaftskrisen sind eine Folge äußerer Schocks, politische
Eingriffe stören.

1995 erhielt Lucas den Nobelpreis für »seine Formulierung
der Theorie rationaler Erwartungen über das Verhalten der
verschiedenen Teilnehmer am wirtschaftlichen Geschehen«.
Zudem würdigte die Königlich Schwedische Akademie, dass
Lucas' Arbeiten auf jedem seiner Gebiete »außerordentliche Bedeutung« gehabt haben. Sein Preisgeld musste der Geehrte allerdings teilen, da er seiner Frau bei der Scheidung die Hälfte des
Preisgeldes zugesichert hatte, falls er binnen sieben Jahren den
Nobelpreis erhalte. Wenige Wochen vor Ablauf der Frist wurde
ihm der Preis zugesprochen. Lucas, so heißt es, kommentierte
die Vereinbarung mit seiner Frau damit, dass abgemacht eben
abgemacht sei.

Auch wenn seine Theorie der rationalen Erwartungen Furo-
re machte und den Umgang der Wirtschaftspolitiker mit ihren
Steuerungselementen nachhaltig prägte; auch wenn konjunk-
turpolitischer Aktionismus weitgehend der Vergangenheit an-
gehört – nach wie vor wird grundsätzlich um die Krisenanfällig-
keit und Selbstheilungskräfte des Marktes gestritten. Schließlich
brachte auch die Laisser-faire-Politik der 1980er Jahre nicht unbedingt wünschenswerte Ergebnisse. Die Kluft zwischen Arm
und Reich vergrößerte sich und die Staatsverschuldung stieg in
nie da gewesenem Ausmaße. Ein Problem, mit dem auch der
amtierende US-Präsident George Bush zu kämpfen hat.

Auch aus theoretischer Perspektive kam Kritik. Bezweifelt
wurde, dass sich die Zukunft tatsächlich exakt vorhersagen
lässt, denn Informationen über zukünftige Entwicklungen können sich immer nur der Realität annähern, weshalb Erwartungen
nicht wirklich »rational« sein können. Auch sind Arbeitnehmer
und Unternehmer vielfach nicht in der Lage, entsprechend ihren Erwartungen zu handeln. Sie können aus Mangel an Ver-

handlungsstärke nicht die Löhne oder Preise erhöhen, weil diese oft Teil von Verträgen sind, die nicht einfach zu brechen sind. Manche Kollegen werfen Lucas zudem eine übertriebene Mathematikverliebtheit vor. Der Nobelpreisträger → Robert Solow lehnte es schlicht ab, sich auf die Lucas-Schule und ihren Mix aus heroischen Annahmen und komplizierten Formeln – wie er sagte – einzulassen.

IX. WEITERENTWICKLUNGEN

53. PAUL ANTHONY SAMUELSON

(* Gary 15.5.1915, † 13.12.2009)

Paul Anthony Samuelson hat das ökonomische Denken von Millionen von Studenten geprägt: Seine »Volkswirtschaftslehre« ist das erfolgreichste Lehrbuch aller Zeiten. Für seine darin enthaltene durchgehend mathematische Darstellung der neoklassischen Theorie, die auch Ansätze von → John Maynard Keynes integriert, erhielt er den Nobelpreis. Als Mann der Mitte fühlt er sich keiner ökonomischen Schule zugehörig. Die Marktwirtschaft hält er für alternativlos, misstraut jedoch der »unsichtbaren Hand« des Marktes. Samuelson plädiert für einen Staat, der ein verlässliches Rechtssystem schafft, die Schwachen unterstützt und eine nachfrageorientierte Wirtschaftspolitik betreibt. In den letzten Jahren forderte er, das Tempo der Globalisierung zu drosseln.

Er kam als Sohn polnischer Einwanderer zur Welt und wuchs in der Stadt Gary im Bundesstaat Indiana direkt an der Grenze zum noch unbesiedelten Teil der USA auf. Als seine Eltern mit anderen Siedlern dort eingetroffen waren, lebten die Menschen in Zelten, denn die Stadt war gerade neu gegründet worden von der damals weltgrößten Stahlfirma US Steel. Der Vater arbeitete als Apotheker und da sich die meisten Stahlarbeiter keinen Arzt leisten konnten, behandelte er sie ersatzweise. Auf diese Weise bekam der junge Samuelson einen Eindruck von den menschenunwürdigen Arbeitsbedingungen im Werk – Erfahrungen, die ihn stark geprägt haben. »Ich lebte die ersten 15 Jahre meines Lebens unter einem System des puren Kapitalismus. Ich habe miterlebt, dass dieses System große Vorteile und große Nachteile hat. Ich blieb mein Leben lang misstrauisch.«

Als ihm in der Bibliothek des Vaters → Adam Smith' »Wohlstand der Nationen« in die Hände fiel, hatte Samuelson sein

Fach gefunden. Bereits mit 16 Jahren – im Januar 1932, am Tiefpunkt der Großen Depression – nahm der Hochbegabte sein Studium an der Universität Chicago auf. Zu seinen Kommilitonen zählten → George Stigler und → Milton Friedman. Nach dem Abschluss 1935 erhielt Samuelson ein Stipendium für seine Doktorarbeit, die er an der Harvard-Universität schrieb. Seine Lehrer waren der mathematisch orientierte → Wassily Leontief und → Joseph A. Schumpeter.

Geprägt vom neoklassischen Ansatz der Chicagoer Schule, wonach sich die Wirtschaft am besten ohne staatliche Eingriffe entwickelt, fiel es Samuelson zunächst schwer, die gerade aufkommenden Ideen eines John Maynard Keynes zu akzeptieren, »weil seine Lehre allem widersprach, was ich an der Universität von Chicago gelernt hatte. Ich konvertierte im Angesicht dessen, was ich draußen sah.« Angesichts von Not und Massenarbeitslosigkeit, die im Lande herrschten, hielt er es für nutzlos, auf dem mikroökonomischen Herangehen seiner Lehrer aus Chicago zu beharren und öffnete sich dem Keynes'schen Vorgehen, das sich gesamtwirtschaftlichen Phänomenen widmete und erklärte, dass eine Ökonomie in ein Gleichgewicht mit Massenarbeitslosigkeit geraten kann. Gleichwohl verstand Samuelson, dass sich auch Theorien ändern können, wenn sich die Verhältnisse ändern, womit er sich nochmals deutlich von den Chicago-Ökonomen abwandte, die das Verhalten der Wirtschaftenden für langfristig stabil halten.

Obwohl die Ökonomie wegen ihrer Veränderlichkeit für Samuelson keine exakte Wissenschaft ist, hat er doch gerade mit der Mathematik sein Fach vorangebracht. Im Rahmen seiner Dissertation stellte er Keynes' statische Analyse der Depression in einer dynamischen Form dar. Auf diese Weise konnte er das Auf und Ab des Marktes erklären. Die 1941 fertig gestellte Doktorarbeit, die er »Foundations of Economic Analysis« nannte, beschreibt und analysiert mit einem mathematischen Ansatz die Gesetze der Marktwirtschaft. Für seine Arbeit erhielt Samuelson den David-A.-Wells-Preis. Veröffentlicht wurde die komplizierte Schrift wegen des Zweiten Weltkrieges erst 1947.

Von 1940 an lehrte Samuelson als Assistenzprofessor am Massachusetts Institute of Technology, MIT. 1947 wurde er zum Professor ernannt. Spätere Rufe nach Harvard und nach Chicago lehnte er ab. Er wollte seine Position als Mann der ökonomischen Mitte nicht aufgeben. Nach dem Krieg hielt Samuelson die Anfängervorlesung in Ökonomie und entwickelte daraus sein berühmtes Lehrbuch »Economics – An Introductory Analysis« (»Volkswirtschaftlehre«). Das Buch, das auf seiner Dissertation basierte, erschien 1948. Es war revolutionär – sowohl inhaltlich, als auch vom didaktischen Herangehen. Es befasste sich erstmals mit Makroökonomie – der auf Keynes zurückgehenden Lehre von der Gesamtwirtschaft – und machte Keynes' Theorie populär. Vorbildhaft waren die leicht verständliche Sprache, die klare Gliederung und die Fülle an Grafiken.

Der Grundgedanke Samuelsons ist, dass, wer über Ökonomie urteilt, sowohl Angebot als auch Nachfrage im Blick haben muss. Er befürwortet eine »gemischte Ökonomie«, in der der Staat einspringen soll, wenn der Markt seine Rolle nicht ausreichend spielt. Zugleich betont er, dass auch der Staat versagen kann, und zwar dann, wenn es ihm »nicht gelingt, die wirtschaftliche Effizienz zu steigern, oder wenn der Staat eine ungerechte Einkommensverteilung zu verantworten hat«.

Die dritte Auflage der »Economics« enthält erstmals Samuelsons »neoklassische Synthese«: die Verschmelzung des mikroökonomischen Laisser-faire mit einer makroökonomischen Stabilisierungspolitik. Inzwischen ist sein Werk in der 18. Auflage erschienen und hat – geprägt von den drängendsten Problemen der jeweiligen Zeit – die Wirtschaftswissenschaften durch seine Weiterentwicklung von Ausgabe zu Ausgabe verändert. Stets hat Samuelson – ab 1985 zusammen mit seinem Koautor William D. Nordhaus von der Yale-Universität – neue Ergebnisse aus der Forschung eingearbeitet; sei es die Spieltheorie oder die vor allem durch → Robert Emerson Lucas geprägte Theorie Rationaler Erwartungen.

Samuelson hat mit seinem Lehrbuch eine enorme Lernfähigkeit unter Beweis gestellt. Von seinen Kritikern wurde er dafür als Opportunist bezeichnet. Mit zunehmendem Einfluss Samuelsons verschärften sich die Anfeindungen gegen ihn. Seitens der Konservativen wurde ihm vorgeworfen, er sei als Unterstützer keynesianischer Politik mitverantwortlich für Staatseingriffe und hohe Inflationsraten. Aus der linken Richtung kam der Vorwurf, Samuelson habe Keynes und seine grundlegende Kritik am Kapitalismus bagatellisiert – indem er dessen Lehre mit der neoklassischen Gleichgewichtstheorie versöhnt hatte.

Noch eines weiteren Vorwurfs musste sich Samuelson erwehren: Sein mathematisch-modellhafter Ansatz, der an die Naturwissenschaften angelehnt ist, habe die Ökonomie in den Elfenbeinturm gedrängt – unfähig zu praxistauglichen Vorschlägen. Samuelson widersprach dem. Die Mathematik sah er zwar nicht als das Ein-und-Alles der ökonomischen Analyse an. Gleichwohl sei sie eine für die Ökonomen notwendige Sprache, da sie stringente Annahmen ermögliche und die notwendigen Annahmen offenlege. Sie sei ein Hilfsmittel für eine exakte Analyse.

1970 erhielt Samuelson den Wirtschaftsnobelpreis für »wissenschaftliche Arbeiten, durch welche er eine statische und dynamische wirtschaftliche Theorie entwickelte und aktiv zur Hebung des Niveaus der Analyse in der Wirtschaftswissenschaft beitrug«. Ausdrücklich wurde ihm der Preis auch dafür verliehen, die Methoden seiner Disziplin vorangebracht zu haben – er hatte für mathematische Klarheit der Theorien gesorgt und der Ökonomie eine einheitliche Sprache gegeben.

Trotzdem war Samuelson immer auch auf praktisch verwertbare Ergebnisse aus und versuchte, die Politik und die Öffentlichkeit von seinen Erkenntnissen zu überzeugen. Über Jahrzehnte schrieb er Kolumnen im Nachrichtenmagazin »Newsweek«. Seit den 1940er Jahren arbeitete er als Berater in zahlreichen staatlichen Institutionen, in der Nationalen Planungsbehörde und später im Finanzministerium. Er beriet die Rand Corporation und die NATO und, unideologisch wie er ist, sowohl Präsident Eisenhower als auch seinen demokratischen Nachfolger Kennedy.

Bis zu seiner Emeritierung 1986 lehrte Samuelson am Massachusetts Institute of Technology und baute dort einen der weltweit führenden ökonomischen Fachbereiche auf. Mit seiner sauberen, ideologisch unverdächtigen Wirtschaftstheorie schuf er das Gegenstück zur Chicagoer Schule. Noch heute arbeitet der über 90-Jährige vier Tage in der Woche in seinem Büro in der Sloan School of Management am MIT. Und noch immer mischt er sich in aktuelle Debatten ein. Seine Aufforderung, die Globalisierung zu entschleunigen, begründete er damit, dass nicht »alles, was die Globalisierung fördert, automatisch jedem nutzt. Das ist heute die Realität von Ricardos komparativen Kostenvorteilen.« Damit relativierte er gleichzeitig die über Generationen unangefochtene Theorie des Klassikers → David Ricardo, dass der freie Handel allen Beteiligten nützt. Weil sich in der globalen Welt trotz steigenden Wohlstandes die Trennung zwischen Arm und Reich verschärft, schlägt er vor, mithilfe des Steuersystems den Reichtum umzuverteilen und damit die Ungleichheiten abzumildern – in Anlehnung etwa an den New Deal unter Franklin D. Roosevelt.

Im Zeitalter der Spezialisierung sieht sich Samuelson selbst als den letzten Generalisten in der Ökonomie. Seine Beiträge erstrecken sich über eine riesige Bandbreite – von der modernen Wohlfahrtsökonomie bis hin zum internationalen Handel. Er gilt als einer der einflussreichsten Ökonomen dieses Jahrhunderts.

54. Kenneth Joseph Arrow

(* New York City 23.8.1921)

Kenneth Arrow ist einer der wichtigsten Vertreter der Entscheidungstheorie. Er stellte das »Unmöglichkeitstheorem« auf, mit dem er zeigt, dass kollektive Entscheidungen nicht elementaren Rationalitätsprinzipien unterliegen. Außerdem entwickelte er die neoklassische Gleichgewichtstheorie weiter und zählt zu den Architekten der Wohlfahrtsökonomie.

Aufgewachsen in bescheidenen finanziellen Verhältnissen begann Arrow, mathematische Statistik an der Columbia-Universität in New York City zu studieren. Von seinem Lehrer Harold Hotelling – einem der führenden Statistiker jener Zeit – erhielt er jedoch den Anstoß, sich intensiver mit Ökonomie zu beschäftigen und so wechselte Arrow, nachdem er 1941 seinen Abschluss in Mathematik gemacht hatte, in den wirtschaftswissenschaftlichen Fachbereich. Bis er dort seine Dissertation geschrieben hatte, sollten allerdings zehn Jahre ins Land gehen.

Zunächst diente er im Zweiten Weltkrieg als Wetteroffizier bei der Luftwaffe, wo er bis 1946 in der Forschungsabteilung eingesetzt war. Als Ergebnis dieser Tätigkeit entstand später sein erstes wissenschaftliches Papier. Es hatte die optimale Nutzung von Luftströmen in der Flugplanung zum Thema und wurde 1949 veröffentlicht.

Nach dem Militärdienst kehrte Arrow an die Columbia-Universität zurück – auf der Suche nach einem geeigneten Dissertationsthema. Er wurde jedoch nicht fündig, machte daraufhin einige praktische Abschlüsse und suchte sich mit diesem Wissen einen Job in der Versicherungsbranche. Seine Lehrer von der Columbia-Universität konnten Arrow jedoch Anfang 1947 dazu bewegen, für die Cowles Commission an der Universität Chicago zu arbeiten.

Hier kam er in Berührung mit einem Forschungsprogramm zur Gleichgewichtstheorie des französischen Ökonomen → Léon Walras, dem Vater der Neoklassik. Dieser hatte ein mathematisches Modell entwickelt, mit dem er zeigte, wann sich die Wirtschaft im Gleichgewicht befindet. Sein Ansatz wies allerdings die Schwäche auf, dass unter bestimmten Bedingungen seine Gleichungen Preise hervorbrachten, die einen Wert von weniger als Null ergaben, was praktisch bedeutete, dass die Produzenten sogar dafür Geld bezahlen, dass man ihnen etwas abnimmt. Daraus ließe sich schlussfolgern, dass die gesamte Theorie keine Relevanz für die Realität besäße.

Zusammen mit dem Kanadier Gérard Debreu überwand Arrow diese Schwierigkeit und wies nach, dass sich bei vollständiger Konkurrenz am Gütermarkt zu einem bestimmten Preis Angebot und Nachfrage im Gleichgewicht befinden und der Markt geräumt wird. Diese Erkenntnis stellte Arrow jedoch nicht zufrieden, denn damit ließen sich die Güter auf die Wirtschaftssubjekte zwar effizient, aber nicht gerecht verteilen. Der Ökonom versuchte nun, eine soziale Wohlfahrtsfunktion für die gesamte Gesellschaft zu konstruieren – als Maßstab für die Beurteilung von gerechter Verteilung. Die Schlüsselfrage lautete, wie Mehrheiten gefunden werden können, also unter welchen Bedingungen es logisch möglich ist, die Präferenzen von Individuen zu bündeln und widerspruchsfrei in eine gesellschaftliche Rangordnung zu bringen.

Nach zwei anregenden Jahren in der Cowles Commission, die Arrows zukünftige Arbeit grundsätzlich beeinflussten, führte er seine Untersuchungen als Angestellter der Rand Corporation, einem Forschungsinstitut der US-Luftwaffe, weiter. Er begann mit der damals noch jungen Spieltheorie Konflikte zwischen Gruppen – in dem Falle zwischen Staaten – zu analysieren und Nutzenfunktionen für die USA und die Sowjetunion aufzustellen, so, wie es die neoklassische Wirtschaftstheorie für Individuen vorgemacht hatte. Seine Forschung mündete in dem sogenannten »Unmöglichkeitstheorem«. Es besagt, dass es eine Nutzenfunktion in einem demokratischen Staat nicht geben kann. Wenn mehr als zwei Menschen oder Gruppen zwischen drei oder mehr Möglichkeiten wählen können, ist es logisch ausgeschlossen, dass sie sich freiwillig – also ohne äußeren Zwang – auf eine Rangordnung verständigen, die für alle Beteiligten die relativ beste ist.

Damit hatte Arrow sein Dissertationsthema gefunden, das er 1951 in seinem Werk »Social Choice and Individual Values« veröffentlichte. Das Buch revolutionierte die Ökonomie nachhaltig und regte weitere Forschungen auf dem Feld der Logik wie der Theorie öffentlicher Wahlhandlungen an, ohne dass jedoch Arrows Thesen widerlegt werden konnten. Damit hatte der Ökonom das demokratische Mehrheitswahlverfahren entzaubert. Auch in der Wohlfahrtsökonomie wurde anknüpfend an sein Theorem intensiv geforscht, da auch hier viele Wunschvorstellungen an den Prozess der Mehrheitsbildung gebunden sind.

Bereits 1948 war Arrow als Assistenzprofessor für Ökonomie an die Universität Chicago berufen worden. 1949 wurde er Assistenzprofessor für Ökonomie und Statistik an der Universität Stanford, wo er – später zum Professor ernannt – bis 1968 lehrte. Anschließend wechselte er an die Harvard-Universität, um 1979 nach Stanford zurückzukehren. Hier wirkte er bis zu seiner Emeritierung 1991.

Sein Dissertationsthema wie auch seine Untersuchungen zu einem allgemeinen Gleichgewicht auf dem Markt entwickelte er während seiner wissenschaftlichen Karriere weiter. Gemeinsam mit Gérard Debreu arbeitete er über zehn Jahre an seiner Theorie des allgemeinen Gleichgewichts – auf der Suche nach all denjenigen Bedingungen, unter denen ein reines System des Gütertauschs und Wettbewerbs auf Märkten zu optimalen Zuständen führt, die – ohne ein einziges Individuum schlechter zu stellen – nicht mehr zu verbessern sind. Die Ökonomen kamen zu dem Ergebnis, dass äußerst restriktive Annahmen über die

Wirtschaft zu treffen sind, um eine solche Optimalität annehmen zu können. Zur Unwahrscheinlichkeit der vollkommenen Demokratie kam damit die des vollkommenen Marktes hinzu.

In späteren Arbeiten zeigte Arrow gemeinsam mit Frank Hahn, dass das neoklassische Modell dennoch nicht bedeutungslos ist. 1971 veröffentlichten beide ihre berühmte »General Competitive Analysis«, eine bis heute gültige Abhandlung zur Gleichgewichtstheorie von Léon Walras. 1972 erhielt Arrow gemeinsam mit dem Briten → John Richard Hicks den Nobelpreis für »ihre bahnbrechenden Arbeiten zur allgemeinen Theorie des ökonomischen Gleichgewichts und zur Wohlfahrtstheorie«. Geehrt wurde er auch für seine Einführung und erfolgreiche Anwendung komplexer mathematischer Methoden in die Wirtschaftswissenschaft.

In einer Reihe von Studien forschte Arrow auch nach den Gründen dieser Unwahrscheinlichkeit eines vollkommenen Marktes und versuchte, das Element des Risikos in die neoklassischen Marktmodelle einzubauen. In »Economics of Information«, das er 1984 veröffentlichte, fragt er, inwieweit sich Märkte darauf einstellen können, dass die Zukunft nicht vorhersehbar ist. Eine Konsequenz daraus, dass es keine »vollständigen Zukunftsmärkte« gibt, lautet zum Beispiel, dass sich nicht jedes Risiko privat versichern lässt, weil Individuen, wenn sie versichert sind, ihr Risikoverhalten ändern. Jeder Versicherungsabschluss erfolgt also unter Bedingungen, die nach dem Abschluss nicht mehr existieren.

Bereits zu Beginn der 1960er Jahre hatte Arrow das Prinzip des »Moral Hazard« populär gemacht. Er zeigte, dass ein Versicherter rationalen Überlegungen folgt, wenn er aus seiner Versicherung möglichst viel herausholt. Arrow fragte angesichts dessen, unter welchen Bedingungen staatlich durchgesetzte Pflichtversicherungen ökonomisch wünschenswert sind. Sein Ziel war es immer, den Anwendungsbereich von Effizienzvorstellungen zu bestimmen, statt der Wirklichkeit vorzuhalten, sie weiche ineffizienterweise von seinen abstrakten Analysen der reinen Marktlogik ab.

In seiner wirtschaftspolitischen Ausrichtung schwankt Arrow zwischen den Lagern. Die staatlichen Eingriffe der 1960er Jahre sah er mit Skepsis. Gleichzeitig bezweifelte er, dass die

Herrschaft der Finanzmärkte seit Beginn der 1990er Jahre der Wirtschaft wirklich zuträglich war. Auf jeden Fall will er die Marktkräfte dann nicht sich selbst überlassen, wenn der Marktprozess nicht die besten Ergebnisse hervorbringt. Was Letzteres bedeutet, hatte er in der Weltwirtschaftskrise selbst erfahren. Der Vater hatte seine Stelle verloren, der Familie mangelte es an Geld und nur unter Entbehrungen konnten seine Eltern ihm ein Studium ermöglichen, wie Arrow bei der Verleihung des Nobelpreises betont hatte. Zu den Aufgaben des Staates zählt Arrow die Altersabsicherung und die medizinische Versorgung. Auch im Umweltschutz sollte sich der Staat engagieren. 1990 plädierte er offen für einen Wohlfahrtsstaat.

Arrows »Unmöglichkeitstheorem« ist längst ein Klassiker der Ökonomie und gehört zur Standardausbildung von Studenten der Volkswirtschaftslehre. Gleichwohl begründete es die moderne Sozialwahltheorie, die sich mit den Möglichkeiten, Voraussetzungen und Grenzen befasst, wie kollektive Entscheidungen auf der Basis individueller Präferenzen und Wertvorstellungen zu treffen sind.

55. WILLIAM BAUMOL

(* New York City 26.2.1922)

William Baumol gilt als einer der letzten Allrounder in der Ökonomie. Bekannt wurde er mit seinen Arbeiten zum Wettbewerb und zu Innovationen, die ihn zu einem Anwärter des Nobelpreises machten. Am geläufigsten ist seine Idee der »Kostenkrankheit«. Sie besagt, dass die Produktivität von arbeitsintensiven Dienstleistungen nicht beliebig gesteigert werden kann. Gleichzeitig begründet er, warum die Ausgaben des Staates für die soziale Wohlfahrt – etwa für Bildung oder das Gesundheitswesen – nicht gekürzt werden sollten.

Baumol kam 1922 in New York City zur Welt. Von 1942 bis 1943 und 1946 arbeitete er als Ökonom im Landwirtschaftsministerium. Anschließend lehrte er bis 1949 an der London School of Economics. Seinen Doktor der Philosophie erwarb er 1949 an der Universität London. Im selben Jahr wurde er zum Professor für Ökonomie an die Princeton-Universität im Bundesstaat New Jersey berufen. Diese Position hatte er 43 Jahre inne. Seit seiner Emeritierung 1992 lehrt er an der Universität New York. Außerdem ist er akademischer Direktor des Berkeley Center for Entrepreneurial Studies. Insgesamt hat Baumol 36 Bücher und über 500 Artikel geschrieben. Als Ausgleich zu seiner wissenschaftlichen Tätigkeit malt er.

1967 stellte Baumol in seiner Publikation »Macroeconomics of Unbalanced Growth: The anatomy of urban crisis« seine sogenannte Theorie der Kostenkrankheit vor. Darin erklärt er, dass viele personalintensive öffentliche Dienstleistungen, wie Bildung, Polizei oder Justiz, verglichen mit der Industrie, nur über ein geringes Potential für Produktivitätssteigerungen verfügen, da sie wenig vom technischen Fortschritt profitieren können. In der Folge driften die Arbeitsproduktivitäten innerhalb der Gesellschaft auseinander. Je produktiver die Industrie wird, desto mehr verteuern sich im Vergleich die Wirtschaftsbereiche, in denen nicht beliebig rationalisiert werden kann. Lediglich sinkende Löhne könnten diese Verteuerung aufhalten. Das geschieht jedoch nicht, da sich die Lohnsteigerungen überall in etwa am allgemeinen Produktivitätswachstum orientieren. Die Entlohnung im öffentlichen Sektor konkurriert also mit den Löhnen im Privatsektor. Auf diese Weise erhöht sich der relative Preis pro Einheit des öffentlichen Gutes und damit der Ausgabenanteil am Bruttosozialprodukt.

Dies wirft immer wieder die Frage auf, in welchem Umfang sich eine Gemeinschaft Gesundheits- und Bildungsdienste leisten kann und möchte. In seinem 2005 veröffentlichten Artikel »Errors in Economics and their Consequences« gibt Baumol darauf eine Antwort. Er stellt heraus, dass Gesundheits- und Bildungsdienste für das Allgemeinwohl sehr wichtig sind. Gleichwohl seien die Aufwendungen dafür in allen entwickelten Volkswirtschaften in einer Größenordnung gestiegen, die deutlich über der Inflationsrate liegt. Wer nun meinte, die Ausgaben für diese Dienste müssten gekürzt werden, liege völlig falsch – im Gegenteil. Schließlich ermöglichten es dieselben Gründe, die zu den Kostennachteilen der personellen Dienste führen, dass sich die Gesellschaft immer mehr davon leisten könne. Gesamtwirtschaftlich betrachtet könnte durch die relativ größeren Produktivitätssteigerungen bei Industriegütern mehr für Gesundheits- und Bildungsdienste gezahlt werden. Insgesamt steigende ökonomische Produktivität bedeute im Hinblick auf die Ertragsseite schließlich nichts anderes, als dass sich die Gesellschaft grundsätzlich mehr Konsum erlauben könne. Umgekehrt würde eine Begrenzung dieser Ausgaben dem Allgemeininteresse schaden, was vermeidbar wäre. Die gleiche Dynamik hat Baumol für die Produktion von Kunst und Kultur beschrieben, die ohne öffentliche Förderung nicht auskommt, da auch hier keine nennenswerten Möglichkeiten der Produktivitätssteigerung bestehen.

Kritiker der Baumol'schen Theorie werfen ein, dass die Preissteigerung für öffentliche Güter nicht ausschließlich technologische Gründe haben müsse, wie von Baumol beschrieben, sondern auch der Ineffizienz des Staates geschuldet sein könne. Das, hält der Ökonom dagegen, müsste im Einzelfall eben sorgfältig geprüft werden.

In weiteren Arbeiten setzte sich Baumol mit Fragen des wirtschaftlichen Wachstums auseinander. In den 1950er Jahren hatte der amerikanische Ökonom → Robert Solow ein Modell entwickelt, das technischen Fortschritt als die treibende Kraft für Wirtschaftswachstum beschreibt. Offengeblieben war dabei, welchen Einflüssen die Anwendung des technischen Fortschritts unterliegt, was also die Zuwachsrate bestimmt, die durch diese Innovationen entsteht. Ein Großteil des langfristigen Wachstums blieb somit unerklärt. Baumol ging dem nach.

In seinem Werk »The Free-Market Innovation Machine: Analyzing the Growth Miracle of Capitalism«, das 2002 erschien, betont Baumol, wie vor ihm bereits → Joseph Schumpeter, den oligopolistischen Charakter des modernen Wettbewerbs. Dieser Konkurrenzdruck zwinge die Unternehmen ständig zur Suche nach neuen Produkten und erzeuge dadurch einen geradezu endlosen Strom von Innovationen. Dies sei eine einzigartige Leistung der Marktwirtschaft und unterscheide den modernen Kapitalismus von allen anderen Wirtschaftssystemen, in denen technischer Fortschritt nicht in ein anhaltendes Wirtschaftswachstum mündete.

Als Voraussetzung für Innovationen bezeichnet Baumol den Aufbau von Human- und Wissenskapital. Qualifizierte Arbeitskräfte wären in der Lage, mehr zum Erfolg der Unternehmen beizutragen. Baumol fragte auch danach, weshalb sich Unternehmen in Forschung und Entwicklung engagierten, da die Erträge nur zu einem geringen Maße denen zugute kämen, die darin investierten – nicht mehr als 20%, wie Baumol schätzt. Deshalb wäre anzunehmen, dass immer zu wenig nach Neuem geforscht würde. Der Ökonom beantwortet dies mit drei Aspekten des modernen Wettbewerbs. Zum einen würden Forschung und Entwicklung in Unternehmen inzwischen routinemäßig so ausgeübt, dass sie leicht die richtige Balance für den Umfang der Investitionen finden könnten. Zweitens erreichten sie dies auch durch technische Kooperationen zwischen Unternehmen, die immer mehr an Bedeutung zunähmen. Und drittens verursache der technische Fortschritt einen allgemeinen Einkommenszuwachs, der auch den Unternehmen zukäme.

Mit Beginn des 2. Irakkrieges 2003 kritisierte der Pazifist Baumol in Zeitungsinterviews den hohen Anteil an Verteidigungskosten im US-amerikanischen Staatshaushalt. Gleichwohl räumte er ein, dass die USA vermutlich wirtschaftlich profitieren würden von der erneuten Hochrüstung und vom Krieg, da schuldenfinanzierte Rüstungsprojekte wie Konjunkturprogramme wirkten und Kriege Innovationen anregten. Dennoch hält er militärische Forschung nicht für geeignet, um Wirtschaftswachstum anzuregen. Er empfiehlt, mehr Geld in Grundlagenforschung zu stecken. Das sei effizienter und könne nachhaltiger Wohlstand fördern.

In seinem Artikel »Errors in Economics and their Consequences« rechnet Baumol 2005 mit seinen neoliberalen Kollegen in der Ökonomenzunft ab und fordert sie zu mehr Bescheidenheit bei der Formulierung politischer Ratschläge auf. Er zeigt, wie ökonomische Irrtümer der ganzen Gesellschaft schaden können. Als schädlich bezeichnet er den Irrglauben, Volkswirtschaften könnten aus Rezessionen und Depressionen mit ausgeglichenen Staatshaushalten befreit werden. Dabei werde gewöhnlich der Vergleich mit Individuen gezogen, die bei finanziellen Schwierigkeiten ihre Situation nur durch Sparen wieder ins Lot bringen könnten. Das sei ein Trugschluss. Klar spricht er sich für den keynesianischen Ansatz aus, wonach in der Rezession die Staatsausgaben und die Staatsverschuldung erhöht werden müssten, bis die konjunkturelle Arbeitslosigkeit besiegt ist.

Schließlich äußert sich Baumol zu der Frage, wie sich internationales Outsourcing auswirkt und ob die Hocheinkommensländer langfristig Nachteile durch die Globalisierung haben könnten. Ähnlich wie der Ökonom → Paul Samuelson geht auch er davon aus, dass den Hochlohnländern Outsourcing dauerhaft schaden kann. Er schlägt vor, dem Problem mit einer aktiven Wirtschaftspolitik zu begegnen. Dazu zählt er die Stärkung der Grundlagenforschung und die Förderung der einheimischen Produktion durch Steueranreize.

Angesichts der für einzelne Individuen und Gruppen untragbaren Belastungen müsse den Verlierern der Anpassungsprozesse geholfen werden – durch den Staat und mit freiwilliger Unterstützung durch die Wohlhabenderen und die Globalisierungsgewinner. Allerdings will sich Baumol nicht als Gegner der Globalisierung und des Freihandels verstanden wissen. Perspektivisch sieht auch er die Globalisierung als chancenreich für alle beteiligten Länder an. Der Wettbewerb ermögliche ein historisch beispielloses wirtschaftliches Wachstum und eine unvergleichlich hohe Innovationsdynamik.

In seiner Forschung galt das Interesse Baumols immer auch den Menschen hinter diesen Innovationen. Der Unternehmer sei in der ökonomischen Theorie der unsichtbare Mann, erklärte er. Die Mikroökonomie habe lediglich einen Platz für Preise und Firmen gefunden, aber nicht für den Motor der Innovation, den Entrepreneur. Baumol unterscheidet zwischen dem Erfinder einer Idee und dem Konzern, der sie umsetzt und vermarktet und allenfalls noch kleine Innovationen anbringt. Der Erfinder wird nicht gut bezahlt; als Getriebener würde er auch dann noch erfinden, wenn er dabei leer ausginge. Das Unternehmen indes gerate am Markt unter einen Konkurrenzdruck, der es zu weiteren Forschungsausgaben und Innovationen zwinge, wobei letztlich die Gewinnspannen schwänden.

Das britische Wirtschaftsmagazin »The Economist« würdigte im Frühjahr 2006 Baumols lebenslange Entrepreneur-Forschung. Dank ihm gebe es nun etwas mehr Platz für Entrepreneure in der Theorie. Zu seinen zahlreichen weiteren Ehrungen und Preisen gehören elf Ehrendoktortitel, die Mitgliedschaft in der

U.S. National Academy of Sciences, der American Philosophical Society, der italienischen Accademia Nazionale Dei Lincei, von der er 2005 Italiens wichtigste wissenschaftliche und kulturelle Ehrung erhielt – den Antonio Feltrinelli International Prize for Economic and Social Sciences –, und der British Academy.

56. Robert Merton Solow
(* New York City 23.8.1924)

Robert Solow entwickelte ein Modell, das langfristiges Wirtschaftswachstum nur durch technischen Fortschritt erklärt. Dabei zeigte er auch, dass eine kapitalistische Volkswirtschaft eine inhärente Tendenz zur Stabilität aufweist. Solow, der sein Augenmerk immer auf gesamtwirtschaftliche Zusammenhänge richtet, befürwortet einen gemischten Kapitalismus, bei dem der Staat die Eigentumsrechte und Vertragsfreiheit garantiert, gleichzeitig aber auch regulierend eingreift.

Er wurde als Sohn russischstämmiger Eltern im New Yorker Stadtteil Brooklyn geboren. Der Vater war Pelzhändler. Nach dem Abschluss an einer städtischen High School 1940 erhielt Solow ein Stipendium an der Harvard-Universität. Ihn interessierte, wie die Gesellschaft funktioniert, und so belegte er zunächst Vorlesungen in Soziologie, Anthropologie und in den Grundlagen der Ökonomie. Der 2. Weltkrieg unterbrach sein Studium: 1942 – mit Vollendung des 18. Lebensjahres – trat Solow in den Militärdienst ein. Bis zu seiner Entlassung 1945 diente er in Nordafrika und Italien.

Zurück in Harvard, wandte er sich vollständig der Volkswirtschaftslehre zu. → Wassily Leontief wurde sein Lehrer, Lenker und Freund. Er lehrte ihn moderne Wirtschafstheorie und führte ihn in die empirische Arbeit ein. Als sein Forschungsassistent war Solow an der Erstellung des ersten Input-Output-Modells von Leontief beteiligt. Seinen Abschluss machte Solow 1947. Von 1949 an verbrachte er ein Jahr an der Columbia-Universität in New York City. 1951 promovierte er in Harvard mit einer Wahrscheinlichkeitsstudie über die Einkommensverteilung unter Familien.

Bereits ein Jahr zuvor erhielt er eine Anstellung am Massachusetts Institute of Technology, MIT, als Assistenzprofessor für Statistik. 1957 wurde er Professor für Volkswirtschaftslehre. Am MIT lehrte Solow bis zu seiner Emeritierung 1995. Gemeinsam mit → Paul Samuelson baute er dort eine der weltweit anerkanntesten wirtschaftswissenschaftlichen Fakultäten auf.

Von Anfang an konzentrierte er sich auf makroökonomische Fragestellungen. Er untersuchte, wie Beschäftigung und Inflation, Investitionen und Konsum sowie Einkommensverteilung und Sozialprodukt zusammenhängen. 1956 erschien sein bahnbrechender Aufsatz »A Contribution to the Theory of Economic Growth« (»Ein Beitrag zur Wachstumstheorie«). Darin verfolgt Solow das Ziel, den Trendverlauf einer Volkswirtschaft zu skizzieren, deren konjunkturelle Schwankungen die Folge eines jeweils kurzfristigen Marktversagens sind. Im Ergebnis entwickelt er das erste Modell einer gleichgewichtig wachsenden Wirtschaft auf der Grundlage einer gesamtwirtschaftlichen Produktionsfunktion, bei dem Arbeit und Kapital in einem flexiblen Verhältnis zueinander eingesetzt werden. Er stellt das Postulat auf, dass nicht Kapitalakkumulation oder Investitionen, sondern technischer Fortschritt die einzig mögliche Quelle für langfristiges Wirtschaftswachstum ist. Zudem zeigt er erstmals, dass eine kapitalistische Volkswirtschaft aus sich heraus zur Stabilität tendiert und dass ein gleichgewichtiges Wachstum der zu erwartende Regelfall für die wirtschaftliche Entwicklung ist.

Mit diesem optimistischen Modell kritisiert Solow den bis dahin herrschenden postkeynesianischen Ansatz von Roy Harrod und Evsey Domar, die in ihrem 1939 formulierten Harrod-Domar-Wachstumsmodell von einem Überschussangebot an Arbeit ausgehen und Kapital als den das Wachstum limitierenden Faktor ansehen. Daneben griff Solow auch auf die ökonomischen Klassiker zurück – insbesondere auf die Einsicht → David Ricardos, dass wirtschaftliche Entwicklung ohne technischen Fortschritt früher oder später zu Kapitalsättigung und Stagnation führen müsse. Mit seiner Arbeit, die als Solow-Modell zu den Klassikern der makroökonomischen Analyse zählt, stieß der Ökonom die Entwicklung der sogenannten neoklassischen Wachstumstheorie an, die davon ausgeht, dass die Wirtschaft sich selbst steuert.

Ein Jahr später konnte Solow seine These, technischer Fortschritt sei für das Wirtschaftswachstum verantwortlich, empirisch am Beispiel der USA unterlegen. In seinem Aufsatz »Technical Change and the Aggregate Production Function.« (»Technischer Wandel und die Gesamtheit der Produktionsfaktoren«) zeigt er, dass das amerikanische Wirtschaftswachstum in der ersten Hälfte des 20. Jahrhundert zu rund neunzig Prozent von technologischem Fortschritt vorangetrieben wurde und nur im geringem Maße durch den steigenden Einsatz von Arbeit und Kapital. Für seine Berechnungen führt er das sogenannte Solow-Residuum ein, mit dem er den Einfluss von Technologien ermittelt. Es wird noch heute genutzt, um Voraussagen über den langfristigen Trend des Produktivitätswachstums in entwickelten Volkswirtschaften zu machen.

Auch in weiteren Arbeiten untersuchte Solow Wachstumsfaktoren. 1960 veröffentlichte er seinen Beitrag »Investment and Technical Progress« (»Investitionen und technischer Fortschritt«), in dem er die Bedeutung der Kapitalbildung für den wirtschaftlichen Zuwachs beleuchtet. In den 1970er Jahren analysierte er die Ökonomie der Naturressourcen und die makroökonomische Problematik von Arbeitslosigkeit und Wirtschaftspolitik.

Solows Untersuchungen boten weitreichende Anwendungsmöglichkeiten für wirtschaftspolitische Grundsatzstrategien und staatliche Förderprogramme – etwa im Bildungsbereich oder in der Forschung –, um das Wirtschaftswachstum zu befördern. Doch Solow wandte sich auch direkt an die Politik: Zwischen 1961 und 1962 beriet er den damaligen US-Präsidenten John F. Kennedy und als Mitglied verschiedener Kommissionen bis 1969 auch die nachfolgende Regierung. 1973 schrieb er zusammen mit Alan Binder den Aufsatz »Does Fiscal Policy Matter?«, der bald als Standard-Beitrag im Bereich staatlicher Steuer- und Finanzpolitik galt. Von 1975 bis 1981 war er Direktoriumsmitglied der Federal Reserve Bank von Boston, davon drei Jahre lang als Vorsitzender.

Eine Vielzahl von Gastprofessuren – etwa in Cambridge und Oxford – unterstrichen das hohe Ansehen, das Solow auch in Fachkreisen genoss. 1987 erhielt er den Wirtschaftsnobelpreis für »seine Arbeiten über wirtschaftliche Wachstumstheorien«.

In den 1990er Jahren untersuchte er verstärkt, wie die mit dem Technologiefortschritt verbundenen ökologischen Probleme im Rahmen einer Marktwirtschaft gelöst werden können. In diesem Zusammenhang forderte er beispielsweise die Clinton-Administration auf, eine Kohlendioxid-Steuer zu erheben. Obwohl er sah, wie schwierig es ist, im Zeitalter der Globalisierung national einen umwelt- und beschäftigungsfreundlichen Wachstumskurs zu steuern, blieb Solow davon überzeugt, dass sich das kapitalistische System auch perspektivisch als bestes Wirtschaftsmodell beweisen werde.

Gleichwohl machte er aus seiner Sympathie für eine keynesianisch inspirierte Wirtschaftspolitik nie einen Hehl. In der Zukunft solle dem Staat weiterhin ein gewichtiges Maß an Verantwortung zukommen. Die Marktkräfte müssten beschränkt werden, um Massenarbeitslosigkeit, Armut und Benachteiligungen zu verhindern. Seine Auffassungen bezeichnet Solow als egalitär: Zu große Einkommens- und Vermögensungleichheiten lehnt er ab, weil sie dazu führten, dass die Reichen den Staat praktisch kaufen könnten – eine Sorge, die sich gerade unter der Bush-Administration beim ihm verstärkt hat. Länder wie Dänemark und die Niederlande kommen dagegen seiner Vorstellung von einer »richtigen« Wirtschaftspolitik nahe. Die größte wirtschaftliche Herausforderung von heute sieht er darin, die Entwicklung in den armen Ländern zu beschleunigen.

Kritik an der neoklassischen Theorie indes weist Solow zurück. Seit Beginn dieses Jahrtausends strebt eine Bewegung »post-autistischer« Ökonomen die Erneuerung der Wirtschaftswissenschaften an, die, so deren Vorwurf, von der neoklassischen Methode dominiert sind und am Wuchern mathematischer Modelle und deren stereotyper Anwendung leiden. Kritisches und reflektiertes Denken werde so verhindert. Zwar verstehe er, so Solow, die Vorbehalte gegenüber den recht unrealistischen Annahmen der herrschenden neoklassischen Theorie – zum Beispiel rationale, vollständig informierte Individuen und weitgehend »perfekter« Wettbewerb. Die Neoklassik sei sich dieser Schwächen aber durchaus bewusst. Er verweist darauf, dass die neuere neoklassische Forschung auch von Arbeiten zu unvollständigen Märkten, Wettbewerbsbeschränkungen und asymmetrischer Information geprägt ist. Letztlich allerdings, so Solow, ginge es

doch allen Ökonomen darum, gute und wirtschaftspolitisch an-
wendbare ökonomische Instrumente zu schaffen.

Bis heute ist Solow eine von allen Lagern anerkannte Autorität. Er kann auf Ehrendoktortitel renommierter Universitäten
verweisen und ist Mitglied zahlreicher internationaler Vereini-
gungen. Sein Einfluss auf die makroökonomische Forschung ist
noch immer enorm: Auch nach fünfzig Jahren sind das Solow-
Modell und das Solow-Residuum Standard-Lehrstoff an den
Universitäten und ein Bezugspunkt für alle modernen Wachstumstheorien. Deshalb ist davon auszugehen, dass seine Arbeiten auch in Zukunft die makroökonomische Forschung und die
Entwicklungsdiskussion beeinflussen werden.

57. Mancur Lloyd Olson, Jr.

(* Grand Forks 22.1.1932, † 19.2.1998)

Mancur Olson analysierte die Logik des kollektiven Handelns. Er fragte danach, wie sich Mitglieder von Gruppen verhalten und was dies für die Gruppen und die Gemeinschaft bedeutet. Als Vertreter der Theorie der rationalen Entscheidungen
war er auf der Suche nach geeigneten Spielregeln innerhalb der
Gesellschaft, mit denen die wirtschaftliche Entwicklung eines
Landes gefördert werden kann. Er befürwortete offene Märkte und wies darauf hin, dass hauptsächlich Institutionen und
ordnungspolitische Regelungen die Produktivität eines Landes
bestimmen. Damit gilt Olson als intellektueller Wegbereiter des
Good-Governance-Konzeptes.

Er kam in Grand Forks im amerikanischen Bundesstaat North
Dakota zur Welt. Nach einem Abschluss an der North Dakota
State University studierte er Volkswirtschaftslehre in Oxford
und promovierte 1963 in Harvard. Im selben Jahr bekam er von
der Princeton-Universität in New Jersey seine erste Berufung als
Assistenzprofessor.

1965 erschien sein Buch »The Logic of Collective Action«.
Darin legt Olson den Grundstein für eine Theorie der Organisation sozialer Interessen. Wie er beschreibt, bilden sich in aus-
differenzierten Gesellschaften Interessengruppen, die für ihre

Mitglieder kollektive Güter beschaffen: Gewerkschaften kämpfen um höhere Löhne, Unternehmerverbände stärken die Position der Unternehmer, paramilitärische Gruppen versuchen, gewaltsam unliebsame Opponenten auszuschalten. Auch die Gründung von Staaten dient dazu, für deren Bürger kollektive Güter zu erstellen.

Diese kollektiven Güter manifestieren sich in formalen und informalen Ge- und Verboten. Sie stellen die Spielregeln der Gemeinschaft dar und bestimmen in hohem Maße die Verteilung von Ressourcen. Allerdings sind die einzelnen Interessengruppen unterschiedlich befähigt, ihr Ziel zu erreichen. Olson zeigt, dass es kleinen Gruppen wesentlich leichter als großen Gruppen gelingt, ihre Interessen durchzusetzen. Die Ursache dafür sieht er darin, dass es in großen Einheiten schwieriger ist, Menschen zu kollektivem Handeln zu bewegen. Kleine Gruppen können dagegen aufgrund ihrer Schlagkraft eine Gesellschaft so dominieren, dass das Wohl des Gesellschaftsganzen dadurch in Gefahr gerät.

1967 verließ Olson die Universität und arbeitete für zwei Jahre im US-amerikanischen Ministerium für Gesundheit und Soziales, eine Tätigkeit, in der er die Funktionsweise von Interessengruppen – die Arbeit von Lobbyisten – hautnah miterleben konnte. 1969 kehrte er in das Universitätsleben zurück und nahm einen Lehrstuhl für Ökonomie an der Universität von Maryland an.

1982 veröffentlichte er sein Hauptwerk »The Rise and Decline of Nations« (»Aufstieg und Niedergang der Nationen«). Hier entwickelt Olson eine gesellschaftliche Theorie des Marktversagens. In Anlehnung an → Adam Smith und dessen Allegorie von der »unsichtbaren Hand« schlussfolgert er zunächst, dass Länder dann Wohlstand produzieren, wenn sie über offene Märkte verfügen, die geregelten Rahmenbedingungen unterliegen, sich aber nicht gegen neue Wettbewerber abschotten.

In der Realität, so stellt er fest, ist es jedoch mit der Offenheit der Märkte oft nicht weit her. Denn die Menschen wollen – ohne dauernde Wachsamkeit vor der Konkurrenz – das eigene Einkommen maximieren. Als Konsequenz treffen Anbieter Marktabsprachen, verschließen Märkte und halten die Preise künstlich hoch zum Nachteil der Verbraucher. Verbände betreiben Lobbyarbeit. Und da sich kleinere Gruppen leichter durchsetzen können, neigen sie dazu, mit der Zeit die Politik in ihrem Sinne zu beeinflussen und große Gruppen auszubeuten. Das geht damit einher, dass sie sich zunehmend auf die Verteilung konzentrieren, nicht auf die Produktion von Gütern und den technologischen Fortschritt. So entsteht eine Gesellschaft, die Besitzstände zu erhalten sucht, eine »rent seeking society«. Und das führt zu ökonomischem Niedergang.

Olson unterlegt seine Thesen mit geschichtlichen Belegen – ohne jedoch einen mathematisch präzisen Beweis dafür zu erbringen. Allerdings lassen seine Vergleiche verschiedener Entwicklungsländer darauf schließen, dass unterschiedliche Entwicklungstempi nicht von der Bevölkerungszahl oder der Kapitalausstattung eines Landes abhängen, ebenso wenig von der Religion oder der Volksangehörigkeit. Vielmehr sind die Institutionen und die ordnungspolitischen Rahmenbedingungen eines Landes entscheidend. Damit lenkt er die Aufmerksamkeit darauf, dass die Produktivkraft maßgeblich davon abhängt, ob ein Land den offenen Wettbewerb fördert und inwieweit es von vielfältigen Verteilungskoalitionen und Interessenverbänden gebremst wird.

Aufstieg und Niedergang der Staaten werden demnach geprägt von ihrer Fähigkeit zu institutioneller Flexibilität. Je stärker der Besitzstand gesichert werden soll, je »verkrusteter« die Institutionen sind, desto geringer sind Produktivität und wirtschaftlicher Fortschritt. Die Monopolisierung von Märkten verringert langfristig die Binnennachfrage, die Kartellierung der Ökonomie durch Verteilungskoalitionen hemmt die Anpassungsfähigkeit und macht die Volkswirtschaft verwundbarer gegenüber externen Schocks. Sind dagegen die Verteilungskoalitionen – etwa in einer jungen Gesellschaft – noch nicht fest gefügt und sind die politischen Rahmenbedingungen noch flexibel, kann ein Land wirtschaftlich aufsteigen.

1991 wurde Olson Direktor des von ihm mitbegründeten Center on Institutional Reform and the Informal Sector, IRIS, dem Zentrum für institutionelle Reform und Schattenwirtschaft an der Universität von Maryland. Das Institut entwickelte sich in den 1990er Jahren zu einem einflussreichen Think Tank der Entwicklungsländerforschung in den USA. Interdisziplinär ausgerichtet, entwirft IRIS vor allem länderspezifische Spielregeln für den Übergang in die Marktwirtschaft und erarbeitet Strategien für deren Umsetzung.

Daneben stand Olson als Vizepräsident der American Economic Association vor, war Präsident der Sektion für Sozial- und Wirtschaftswissenschaften der American Association for the Advancement of Science sowie Gründer der Public Choice Society. Gastprofessuren und Fellowships führten ihn nach Oxford und an das Woodrow Wilson International Center in Washington. Er starb im Alter von 66 Jahren an einem Herzinfarkt.

In der letzten Dekade seines Schaffens hatte sich Olson explizit den Problemen der Entwicklungsländer zugewandt. Das Ergebnis dieser Arbeit lässt sich in seinem Werk »Power and Prosperity« nachlesen, das posthum im Jahre 2000 erschien. Es beleuchtet den Zusammenhang zwischen Herrschaft, Rechtsstaatlichkeit und Wohlstand. Olson weist nach, dass Autokratien über systemimmanente Schwächen verfügen. Zwar können sie eine Zeit lang hohe Wachstumsraten erzielen. Langfristig sind sie jedoch den liberalen Demokratien unterlegen. Das liegt daran, dass in Autokratien für die Bürger keine Rechtssicherheit herrscht. Politische Spielregeln können willkürlich geändert werden. Da die Unternehmen demnach nicht wissen, was die Zukunft bringt, setzen sie auf kurzfristige Investitionen. Langfristige Investitionen, etwa in die Forschung, werden benachteiligt. Auch der Umgang mit den Staatseinnahmen ist nicht effizient, da diese in hohem Maße an den Autokraten und seine staatlichen und gesellschaftlichen »Partner« fließen, die damit ihren Herrschaftsanspruch sichern.

Auch wenn, wie Olson erklärt, die Autokratie einer Demokratie unterlegen ist, bedeutet dies jedoch nicht automatisch den Siegeszug der liberalen Demokratie. Dem Niedergang einer autokratischen Herrschaft kann der Aufstieg einer anderen folgen. Oder der Übergang von der Autokratie zur Demokratie kann sich aufgrund der Beharrlichkeit alter Eliten und monopolistischer Praktiken derart schwierig gestalten, dass die junge Demokratie an Legitimation verliert. Offene Märkte lassen sich nur etablieren, nachdem alte Elitenkoalitionen zerschlagen wurden. Eben darauf, so Olsons Schlussfolgerung, müsse sich Entwicklungshilfe einstellen.

Mit seinen Forschungen hat Olson entscheidend dazu beigetragen, das Paradigma, Unterentwicklung sei vor allem die
Folge fehlenden Geldes, abzulösen und durch die Erkenntnis
zu ersetzen, dass Entwicklung vor allem durch Institutionen
gehemmt wird. Wo kleine Interessengruppen sich beim Vertei-
lungskampf um die Ressourcen auf Kosten der Bevölkerungs-
mehrheit der Gesellschaft durchsetzen, wird Geld von außen
diese schädlichen Strukturen nur weiter verfestigen.

Olsons Gesamtwerk trug nicht nur dazu bei, die Probleme
der Entwicklungsländer besser zu verstehen. Er gilt als Mitbegründer des institutionenökonomischen Ansatzes in den Sozial-
und Wirtschaftswissenschaften und schuf damit auch die theoretische Grundlage eines Good-Governance-Konzeptes, eines
guten Steuerungs- und Regelungssystem innerhalb einer poli-
tisch-gesellschaftlichen Einheit. Während in den 1980er Jahren
bei der Erklärung von Entwicklungsblockaden der Mangel an
Kapital überbewertet wurde, setzte mit dem Aufschwung der
institutionenökonomischen Analyse in den 1990er Jahren auch
eine Aufwertung politischer Variablen ein. Olsons Schriften
helfen dabei, die Anreizsysteme zu erkennen, mit denen solche
Entwicklungsblockaden aufgelöst werden können.

Sein theoretisches Vorgehen fußt auf dem Bild des Homo
oeconomicus, der – anders als in den Modellen der frühen
Neoklassik – mit dem Problem von Informationsselektion und
Unsicherheit konfrontiert ist. So seien die Marktbedingungen
keineswegs für alle Teilnehmer gleich. Dadurch gewännen gesellschaftliche Institutionen eine große Bedeutung.

Olson galt bis zu seinem frühen Tod als aussichtsreicher
Kandidat für den Nobelpreis.

58. Robert Joseph Barro

(* New York City 28.9.1944)

Der Makroökonom Robert Barro zählt zu den drei einflussreichsten Wirtschaftswissenschaftlern der zurückliegenden 35
Jahre – gemessen daran, wie oft aus seinen Forschungsarbeiten
zitiert worden ist. Mindestens 500 Mal haben sich andere Au-

toren in ihren Veröffentlichungen auf ihn bezogen, was ihn zu einem Favoriten für den Nobelpreis macht.

Barro wurde bekannt durch seine Forschungen zur ökonomischen Wachstumstheorie und durch seine Weiterentwicklung der sogenannten ricardianischen Äquivalenz, mit der er die Reaktion von Haushalten auf Steuersenkungen sowie schuldenfinanzierte Erhöhungen der Staatsausgaben vorhersagen wollte. Seit einigen Jahren untersucht er gemeinsam mit seiner Ehefrau, der Religionswissenschaftlerin und Politologin Rachel McCleary, welchen Einfluss Religion und Religiosität auf das Wirtschaftswachstum eines Landes haben.

Barro kam 1944 in New York City zur Welt. 1965 schloss er ein Physikstudium am California Institute of Technology ab. Seinen Doktor in Ökonomie erwarb er 1970 an der Harvard-Universität. Von 1968 bis 1973 lehrte er an der Brown-Universität im amerikanischen Bundesstaat Rhode Island. Anschließend wechselte er an die Universität von Chicago, wo er 1982 zum Professor für Ökonomie berufen wurde. Es folgten Lehrtätigkeiten unter anderem an der Universität von Rochester, am Massachusetts Institute of Technology sowie an der Stanford-Universität. Seit 2004 hat Barro den Paul M. Warburg-Lehrstuhl für Ökonomie an der Harvard-Universität inne.

1974 veröffentlichte er seinen Aufsatz »Are Government Bonds Net Wealth?«, in der er seine Analyse der ricardianischen Äquivalenzhypothese vorstellte. Die Ricardianische Äquivalenz geht auf den britischen Ökonomen → David Ricardo zurück. Das Konzept beschäftigt sich mit der Frage, welche Wirkungen Steuersenkungen in der Gegenwart haben, angesichts der Vermutung, dass diese mit höheren Steuern in der Zukunft bezahlt werden müssen. Im Gegensatz zur keynesianischen Theorie, wonach niedrigere Steuern den Konsum und die Investitionen erhöhen und damit die Wirtschaft anregen, ging Ricardo davon aus, dass Haushalte und Unternehmen in dieser Situation ihr Verhalten nicht ändern. Der Grund: Sie befürchten, dass sie die Steuerausfälle von heute später durch höhere Abgaben zu finanzieren haben. Um dafür gerüstet zu sein, halten sie die gesparten Steuern zurück, womit es nicht zu einem Anstieg des Konsums und auch nicht zu einer Anregung der Wirtschaftstätigkeit kommt.

Barro griff die Argumentation des Briten auf und versuchte, daraus eine empirisch gültige Theorie zu entwickeln. Zugleich nutzte er die Gelegenheit zu einer Kritik am vorherrschenden Optimismus der keynesianischen Konjunktursteuerung. Allerdings führten die Untersuchungen zur Anwendbarkeit des Theorems, mit dem ermittelt werden sollte, wie Haushalte auf Steuersenkungen oder schuldenfinanzierte Staatsausgabenerhöhungen tatsächlich reagieren, zu uneinheitlichen Ergebnissen. Teilweise wurden sogar Nachfrage steigernde Wirkungen gemessen – allerdings in geringerem Maße als von klassischen keynesianischen Theorien prognostiziert.

In jüngerer Zeit werden daher abgewandelte Varianten des Theorems genutzt. Dabei geht man zum Beispiel von einer nichtlinearen Reaktion der Haushalte aus, die erst ab einer bestimmten Höhe Steuersenkungen oder zusätzliche Staatsausgaben als Gegenwert zukünftiger Belastungen betrachten und sich erst dann ricardianisch verhalten. Eine weitere Frage bezieht sich auf die marginale Konsumneigung, also darauf, welcher Anteil des durch Steuerersparnis hinzugewonnenen Geldes tatsächlich ausgegeben wird und inwiefern sich arme und vermögende Leute hierbei unterscheiden. Letztere sind erfahrungsgemäß zurückhaltender, da sie ohnehin über ausreichend Konsumartikel verfügen. Gerade aber in den USA brachten unter den Präsidenten Reagan und Bush die Steuersenkungen vornehmlich den wohlhabenderen Amerikanern zusätzlichen Geldsegen.

Unabhängig von seiner empirischen Gültigkeit wird das Theorem jedoch als wichtiger Schritt bei der Entwicklung von Modellen in der neoklassischen Makroökonomie und der Theorie der rationalen Erwartungen betrachtet, denn es konnte beweisen, dass die dezentrale Reaktion privater Haushalte unter bestimmten Annahmen staatliche Maßnahmen der Konjunktursteuerung neutralisieren kann.

In seiner 1976 erschienenen Arbeit »Rational Expectations and the Role of Monetary Policy« erklärt Barro in Anlehnung an die Ökonomen → Milton Friedman, → Robert Lucas und Thomas Sargent, dass finanzpolitische Eingriffe durch den Staat wirkungslos sind – insbesondere auf den Output einer Volkswirtschaft, die Arbeitslosigkeit und die Zinsen. Barro begründet dies mit der Theorie der rationalen Erwartungen, wonach Individuen und Unternehmen durch ihr vorausschauendes Verhalten konjunkturfördernde Maßnahmen der Regierung unterlaufen. Auch wenn er später seine Analyse kritisch bewertete, trug sie dennoch dazu bei, die Rolle des Geldes und den Einfluss einer optimalen Steuerpolitik in die neoklassische Ökonomie und die Theorie eines allgemeinen Gleichgewichts zu integrieren.

Barros Ansatz besteht nun darin, dass Finanzpolitik durchaus über längere Zeit einen Einfluss haben kann auf die Einkommen und Ausgaben von Menschen. Mit Bedacht sollte man bestimmte Ausgaben- und Steuermodelle auf ihre Auswirkungen für die Wohlfahrt überprüfen. Die Höhe eines Staatsdefizits hält Barro für irrelevant, ebenso die Frage, ob der Staat seine Ausgaben mit Steuern oder Krediten finanziert. Wichtig aber sei, welche Ausgaben finanziert werden: Konsum oder Investitionen. Die massiven Steuersenkungen von US-Präsident Bush nach dem Vorbild Ronald Reagans, in deren Folge die Schulden des Staates weiter in die Höhe gingen, verteidigte Barro.

In den 1980er Jahren widmete sich Barro verstärkt der Rolle der Zentralbanken. Er äußerte die Befürchtung, dass diese infolge politischen Drucks ihre Inflationsziele gegenüber einer kurzfristig geringeren Arbeitslosigkeit vernachlässigen könnten. Daher plädierte er für unabhängige Zentralbanken, die ausschließlich geldpolitische Ziele verfolgen. Weiterhin prägte er maßgeblich die neoklassische Theorie realer Konjunkturzyklen und seit den 1990er Jahren die Theorie des Wirtschaftswachstums. Sein Interesse gilt hier vor allem den Quellen des Wachstums und der Frage, welche Faktoren dafür verantwortlich sind, dass einige Länder schneller wachsen als andere, und weshalb sich die Wachstumsraten nicht einander annähern.

Im letzten Jahrzehnt begann Barro gemeinsam mit seiner Ehefrau, den Einfluss von Religion und Alltagskultur auf die Ökonomie zu untersuchen. Ebenso forschen sie zu ökonomischen Erklärungen für die Religiosität von Menschen. Nach einer umfangreichen Sammlung und Auswertung von Daten zogen sie den Schluss, dass sich bestimmte Aspekte eines Glaubens, insbesondere der Glaube an ein Leben nach dem Tod, positiv auf das Wirtschaftswachstum auswirken. Umgekehrt bezeichnen sie es als tendenziell dämpfend für die ökonomische Entwicklung, wenn viel Zeit auf kirchliche Aktivitäten verwendet wird. Schließlich könnte man sich währenddessen um zusätzliche Einkommen kümmern. Entscheidend für das Wachstum ist danach eher der Glaube als die aktive Zugehörigkeit zu einer kirchlichen Organisation.

In ihrer Publikation »Religion and Economic Growth«, die 2003 erschien, erklären die Wissenschaftler auch, warum der Glaube ökonomisch betrachtet eine positive Wirkung hat. Danach stärkt Religion den persönlichen Charakter – befördert zum Beispiel Sparsamkeit, Ehrlichkeit sowie Arbeitsmoral und macht aufgeschlossener gegenüber Fremden. Wer an ein Leben nach dem Tod glaube, wolle durch ein bestimmtes Verhalten seine Chance erhöhen, nach dem Tod in den Himmel zu kommen. Auch das beeinflusse die Produktivität positiv. Tatsächlich sei, so Barro und McCleary, das Wirtschaftswachstum dort, wo bestimmte religiöse Überzeugungen ausgeprägter sind, höher als in Staaten, wo dies nicht der Fall ist. Und grundsätzlich gelte, dass jene Religionen, die bis heute überlebt haben, nicht allzu wirtschaftsfeindlich eingestellt seien.

Die Ökonomen haben auch die Rückwirkung der ökonomischen Entwicklung eines Landes auf den Umfang kirchlicher Aktivitäten untersucht. Sie stellen fest, dass diese abnehmen, je wohlhabender ein Land wird – da die Zeit des Einzelnen kostbarer wird. Allerdings würde dadurch auf lange Sicht auch der Glaube abnehmen, da Barro und McCleary einen Zusammenhang zwischen dem Besuch in der Kirche und dem Glauben herstellen. Deshalb sei nicht auszuschließen, dass in wirtschaftlich prosperierenden Ländern die Religiosität abnehme.

1996 wurde Barro zum Mitglied des Wissenschaftlichen Beirats beim Congressional Budget Office ernannt. Daneben gehört er einer Vielzahl von Berufsvereinigungen an – der Ökonometrischen Gesellschaft, Mont Pèlerin Society, des amerikanischen Ökonomenverbands, aber auch der amerikanischen Akademie der Künste und Wissenschaften. Er arbeitet als Kolumnist für die Finanzzeitschrift »Business Week« und ist Autor des »Wall Street Journal«. Seine Arbeit steht seit den letzten 30 Jahren im Zentrum ökonomischer und politischer Debatten, wobei sein Beitrag für die Entwicklung der Makroökonomie unbestritten ist.

59. David Bruce Audretsch

(* Detroit 15.11.1954)

David Audretsch wurde weltweit bekannt für seine Forschungen über die Verbindungen zwischen Innovation, Entrepreneurship, wirtschaftlicher Entwicklung, Politik und internationaler Wettbewerbsfähigkeit. Seine zentrale Frage lautet, wie
sich Wissen in Wirtschaftswachstum umsetzen lässt. Daneben
untersucht er, wie sich Neugründungen von Unternehmen auf
die Entwicklung von Regionen auswirken und welche Rolle umgekehrt der Standort auf die Entstehung von Innovationen hat.
Ergänzend zu seiner wissenschaftlichen Tätigkeit ist Audretsch
als Berater in Politik und Wirtschaft anerkannt.

Er wurde in Detroit im amerikanischen Bundesstaat Michigan geboren. Sein Studium der Wirtschaftswissenschaften an
der Universität Wisconsin schloss er 1980 mit einer Promotion
ab. Anschließend lehrte er bis 1987 als Assistenzprofessor am
Middlebury College, einem kleinen auf die Geisteswissenschaften ausgerichteten Privatcollege im Staat Vermont. Von
1985 bis 1997 war er Forschungsprofessor am Wissenschafts-
zentrum Berlin für Sozialforschung, wo er zwischenzeitlich
auch als Direktor fungierte. 1997 kehrte er in die USA zurück
und folgte einer Berufung an die Georgia-State-Universität als
Professor für Wirtschaftswissenschaften. Seit 1998 arbeitet er als
Leiter des Instituts für Entwicklungsstrategien und als Direktor
des Instituts für westeuropäische Studien an der Indiana-Uni-
versität in Michigan. Seit 2003 ist er Direktor und Wissenschaftliches Mitglied am Max-Planck-Institut für Ökonomik und leitet
die Abteilung »Entrepreneurship, Growth and Public Policy«.

Mitte der 1980er Jahre widmete sich Audretsch zunächst der
Frage, wie Innovationen in Großunternehmen entstehen. Zu
dieser Zeit ging man noch davon aus, dass die Wirtschaftskraft
eines Landes vor allem auf der Massenproduktion in Großunternehmen wie Ford oder General Motors basiert, während
»kleine Unternehmen ... im Westen eher als Last wahrgenommen« wurden, wie Audretsch rückblickend sagt. Gleichzeitig
herrschte in den USA die Befürchtung, der politische Gegner

Sowjetunion könnte mit seiner Zentralwirtschaft effizienter sein als das kapitalistische System.

Audretsch stellte fest, dass entgegen dieser Annahmen kleinere Firmen, sogenannte Entrepreneurs, vor allem im High-Tech-Bereich zunehmend an Bedeutung gewannen und maßgeblich Innovationen beisteuerten. Die sogenannte »Managed Economy« war durch die »Entrepreneurship Economy« abgelöst worden. Wie Audretsch später in seinem 1995 erschienenen Buch »Innovation and Industry Evolution« schreibt, sei das zentralwirtschaftliche Modell der sozialistischen Länder erst mit dem Einzug moderner Informations- und Kommunikationstechnik gescheitert. Diese neue Art der Datenverarbeitung und -übermittlung hätte nicht in die kommunistische Form des Wirtschaftens gepasst. Gleichzeitig erlaubte der Technikumbruch und die daraus folgende Dezentralisierung der Wirtschaft dem Westen ein effizienteres Produzieren – eine Tatsache, die sich in den 1980er Jahren weder in der wissenschaftlichen Literatur noch in der Wirtschaftspolitik oder der Presse relevant widerspiegelte. Infolgedessen richtete der Ökonom seine Aufmerksamkeit auf die kleinen Unternehmen und gründete darauf seine Forscherbiographie.

Zunächst untersuchte er, auf welcher Grundlage kleine Unternehmen innovativ sind, da sie – anders als Großkonzerne – wesentlich weniger Wissensinput erhalten und weitaus geringere Budgets für Forschung und Entwicklung haben. Dabei stieß er auf das Phänomen des sogenannten Knowledge Spillovers, des Überlaufens oder »Verschüttens« von Wissen. Das heißt, dass kleine Unternehmen Wissensressourcen öffentlicher Forschungs- und Bildungseinrichtungen nutzen, diese quasi anzapfen. Sie bauen auf dem Überfluss auf, dem »verschütteten«, eigentlich anderen Zwecken zugedachten Wissen. Aber auch große Unternehmen sind Quellen von Knowledge Spillover, insofern, als dass ein Teil des dort produzierten Wissens die Firma verlässt, weil das Unternehmen den Wert dieses Wissens nicht erkennen und demnach auch nicht auf seinen Nutzen überprüfen kann. Dann steigen Mitarbeiter aus und gründen ihre eigene Firma. Welche Mechanismen genau hinter dem Knowledge Spillover wirken, versucht Audretsch inzwischen mit statistischen Erhebungen herauszufinden – etwa mit Informationen von Firmenregistern des Neuen Markts, aus Datenbanken der Deutschen Börse, des Statistischen Bundesamts oder des Science Citation Index.

Darüber hinaus fragte der Ökonom, wie sich Wissen auf Wachstum auswirkt und welche Beziehung besteht zwischen dem Spillover und dem Fakt, wie eng beieinander Forschungseinrichtungen und Unternehmen angesiedelt sind. Er stellte fest, dass die Regionen mit den höchsten Wissensinvestitionen auch die meisten Innovationen hervorbringen. Die räumliche Nähe zur Wissensquelle sei daher von großer Relevanz. Außerdem kam er zu dem Schluss, dass Spillover-Effekte stärker in den Sozial- als in den Naturwissenschaften auftreten, da Letztere strengeren Reglementierungen unterliegen. Wichtig für die Ansiedlung von Unternehmen sei aber auch die Anzahl von potentiellen qualifizierten Arbeitskräften, die in einer Hochschule oder Forschungseinrichtung zu finden seien. Deshalb gelte: je mehr Absolventen, desto anziehender der Standort.

Eine weitere Forschungsfrage bestand darin, auf welche Weise das »überfließende« Wissen wirtschaftlich nutzbar gemacht wird; wie Wissen beschaffen sein muss und wie Innovationen und die Entstehung neuer Unternehmen ablaufen. Ein Motiv für den Entrepreneur könnte sein – so Audretsch –, dass er die Gewinnaussichten als besser erachtet, wenn er sein Wissen selbst in der Praxis anwendet, anstatt es anderen zu überlassen. Damit käme die Neugründung eines Unternehmens dem Überprüfen einer bestimmten Geschäftshypothese gleich. Je weniger sich also ein »Wissen« komplett theoretisch darstellen ließe, desto wahrscheinlicher sei es, dass es auf diesem Gebiet zu Neugründungen käme.

2006 ermittelte Audretsch in einer Studie, dass etwa jeder vierte Wissenschaftler mit seinen Erfindungen ein eigenes Unternehmen gründet – wenn er zuvor seine Forschungsergebnisse als Patent angemeldet hatte. Der Ökonom untersuchte dies anhand von Krebsforschern in den USA, geht aber davon aus, dass sich diese Erkenntnisse auch auf Länder wie Deutschland übertragen lassen. Daneben untersuchte Audretsch das Prozedere, mit dem die Forschungsergebnisse in die Wirtschaft gebracht werden. Zum einen gibt es dafür in den USA Büros, die den Technologietransfer von den Forschungseinrichtungen in die

Wirtschaft organisieren. Aber Audretsch registrierte auch viele Existenzgründungen im Umfeld der Universität. Die Erklärung: Für Wissenschaftler einer renommierten Universität sei es sehr viel einfacher, an Risiko-Kapital zu gelangen. Festgestellt wurde zudem, dass die Gründer darüber hinaus überdurchschnittlich stark über Sozial-Kapital verfügen, also die Fähigkeit, mit anderen Menschen zusammenarbeiten und andere ergänzen zu können.

In seinen Untersuchungen kam Audretsch auch zu dem Ergebnis, dass Neugründungen die wirtschaftliche Entwicklung einer Region direkt befördern. In diesem Zusammenhang führt er den Begriff Entrepreneurship-Kapital ein, den er definiert als die Fähigkeit von ökonomischen Akteuren, neue Firmen zu gründen. Je höher die Zahl von Start-up-Firmen im Verhältnis zur Einwohnerzahl ist, desto größer ist das Entrepreneurship-Kapital einer Gegend. Direkt daran gekoppelt ist die wirtschaftliche Produktivität. Entrepreneurship-Kapital sei deshalb neben Arbeitskraft, Kapital und Wissen entscheidend für die Prosperität eines Standortes – eine Erkenntnis, die gerade im Zeitalter der Globalisierung von größter Bedeutung ist. Durch eine Orientierung auf wissensintensive Industrien oder Tätigkeiten könnten die entwickelten Industrienationen ihre Standortvorteile sichern. Denn, so Audretsch, »die Jobs, die nach Osteuropa oder Asien ausgelagert wurden, kommen nicht wieder.«

Mit seinem Wissen bemüht sich Audretsch, auch in die Politik hineinzuwirken. Er berät Institutionen wie das Europäische Parlament, die Weltbank, die UN, die OECD, die US Federal Trade Commission, das U.S. State Department und auch deutsche Politiker. Zentrale Aussage seiner Beratung: Investiert werden müsse in Bildung und – insbesondere in Deutschland – in die Kommerzialisierung des Wissens. Die für diese These nötige empirische Grundlage will Audretsch, der seine Arbeiten in mehr als einhundert wissenschaftlichen Artikeln und über dreißig Büchern publiziert hat, auch in Zukunft mit seinen Entrepreneurshipstudien liefern.

60. PAUL ROMER

(* Denver 1955)

Paul Romer gilt als Begründer der endogenen Wachstumstheorie. Sein Leitmotiv lautet: Schnelles und anhaltendes Wachstum ist möglich. Der Schlüssel dafür liegt, laut Romer, in immateriellen Werten wie Wissen und der Entdeckung neuer Ideen. Mit dieser Erkenntnis erweiterte er die bis dahin gültige Formel der neoklassischen Wachstumstheorie. Basierend auf einem von → Robert Solow entwickelten Modell geht sie davon aus, dass nicht die Produktionsfaktoren Kapital und Arbeit, sondern technischer Fortschritt die einzig mögliche Quelle für langfristiges Wirtschaftswachstum ist. Romer fügte nun den Faktor Wissen hinzu.

Er wurde 1955 in Denver als Sohn des 39. Gouverneurs von Colorado geboren. An der Universität von Chicago studierte er zunächst Physik und Mathematik, um später an die juristische Fakultät zu wechseln. Dort belegte er nebenher einige Ökonomie-Kurse, die ihn so begeisterten, dass er die Jura-Pläne aufgab und Volkswirtschaft studierte. 1983 verteidigte er seine Doktorarbeit und wurde anschließend Assistenzprofessor an der Universität Rochester. 1988 ging er als Professor zurück nach Chicago, 1990 weiter nach Berkeley und 1996 an die Graduate School of Business der Universität Stanford, wo er am Hoover-Institut Senior Fellow ist.

Mit seinen Forschungen revolutionierte Romer in den 1980er Jahren das Verständnis davon, wie Wirtschaftswachstum entsteht. Die Wissenschaftler vor ihm betrachteten die Wachstumsquelle technischer Fortschritt als etwas außerhalb ihrer Modelle Liegendes. Daher tragen diese Wachstumsmodelle das Attribut „exogen": Technischer Fortschritt und damit der Ursprung des Wachstums war danach etwas, das zwar existierte, durch die Theorie aber nicht erklärt werden konnte.

Romer gelang es dagegen, technischen Fortschritt in das Modell zu integrieren und damit kalkulierbar zu machen: Der Produktionsfaktor Wissen führt zu neuen Technologien, neue Technologien zu technischem Fortschritt und dieser wiederum zu mehr Wachstum. Damit hob Romer gleichzeitig theoretische Begrenzungen des Wachstums auf. Er macht deutlich, dass es bei dem immateriellen Gut Wissen keine abnehmenden Ertragszuwächse gibt – im Gegensatz zu materiellen Gütern, deren Ertragszuwachs sinkt. Hinzu kommt: Wissen verbraucht sich nicht und unterscheidet sich damit von sonstigen Investitionsgütern. Es kann an Umfang unbegrenzt zunehmen, immer wieder neu erzeugt werden und kommt nicht nur dem Erfinder zugute, sondern durch Übertragungseffekte auch anderen Anwendern. Jeder Wissenszuwachs schafft nicht nur neue Technologien, sondern trägt zum gesamtwirtschaftlich nutzbaren Wissensstand bei. Der beschriebene positive Effekt führt laut Romer auch zu einer langfristigen Steigerung des Einkommens.

Um neue Technologien entwickeln zu können benötigt man noch einen weiteren für das Wachstum entscheidenden Produktionsfaktor – das Humankapital. Gemeint sind damit der gut ausgebildete Mensch und dessen Fähigkeit, Wissen zu produzieren. Beides, Wissen und Humankapital, korrespondiert miteinander. Das Humankapital entwickelt neue Ideen und das Arbeiten mit diesen Ideen erhöht den Humankapitalbestand der Volkswirtschaft.

Indem er zeigte, wie technischer Fortschritt entsteht, machte Romer auch deutlich, dass dieser nicht „vom Himmel fällt", sondern ein Kostenfaktor ist. Damit hängt die Geschwindigkeit, mit der sich die Wirtschaft entwickelt, davon ab, wie teuer Innovationen sind, wie rasch „Nachahmer" Innovationen nutzen können und wie sich wiederum die Innovatoren gegen zu rasche Nachahmung schützen können.

Mit seinen Arbeiten beeinflusste Romer besonders den Chicagoer Ökonomen und Nobelpreisträger → Robert Lucas, der in den 1970er Jahren die Makroökonomie stark geprägt hatte. Beide – Romer und Lucas – setzten in den 1980er Jahren mit ihren Forschungen den Anfang der endogenen Wachstumstheorie. Romers wohl bedeutendster, 1990 veröffentlichter Aufsatz „Endogenous Technical Change" sorgte schließlich für den Durchbruch des Modells in die akademische Dimension. Seither nimmt die endogene Wachstumstheorie eine bestimmende Stellung in der Makroökonomie ein.

Romer zeigte nicht nur neue Wege auf: Ihm geht es nicht nur um modellinterne Erklärungen der Wachstumsraten. Sein Anliegen ist es auch, staatliche Eingriffsmöglichkeiten in Industrie- und Entwicklungsländern bezogen auf langfristige Entwicklungsperspektiven zu analysieren.

Der bekannte Ökonom Paul R. Krugman nannte Romer den einflussreichsten Theoretiker der 1980er Jahre. 1997 setzte ihn das Time Magazine auf die Liste der 25 einflussreichsten Amerikaner.

LITERATURVERZEICHNIS

Galbraith, John Kenneth, »The Economics of Innocent Fraud«, Boston 2004

DER SPIEGEL 36/2001, Spiegel-Gespräch mit James Tobin

Gesell, Silvio, »Die natürliche Wirtschaftsordnung durch Freiland und Freigeld«, Lütjenburg 1991

Gossen, Hermann Heinrich, »Entwicklung der Gesetze des menschlichen Verkehrs und der daraus fließenden Regeln für menschliches Handeln«, The MIT Press 1983

Heilbroner, Robert L., »Die Denker der Wirtschaft. Ideen und Konzepte der großen Wirtschaftsphilosophen«, München 2006

Hoffmann, Jürgen P., »Die großen Wirtschaftsdenker. Hermes Handlexikon«, 1986

List, Friedrich, »Das nationale System der Politischen Ökonomie«, Tübingen 1959

Marshall, Alfred, »Principles of Economics«, Düsseldorf 1989

Marx, Karl, »Das Kapital«, Berlin 2005

Marx, Karl, »Die deutsche Ideologie«, Berlin 2004

Marx, Karl, »Manifest der kommunistischen Partei«, Ditzingen 1989

Menger, Carl, »Grundsätze der Volkswirtschaftslehre«, Düsseldorf 1990

Mill, John, »Principles of Political Economy«, Düsseldorf 1991

Odelberg, Wilhelm (Hrsg.), »Les Prix Nobel. The Nobel Prizes 1981«, Stockholm 1982

Piper, Nikolaus (Hrsg.), »Die großen Ökonomen«, Stuttgart 1996

Putnoki, Hans; Hilgers, Bodo, »Große Ökonomen und ihre Theorien. Ein chronologischer Überblick«, Weinheim 2007

Quesney, François, »Tableau économique«, Berlin 1965

Samuelson, Paul, »Volkswirtschaftslehre«, 8. Auflage, Köln 1987

Schmoller von, Gustav, »Grundriss der allgemeinen Volkswirtschaftslehre«, Berlin 1978

Schumpeter, Joseph, »Kapitalismus, Sozialismus und Demokratie«, München 2005

Smith, Adam, »Wohlstand der Nationen – Eine Untersuchung seiner Natur und seiner Ursachen«, München 1988

Sombart, Werner, »Der moderne Kapitalismus«, München 1987

Steingart, Gabor, »Weltkrieg um Wohlstand. Wie Macht und Reichtum neu verteilt werden«, München 2006

Thünen von, Johann Heinrich, »Der isolierte Staat in Beziehung auf die Landwirtschaft und National-ökonomie«, Berlin 1990

Veblen, Thorstein, »Theorie der feinen Leute«, Frankfurt a.M. 1992